| 이 책에 쏟아진 찬사 |

"친절은 간단한 생각에서 나오지만 모든 걸 변화시킬 수 있다."

_ 세스 고딘Seth Godin, 《린치핀》 저자

"이 책은 도널드 트럼프식 관점을 치료하는 놀라운 해독제와도 같다. 나는 악수를 한 뒤 손가락이 제대로 붙어 있는지 세어볼 필요가 없는 믿을 만한 사람들과 사업을 하고 싶다."

_ 닉 젠킨스Nick Jenkins, 문피그닷컴Moonpig.com 창업자

"친절은 우리 회사가 여러 해 동안 사업에 채택해온 접근 방식의 핵심이다. 친절은 절대 나약하지 않다. 친절은 강력하며 위대한 팀을 만들어내고 오랫동안 지속되는 성공을 이끌어낸다. 이 뛰어난 책은 당신에게 그 방법을 알려줄 것

이다."

_ 제임스 팀슨James Timson, 팀슨Timpson 최고경영자

"친절은 우리에게 좋은 영향을 주고 다른 사람들의 행복에 관심을 갖게 만든다. 더 많은 친절을 향해 나아가야 하는 오늘날, 이 책이 당신에게 좋은 길잡이가 되어줄 것이다."

_ 존 버드John Bird, 《빅 이슈》Big Issue 창업자

"재치와 지혜 그리고 따뜻한 마음이 담겨 있는 이 책에서 저자는 어떻게 하면 우리가 친절의 힘을 잘 활용해 보다 더 나은 사람이 되고 더 나은 삶을 살 수 있는지를 보여준다."

_ 칼 오노레Carl Honoré, 《느림의 찬양》In Praise of Slowness 저자

"이 책은 내가 늘 읽고 싶어 했던 경영서다. 통찰력 있는 작가 그레이엄 올콧은 자신의 용기와 지혜가 빛을 발하는 이 책을 통해 우리 모두에게 친절의 힘을 전해주고 있다. 올콧이야말로 비즈니스 세계에서 가장 친절하고 가장 강력한 목소리를 가진 인물이다."

_ 데니즈 너스Denis Nurse, 블랙 파운더즈 허브Black Founders Hub 공동 창업자

"이 책은 호구 취급당하지 않으면서 타인의 잠재력을 극대화시키는 법을 알려준다. 위협적인 전술 대신 심리적 안정감을 주는 전술을 써보라. 그리고 모두가 함께 일하고 싶어 하는 카리스마 있고 에너지 넘치는 리더가 되어보라."

_ 조디 쿡Jodie Cook, 코치폭스Coachvox 창업자, 《포브스》 선임 기고가

"이 책을 읽는 건 맑은 공기를 마시는 것과 같다. 저자는 일과 삶에서 성공을 거두기 위해 애쓰라고 권하기보다는 늘 우리 곁에 있었던 무언가를 잘 활용해야 한다는 사실을 상기시킨다. 이 책은 비용이 전혀 들지도 않으면서 놀라운 결과들을 이끌어내고 결정적으로 기분을 좋게 만들어주는 친절을 잘 활용할 수 있도록 도와준다. 실로 강력하면서도 유용한 필독서가 아닐 수 없다."

― 한나 마사렐라 Hannah Massarella, 버드 Bird 창업자

"나는 늘 '열심히 일하고 열심히 놀고 친절하라'는 말을 주문처럼 외며 살아왔는데, 직장에서 친절이 어떤 역할을 할 수 있는지 세세히 알려주는 사려 깊고 유용한 지침서가 나와 얼마나 기쁜지 모른다. 장담컨대 이 책은 현대의 고전이 되어 사려 깊은 리더들의 서재에 꽂힐 것이다."

― 소피 데본셔 Sophie Devonshire, 더 마케팅 소사이어티 The Marketing Society 최고경영자

"그레이엄 올컷은 하루 종일 당신의 머릿속을 떠나지 않을 방식으로 이야기를 풀어간다. 나는 이 책을 늘 내 책상 위에 놓아둔 채 생각날 때마다 들여다보고 있다."

― 데릭 시버스 Derek Sivers,《쓸모 있는 거짓》Useful Not True 저자

"이 책은 사람들을 진정 친절하게 만드는 것에 대한, 그리고 그걸 직장에서 구현하는 방법에 대한 믿을 수 없을 만큼 깊이 있는 연구서다. 자신의 관리 스타일을 새로운 세대에 맞게 바꾸고자 하는 사람들이라면 꼭 읽어봐야 할 책이다."

― 리사 스모사르스키 Lisa Smosaraski, 더 스타일리스트 그룹 The Stylist Group 책임 편집자

"언젠가 나는 한 가지만 할 수 있다면 친절하라는 말을 들었다. 그레이엄 올컷의 시기적절하면서도 뛰어난 이 책은 친절이 누구에게나 주어지는 기회라는 사실을 상기시켜주고 있다."

_제임스 리드James Reed, 리드 그룹Reed Group 회장 겸 최고경영자

"이 책은 친절을 자신들의 원칙으로 삼고 싶어 하는 리더와 조직을 위한 지침서와 같다. 이 책에서 저자는 친절을 사업의 중심에 놓았을 때 수익성이 개선될 뿐 아니라 긍정적인 사고가 직장 너머까지 확대된다는 걸 보여주고 있다. 더 친절하고 더 인정이 넘치며 궁극적으로 더 성공하는 기업을 만들고 싶은가? 친절을 모든 일의 토대로 받아들이도록 하라."

_카를로스 사바Carlos Saba, 더 해피 스타트업 스쿨The Happy Startup School 공동 창업자

"나는 불친절한 리더들 밑에서, 그러니까 고함을 질러대고 커피잔을 집어던지는 등 제멋대로 굴면서 그게 올바른 행동이라고 생각하는 사람들 밑에서 고통을 겪어봤다. 그런 사람들이 이 책을 꼭 읽어봤으면 한다. 이 책에서 저자는 우리에게 친절을 권하며 어떻게 친절을 베풀 수 있는지를 알려준다."

_L. 데이비드 마르케L. David Marquet, 《턴어라운드》 저자

"깊은 통찰력으로 가득한 이 책은 당신이 직장 안팎에서 친절을 행복하고 보람찬 삶의 토대로 삼으려면 어떻게 해야 하는지를 보여준다. 설득력 있는 과학 이론과 기억할 만한 원칙들 그리고 도움이 되는 사례들이 모두 이해하기 쉽고 실용적이며 사려 깊게 잘 어우러져 있다. 오늘날 우리가 시급히 필요로 하는 따뜻함과 분별력이 담겨 있으며, 우리가 어떻게 서로 힘을 합쳐 보다 친

절한 세상을 만들 수 있고 또 만들어야 하는지를 잘 보여준다."

_ 마크 윌리엄슨Mark Williamson, 행복을 위한 행동Action for Happiness **창업자**

"인간적인 감각과 사업적인 감각이 합쳐져 있는 매우 영리한 책이다. 또한 현실에 기반을 둔 실용적이며 관대한 책이기도 하다. 그레이엄 올컷은 친절을 일과 삶의 중심에 두고 매일 매 순간 그것을 향해 나아가야 한다고 믿는다."

_ 그레이스 마셜Grace Marshall, 《투쟁》Struggle **저자**

"이 책은 우리에게 친절은 단순한 미덕일 뿐 아니라 사업에서 강력한 경쟁우위를 갖게 해주는 힘이기도 하다는 걸 상기시켜준다."

_ 샐리-앤 에어리Sally-Anne Airey, 《신중한 명령》Mindful Command **저자**

"나는 지혜롭고 인간적인 이 책이 너무나도 반갑다. 현실 세계에 뿌리를 둔 진정 유용한 조언으로 가득 찬 이 책은 개인의 삶보다 업무를 중시하는 문화에 던지는 해독제나 다름없다."

_ 조시 롱Josh Long, **코미디언 겸 작가**

"우리 회사에서는 친절을 업무의 중심에 두고 있다. 이는 인간적인 관점에서 볼 때 올바른 일이기도 하지만 사업적 관점이나 조직 관리의 측면에서도 무척 도움이 되는 일이다. 이런 접근 방식을 지지하고 친절을 모든 일의 중심에 두는 기업을 높이 평가하는 책을 만난다는 건 정말 기분 좋은 일이다."

_ 톰 엘리엇Tom Elliot, 피자 필그림스Pizza Pilgrims **창업자**

"50년간 사업을 하면서 많은 걸 배웠지만 그중에서도 제일 중요한 건 역시 모두 '사람과 관련된 것들'이었다. 무엇이 사람을 움직이게 만드는지 제대로 이해하고 싶다면 이 책을 읽어야 한다."

_ 줄리언 리처Julian Richer, 리처 사운즈Richer Sounds 창업자

"이 책에서 저자는 사업에서 그리고 사람들 사이에서 친절이 어떤 강력한 힘을 발휘하는지를 잘 보여주고 있다. 나아가 사람들이 친절을 베풀도록 이끌고 그 과정에서 치유를 경험하게 해준다."

_ 낸드 키쇼어 초더하리Nand Kishore Chaudhary, 자이푸르 러그즈Jaipur Rugs 창업자

"이 책은 친절이라는 놀랄 만큼 단순한 태도를 통해 어떻게 당신의 삶과 일을 개선할 수 있는지 보여주는 강력하면서도 유용하고 설득력 있는 작품이다."

_ 프랭크 터너Frank Turner, 뮤지션

카인드, 친절한 것이 살아남는다

Kind: The Quiet Power of Kindness at Work
by Graham Allcott
Originally Published by Bloomsbury Business, an imprint of Bloomsbury Publishing Plc, London.

Copyright © 2024 by Graham Allcott
All rights reserved.

Korean Translation Copyright © 2025 by The Business Books and Co., Ltd.
This translation is published by arrangement with Bloomsbury Publishing Plc, London
through EYA Co. Ltd., Seoul.

이 책의 한국어판 저작권은 (주)이와이에이를 통해
저작권자와 독점 계약을 맺은 (주)비즈니스북스에게 있습니다.
저작권법에 의해 국내에서 보호를 받는 저작물이므로 무단 전재와 복제를 금합니다.

KIND

| 기업과 인간관계에서 협업, 몰입, 혁신을 끌어내는 친절의 힘 |

카인드,
친절한 것이 살아남는다

그레이엄 올컷 지음 | 엄성수 옮김

비즈니스북스

옮긴이 | 엄성수

경희대학교 영어영문학과를 졸업한 후 집필 활동을 하고 있으며 다년간 출판사에서 편집자로 근무했다. 번역에이전시 엔터스코리아에서 출판 기획 및 전문 번역가로 활동하고 있다. 주요 역서로는 《빌드(BUILD) 창조의 과정》, 《상상이 현실이 되는 순간》, 《거의 모든 것의 종말》, 《승리하는 습관》, 《무소의 뿔처럼 당당하게 나아가라》, 《테슬라 모터스》, 《더 이상 가난한 부자로 살지 않겠다》, 《러브 팩추얼리》, 《창조하는 뇌》, 《유전자 클린 혁명》, 《유튜브 컬쳐》, 《노동 없는 미래》 등이 있으며, 저서로 《초보탈출 독학 영어》, 《친절쟁이 영어 첫걸음》, 《왕초보 영어회화 누워서 말문 트기》, 《기본을 다시 잡아주는 영문법 국민 교과서》 등이 있다.

카인드, 친절한 것이 살아남는다

1판 1쇄 인쇄 2025년 9월 1일
1판 1쇄 발행 2025년 9월 8일

지은이 | 그레이엄 올컷
옮긴이 | 엄성수
발행인 | 홍영태
편집인 | 김미란
발행처 | (주)비즈니스북스
등 록 | 제2000-000225호(2000년 2월 28일)
주 소 | 03991 서울시 마포구 월드컵북로6길 3 이노베이스빌딩 7층
전 화 | (02)338-9449
팩 스 | (02)338-6543
대표메일 | bb@businessbooks.co.kr
홈페이지 | http://www.businessbooks.co.kr
블로그 | http://blog.naver.com/biz_books
페이스북 | thebizbooks
인스타그램 | bizbooks_kr
ISBN 979-11-6254-436-5   03320

* 잘못된 책은 구입하신 서점에서 바꾸어 드립니다.
* 책값은 뒤표지에 있습니다.
* 비즈니스북스에 대한 더 많은 정보가 필요하신 분은 홈페이지를 방문해 주시기 바랍니다.

> 비즈니스북스는 독자 여러분의 소중한 아이디어와 원고 투고를 기다리고 있습니다.
> 원고가 있으신 분은 ms1@businessbooks.co.kr로 간단한 개요와 취지, 연락처 등을 보내 주세요.

엘마 올컷에게 이 책을 바칩니다.

"사람들은 당신이 어떤 말을 했고
어떤 행동을 했는지 잊어버릴 것이다.
그러나 당신이 어떤 기분을 느끼게 해주었는지는
절대 잊지 않을 것이다."

— 마야 안젤루Maya Angelou, 미국의 작가

Graham Allcott

| 들어가는 글 |

잃어버렸던 친절을 찾는 여정을 시작하며

런던에 있는 그레이트 오몬드 스트리트 소아 병원 대기실에서 내 이름이 불리고 의사에게서 다음과 같은 말을 들은 순간, 나는 더 이상 스마트폰으로 이메일이나 확인하고 앉아 있을 수는 없었다.

"이번 진료를 위해 상담 전문가 한 분이 합류했습니다. 괜찮으시죠?"

때는 2013년 봄이었다. 런던은 아직 2012 런던 올림픽의 영광에 젖어 있었다. 경제 회복의 조짐이 나타나기 시작하면서 2009년에 시작된 내 사업도 이제 막 도약하려던 참이었다. 당시 나는 베스트셀러가 될 책 《생산성 닌자가 되는 법》How to be a productivity Ninja의 집필을 막 끝낸 상태였다. 또한 가까스로 런던의 주택 사다리에 올라타 내 집 마련의 기회에 도전해볼 준비까지 되어 있었다. 여러 해 동안 죽어라 노력한 끝에 마침 내 그 결실을 맺는 기분이었다. 하지만 모든 게 술술 잘 풀려나가는 것 같은 그 길 끝에 아주 견디기 힘든 소식이 우리를 기다리고 있었다.

병원 측에선 우리 부부를 작은 진찰실로 안내했다. 진찰실에 들어서고 뒤에서 문이 닫히는데 왠지 불길한 예감이 들었다. 담당 의사는 우리를 보며 말했다. 아내 배 속에 있는 우리 아기가 남들과 다른 독특한 염색체를 갖고 있다고. 모든 부모는 자기 아기가 세상에 하나뿐인 독특한 존재라고 생각하고 싶어 하지만 그레이트 오몬드 스트리트 병원 입장에서 독특한 건 나쁜 것이었다. 염색체가 독특하다는 말은 진단에 필요한 매뉴얼도 없고 어떤 데이터나 예측 가능성도 없다는 뜻이었다. 그러니까 염색체가 독특하다는 건 다양한 시나리오에 대비해야 한다는 뜻이었다. 우리 아기가 스스로 호흡할 수 없는 상태로 태어날 수도 있고, 평생 24시간 내내 돌봐줘야 할 수도 있고, 중증 장애나 장기부전 또는 심장 문제가 있을 수도 있고, 위가 작을 수도 있고, 학습 장애가 있을 수도 있고, 이 모든 문제가 다 나타날 수도 있음을 의미했다. 우리는 뭘 어찌해야 할지 알 수 없었다. 주어진 시간도 얼마 안 돼 최악의 경우에 대비하기도, 최선의 경우를 바라기도 어려웠다.

그 이후 몇 개월은 우리 부부에게 가장 힘든 시기였다. 우리는 21주차에 아기를 잃을 뻔했고, 고객 우대 카드를 발급해야겠다고 농담을 할 정도로 병원에서 많은 테스트를 받았다. 또 '삼중 염색체 변이'니 '모자이크 현상'이니 '롱 암'long arm이니 하는 유전학 관련 어휘도 빨리 익혀야 했다. 또한 미래에 대한 걱정을 하고 여러 시나리오들을 상상해보고 머릿속으로 우리 삶이 어떻게 변할지 그리면서 많은 밤을 뜬눈으로 지새워야 했다.

그 당시 극심한 스트레스와 불안감 속에서 그리고 허구한 날 병원과 집을 오가며 밤에 잠도 제대로 자지 못하는 상태에서도 나는 계속 출근을 했고, 내 회사인 싱크 프로덕티브Think Productive를 끌고 나갔다. 그러나 그 누구에게도 내가 느끼는 고통과 스트레스를 내비치지 않았다. 어떻게든 힘든 걸 내색하지 않으려 했고, 직원들이 내게 기대한다고 생각하는(어쩌면 내가 스스로에게 기대하는) 자신감 넘치는 리더십을 보여주려 애썼다.

2013년 10월 30일, 여러 명의 의사들과 조산사, 외과 전문의들이 지켜보는 가운데 아들 로스코가 태어났다. 모두가 출산 즉시 큰 수술을 해야 할 경우에 대비하고 있었다. 다행히도 일련의 촬영과 테스트들을 거친 끝에 큰 수술은 하지 않고 넘어갔지만, 그날은 여전히 많은 도전이 도사리고 있는 긴 여정의 시작이었다.

이 글을 쓰고 있는 지금, 로스코는 이제 거의 일상이 되어버린 큰 척추 수술을 10여 차례 받고 있는 중이다. 우리 아들은 자폐증과 발달장애를 앓고 있으며 다른 신체장애들도 갖고 있다. 그 애는 절대 애스턴 빌라Aston Villa(영국 프리미어리그 축구 팀 — 옮긴이) 중앙 공격수로 뛰지 못할 것이다. 그러니 나는 축구에 대한 내 어린 시절의 로망을 그 아이를 통해 대리만족할 수도 없을 것이다. 아내와 내가 그 애와 평범한 육아 경험을 나눌 수 없다는 사실을 가슴 아파한 날들이 얼마나 많았던가! 학교 운동회 날이라든가 생일 파티, 크리스마스 연주회, 가족 식사 등은 종종 행복한 시간이라기보다는 시련에 가까웠다. 그럼에도 불구하고 우리 부부에게 그 애는 더없이 소중한 선물이다.

로스코는 친절에 대해 세상 그 누구보다 더 많은 걸 내게 가르쳐주었다. 그는 사려 깊고 친절한 아이인 데다(그리고 따뜻하고 유쾌하고 용감하고 매력적인 아이지만), 다른 사람들의 친절까지 이끌어내는 마술사 같은 아이이기도 하다. 로스코가 생일 파티에 초대받을 때면 파티를 여는 부모들에게서 어김없이 문자가 오곤 한다. 자폐증을 앓는 아이에게 보다 편한 파티가 되도록 자신들이 할 수 있는 일이 없겠냐고 묻는 문자다. 사소해 보이지만 매번 내 가슴을 고마움으로 채워주는 더없이 친절한 행동이 아닐 수 없다. 학교는 그 애가 다른 애들과 다른 만큼 별도의 도움을 필요로 한다는 걸 단순히 인정해줄 뿐 아니라 깊이 이해해주기까지 한다. 다른 애들이 그 애를 격려해주는 모습을 지켜보다 보면 정말 가슴이 다 뭉클해진다. 로스코의 아빠가 되어 누리는 가장 큰 특권 중 하나는 그 애가 다른 사람들에게서 이끌어내는 모든 친절을 목격하는 것이다. 그걸 통해 나는 우리 인간이 태생은 친절하지만 인생을 살아가면서 남들과 경쟁하고 남을 괴롭히는 법을 배우게 된다는 사실을 떠올린다.

친절은 여러 모습을 하고 찾아온다. 크리스마스를 맞아 부모님 집에 가는 혼잡한 입석 열차 안에서 우리를 위해 선뜻 자기 자리를 내준 사람도 있었다. 그 사람에게도 자폐증을 앓는 아이가 있어 로스코가 불안감을 느끼고 있다는 걸 금방 알아챘던 것이다. 그는 자기 아이를 오랫동안 보지 못해 몹시 그리워하고 있었다. 우리 두 사람은 곧 아름답고 가슴 뭉클한 대화를 시작했다. 그러자 그 대화에 다른 사람들도 합류했다. 러시아워의 런던에서 느낄 법한 스트레스는 사라졌고, 나는 낯선 이와 연결되는 깊고 의미 있는 순간에 푹 빠졌다. 작은 친절 덕에 순식간에 마법 같은 일이 일어났다.

학교 담임선생님은 매년 학기가 시작되기 전날 로스코에게 새로운 교실을 개인적으로 둘러볼 수 있게 해주었다. 조용한 상태에서 교실을 둘러보게 해주어 그다음 날의 시끌벅적한 혼돈 속에서 로스코가 좀 더 잘 적응할 수 있게 도와주었던 것이다.

사람들이 로스코에게 베풀어주는 친절은 그 자체로도 놀랍지만 정말 놀라운 건 우리를 서로 연결해주고 이해하게 해주는 친절의 힘이다. 실제로 우리는 모두 연결되어 있다. 내가 로스코를 키우면서 얻은 가장 큰 교훈은 더 이상 경쟁을 가장 높은 단계의 발달된 사회적 특징으로 보지 않게 됐다는 것이다. 사실 오늘날 우리가 질리도록 듣는 개인주의적인 이야기들보다는 상호연결과 협력이 더 아름답고 더 유용하다.

이 책 뒷부분에서 자세히 살펴보겠지만, 친절한 행동을 보거나 경험할 때 인간은 그 영향을 받아 더 친절해진다. 친절은 우리 마음속의 단단한 껍질을 녹이고 '바쁘다'는 이름의 덫에서 벗어나게 해주며 사람들과의 더 깊은 연결에 마음을 열게 해준다. 나아가 세상을 '컵에 물이 반이나 차 있다'는 낙관적인 관점에서 볼 수 있게 해준다. 부디 이것들을 다 '히피들의 이상주의'로 혼동하지는 않기를 바란다. 친절은 사람과 사람을 서로 연결시키고, 영감을 주면서 우리가 각종 생산적인 일을 해낼 수 있도록 도움을 주니까 말이다.

친절은 조용하게 늘 자신의 힘을 발휘한다

이 책에서 우리는 친절이 직장에서 할 수 있는 역할에 대해, 그리고 또 친절이 전 세계 리더와 조직에 안겨주는 놀라운 결과들에 대해 살펴볼 것이다. 장담하건대 당신이 직장에서 직접 겪은 일들을 떠올리다 보면 아마 당신이나 당신 상사가 한 친절한 행동이 어떤 긍정적인 효과를 불러왔는지 그 사례들을 떠올릴 수 있을 것이다. 우리는 누구나 자기만의 '친절 롤 모델'을 갖게 되는데 당신이 그런 롤 모델이 되기 바란다. 나는 관리자로, 리더로, 또 기업 오너로 25년 이상 경험을 쌓아오면서 친절을 중시한 것이 나의 성공에 결정적 역할을 했음을 알고 있다. 실제로 내가 운영하는 회사 싱크 프로덕티브에서 내세우는 캐치프레이즈 중 하나는 "신뢰와 친절이 우리의 로켓 연료다"라는 것이다. 그런데 왜 이 세상엔 더 많은 친절이 없고 왜 모두가 친절하지 않은 걸까? 그 답은 다음과 같은 단순한 사실 두 가지로 요약된다.

하나, 친절의 역할을 잘못 이해하고 있다. 아주 큰 성공에 이르는 가장 빠른 길은 '악당'이 되거나 자기 자신만 생각하는 것이라는 말이 있다. 그러나 그 정반대도 사실이어서 친절을 베풀면 자연스레 더 좋은 결과들을 얻게 된다.

둘, 친절 그 자체를 잘못 이해하고 있다. 친절은 약하지 않고 강하다. 친절은 쉽지 않고 어렵다. 친절은 우리가 '어떤 사람인가'를 의미하지 않고 우리가 '어떤 행동을 하는가'를 의미한다. 그리고 이건 분명히 하자. '친절한 것'과 '착한 것'은 같은 개념이 아니다.

이 책의 제1부에서는 친절의 과학을 자세히 들여다보면서 '오늘날 기업 안에는 친절이 들어설 자리가 없다'는 인식에 이의를 제기하려 한다.

경영관리론과 심리학, 행동과학 등 여러 분야에서 나온 광범위한 연구를 들여다봄으로써 친절이 어떻게 보다 높은 성과들을 이뤄내고 사람들 간의 협력을 강화시켜주는지에 대해 살펴볼 것이다. 친절을 가장 중시하는 팀의 일원이 됐을 때 많은 이점을 누릴 수 있다는 사실은 물론, 배려심 많은 리더일수록 생산성 증대부터 인재 관리에 이르기까지 많은 긍정적인 결과를 만들어낸다는 사실도 알게 될 것이다.

제2부에서는 이른바 '친절에 대한 잘못된 믿음 세 가지'에 대해 살펴볼 것이다. 그리고 무엇이 친절이고 친절이 아닌지를 명확히 할 것이다. 친절이 무엇인지 명확히 정의 내릴 때 조직 내에서 훨씬 더 쉽게 더 많은 친절이 베풀어질 수 있고, 또 너무도 자주 친절을 가로막는 편견들과 이야기들을 극복할 수 있기 때문이다.

친절은 대서특필되지 않는 경우가 많다. 은근하고 조용하게 행해지지만 그럼에도 늘 놀라운 결과들을 만들어낸다. 우리는 오랫동안 사기꾼이나 독불장군식 CEO 등 사업으로 떼돈을 번 '악당'들의 이야기를 지겹게 들어왔다. 이제는 배려심 많은 리더들의 이야기를 할 때도 됐다. 이 책이 바로 그런 일을 할 것이다.

친절은 단순한 행동이 아닌 문화

제3부에서는 '친절함'이 정확히 무엇을 의미하는지 살펴볼 것이다. 친절하다는 말은 우리가 단순히 '친절한 일'을 하고 있다는 의미이기도 하지만 거기서 한 걸음 더 나아가 우리 자신을 넘어선다는 의미를 갖기도

한다. 친절해지기 위해선 스스로에게 끊임없이 이런 질문을 던져야 한다. '어떻게 하면 다른 사람들에게도 그들의 친절을 베풀 공간과 기회를 만들어줄 수 있을까?' 다시 말해 친절은 단순히 개인적인 어떤 행동이 아닌 팀과 조직을 하나로 뭉치게 만드는 '문화'와 같다. 우리는 그런 문화를 조성하는 데 힘을 보탤 필요가 있다. 친질을 행하기 어려운 순간에도 좀 더 친절하게 일을 해낼 방법은 늘 있는 법이다. 그리고 사실 그런 방법은 어려운 순간들일수록 훨씬 더 빛을 발한다.

또한 제3부에서는 '친절을 실천하기 위한 여덟 가지 원칙'을 살펴보며 관점을 '왜'에서 '어떻게'로 옮겨갈 것이다. 각종 인터뷰와 '친절 영웅 스토리'를 통해 친절을 베풀 방법은 한 가지가 아니라 여러 가지이며, 상황에 따라 그중 하나를 선택할 수 있다는 사실을 알게 될 것이다. 관점을 '왜'에서 '어떻게'로 옮겨가기에 앞서 친절을 실천하기 위해 알아야 할 원칙 여덟 가지를 여기서 간단히 소개하도록 하겠다. 보다 자세한 내용은 제3부에서 다시 살펴볼 것이다.

- **원칙 1: 친절은 당신에게서 시작된다.** 이 책은 먼저 친절을 우리의 '슈퍼파워'로 받아들이는 데 필요한 근본적인 사고방식의 전환, 그러니까 내가 나에게 친절할 때 비로소 다른 사람에게도 제대로 친절해질 수 있다는 사고방식의 전환을 살펴보는 데서 시작할 것이다. 우리는 주변 사람은 물론 자기 자신에게도 롤 모델이 되어야 한다. 그렇게 스스로에게 친절을 베풀다 보면 다른 사람에게도 더 친절해질 수 있는 사고방식을 갖게 된다.
- **원칙 2: 기대를 명확히 하라.** 우리가 가진 기대들에 대해 명확한

입장을 취할 때(설사 그 기대들이 높다 해도) 심리적인 안정감 및 신뢰가 형성될 수 있다. 만약 당신이 리더라면 사람들을 이끌어가고자 하는 방향에 대한 비전Vision, 의사결정 과정과 그 문화를 결정짓고 이끄는 가치들Values, 그리고 각 팀원이 추가해주길 바라는 측정 가능한 가치Value 이 '세 가지 V'를 명확히 해야 한다. 그리고 당신이 어떤 역할을 맡고 있든 이 세 가지 V는 명확한 방향을 정하는 데 꼭 필요하다. 분명한 바운더리와 피드백 그리고 소통은 모두 친절한 접근 방식을 구성하는 요소다.

- **원칙 3: 주의 깊게 귀 기울여라.** 누군가의 말에 관심을 갖고 귀 기울이는 것보다 친절한 일은 없다. 그러나 가끔 우리는 너무 바쁘거나 정신이 없어 관심을 갖고 귀 기울일 수 없을 때가 있다. 이 원칙을 통해 상대의 말에 공감해주는 경청 기술을 연마한다면 상대가 처한 상황을 제대로 알고 대처할 수 있게 될 것이다.

- **원칙 4: 항상 사람이 먼저, 일은 그다음이다.** 여러 해 동안 내가 개인적으로 만트라(티베트어로 불교 명상 중에 외는 주문 — 옮긴이)처럼 외우고 다닌 말이다. 사실 궁지에 몰린 상황에서 내가 어떻게 사람들을 관리해야 할지 그 기준을 세우고 싶어 만들어낸 말이었으나 시간이 지나면서 훨씬 더 많은 상황에서 되뇌는 말이 되었다. 이는 인간으로서의 존엄성을 인정받고 싶어 하는 사람들의 욕구를 수용하는 말이며, 일을 떠나 우리 모두가 같은 인간이라는 사실을 강조하는 말이기도 하다.

- **원칙 5: 겸손하라.** 공이 누구에게 있는지 신경 쓰지 않을 때 직장에선 위대한 일들이 일어난다. 우리가 서로 다른 사람을 돕고 '스

스로 빛나는 별'이 되기보단 '남을 비추는 스포트라이트'가 될 때 신뢰와 팀워크가 살아난다. 자신의 능력에 너그러운 마음을 보태라. 겸손은 자기중심적인 사고에서 벗어나 팀의 행복과 발전 그리고 실적에 일조하게 된다.

- **원칙 6: '그들'이 원하는 대로 그들을 대접하라.** 흔히 '내가 대접받고 싶은 대로' 남을 대접하라고 하지만, 사실 누군가를 '그 사람이 대접받고 싶어 하는 대로' 대접할 때 우리는 더 친절해질 수 있다. 진정한 친절은 당신이 가진 그 친절한 마음이 그대로 전달되어 상대방에게 영향을 미치고, 당신 자신에게도 영향을 미치는 것을 말한다. 여기에서는 진심 어린 행동을 하는 법과 당신이 친절을 통해 전하고자 하는 의도와 영향력이 어떻게 하면 일치할 수 있는지 이야기할 것이다.

- **원칙 7: 느긋해져라.** 의도치 않은 불친절의 가장 큰 원인은 '바쁨'이다. 일의 진행 속도를 늦출 때 우리는 빠름이 미덕인 문화에서 뒷전으로 밀려나기 십상인 배려와 공감 능력을 십분 발휘할 수 있다. 다른 사람들의 필요에 호기심을 보이거나 그 무엇보다 사람을 우선시하고 싶다면 일의 진행 속도를 늦춰야만 한다. 그럴 때 이 원칙이 그걸 뒷받침해주는 현실적인 방법이 될 수 있다.

- **원칙 8: 친절은 당신 한 명으로 끝나지 않는다.** 친절해진다는 건 비단 자신의 행동에 집중한다는 의미를 넘어 친절이 기대되는 문화를 조성하거나 그런 팀을 만들어야 한다는 의미이기도 하다. 위대한 리더들은 친절한 분위기를 확립해 주변에 그들이 있든 없든 상관없이 늘 친절한 분위기가 유지되도록 만든다. 당신이 어떤 역

할을 맡고 있든 관계없이, 이 마지막 원칙은 어떻게 직장을 모든 사람이 소속감을 느끼는 장소로 만들고 또 친절이 권해지는 장소로 만드는지를 보여준다. 그리고 그 결과 어떻게 사람들의 충성심이 높아지고 동기부여가 더 강화되며 더 좋은 성과가 나는지를 보여준다.

이 책을 가장 잘 활용하는 방법

곧 알게 되겠지만 친절은 말뿐만 아니라 행동으로 따라와야 하는 일이다. 이 책에는 실현 가능한 조언들이 가득하며 각 장 끝에는 '생각해봐야 할 질문들'이 나온다. 이 질문들을 통해 당신을 돌아보고 여러 통찰과 원칙들을 되새기길 권한다.

각 장의 끝부분에는 '친절 챌린지'도 나온다. 이 내용들은 내가 개발한 '직장에서의 친절' 교육 과정에서 가져온 것들이다. 혼자서 해봐도 좋지만 동료 한두 명과 함께 해보면 더 좋다. 매주 한 장씩 읽고, 직장에서 할 수 있는 각종 활동들을 직접 시도해보며 '생각해봐야 할 질문들'을 중심으로 동료들과 얘기를 나눠보도록 하라.

제1부에서 설명하겠지만 친절한 행동에는 이런저런 결과들이 따른다. 친절한 행동은 다른 사람들에게 행복을 안겨줌으로써 세상을 변화시킬 기회가 되기도 된다. 개인적으로 또 직업적으로, 나는 여러 해 동안 친절을 통해 우리가 목적의식을 갖고 서로 더 잘 연결될 수 있다는 사실을 알게 됐다. 또한 팀원들 사이에 주인 의식과 헌신적인 태도 등이

생겨나기도 하고 정신없이 바쁜 분위기가 서로를 배려하는 분위기로 바뀌기도 한 것도 알게 됐다. 그리고 보다 놀라운 사실은, 친절로 온갖 종류의 자기계발 기회들이 생겨날 수도 있다는 것이다. 우리가 친절의 본질에 대해 나와 타인의 관계에 대해 그리고 나 스스로에 대해 숙고하다 보면, 때론 몹시 불편하고 취약해지는 느낌이 들기도 한다. 내 경험상 가장 깊은 깨우침은 종종 그런 상황에서 온다. 그래서 나는 당신에게 마음을 활짝 열어 통찰력을 얻고 각종 도전들에 온 힘을 다해 맞서라고 권하고 싶다. 어떤 도전들은 믿을 수 없을 만큼 단순하게 느껴지고 또 어떤 도전들은 그렇지 않겠지만 모든 도전은 당신을 안전지대에서 끌어낸다. 그 과정에서 갑자기 심각한 인생 문제들에 맞닥뜨리거나 개인적인 진실들을 대면하게 되더라도 놀라지 말라.

마지막으로 친절에 대한 탐구를 시작하기에 앞서 격려의 말 한마디를 하고 싶다. 주어진 시간에 당신이 할 수 있는 일들은 수없이 많지만, 그럼에도 당신은 지금 이 책을 펼치는 선택을 했다. 그것만 봐도 당신이 이 세상에서 무엇을 원하고 어떤 종류의 삶을 살아가고 싶어 하는지를 알 수 있다. 이 여행이 늘 순탄하진 않을 것이다. 그러나 감히 장담하건대, 포기하지 않고 계속 나아간다면 당신 앞에 변화를 이끌어내고 깨달음을 주는 즐거운 경험들이 기다리고 있을 것이다.

자, 그럼 이제 출발해보자.

"친절은 인간이 가진 특성 가운데
아마 가장 영향력 있는 특성일 것이다.
친절을 통해 협력이 강화되고
더 많은 동기부여가 이루어지며 포용력도 커진다.
그리고 친절을 통해
당신은 기억할 만한 리더가 된다."

— 줄리 브라운Julie Brown, 버버리 최고운영책임자

Graham Allcott

차례

들어가는 글 잃어버렸던 친절을 찾는 여정을 시작하며 · 13

 조용하지만 강력한 힘, 친절의 과학 · 30

친절의 수혜자는 결코 한 사람이 아니다. 친절을 받는 사람은 물론 베푸는 사람, 친절을 주고받는 것을 목격한 사람, 그 파급 효과를 받는 사람들까지, 친절은 네 겹의 승리를 가져온다. 또한 친절은 단순히 '좋은 성격'이 아니라 개인의 건강을 증진시키고 조직의 성과와 혁신을 가져오는 생산성 도구다. 경영관리론과 심리학, 행동과학 등 여러 분야의 연구를 통해 '전략'으로서의 친절을 만나보자.

 무엇이 우리의 친절을 가로막는가 · 70

왜 우리는 더 자주 친절을 베풀지 못하고 더 많은 친절을 받지 못할까? 독재자형 천재가 성공한다는 잘못된 믿음, 친절은 나약함의 상징이며 약점 잡히기 쉬운 태도라는 오해, 친절은 타고난 기질이라 연습으로 친절함을 기를 수는 없다는 오해를 낱낱이 파헤친다.

제3부 친절을 실천하기 위한 여덟 가지 원칙 · 108

당신의 일터에서 그리고 인간관계에서 친절의 문화를 조성하는 데 도움이 될 여덟 가지 실용적인 방법들을 살펴본다. 각종 인터뷰들과 사례 연구들을 통해 친절한 행동을 할 방법은 단 한 가지가 아니라 여러 가지이며, 상황에 따라 그중 하나를 선택할 수 있다는 걸 알게 될 것이다.

원칙 1 친절은 당신으로부터 시작된다 · 117

자기 친절이 어려운 이유와 자신에게 더 친절해야 한다는 다섯 가지 신호를 알아보며 다음 질문에 답해보자. '나는 과연 나에게 친절한가?' 그리고 자기 친절을 위한 10가지 친절 챌린지에 도전해보자. 내가 나에게 친절할 때 비로소 다른 사람들에게도 제대로 친절해질 수 있다는 사고방식을 갖게 될 것이다.

원칙 2 기대를 명확히 하라 · 141

그저 착한 것과 친절한 것의 차이는 명확한 기대치가 있는가에 달려 있다. 명확한 기대는 심리적 안정감을 불러오기 때문에 그 자체로 친절하다. 명확한 기대에는 비전, 가치들, 가치가 포함되어야 하며, 이 세 가지 V를 규정하는 두 가지 방법과 기대의 명확성을 높이는 다섯 가지 기술을 살펴본다.

원칙 3 주의 깊게 귀 기울여라 · 179

경청은 수동적인 태도가 아닌 적극적인 친절의 표현이다. 친절하게 귀 기울이는 사람이 되는 데 도움이 될 통찰들을 살펴보고, '상대의 말을 요약하기', '되짚으며 말하기', '대화 중 잠깐씩 찾아오는 침묵에 익숙해지기' 등 경청의 기술을 익혀본다.

원칙 4 항상 사람이 먼저, 일은 그다음이다 • 203

누군가가 힘든 시기를 보내고 있다면 그럴 때일수록 그 사람이 얼마나 소중하며 얼마나 많은 지지와 배려를 받고 있는지 보여줘야 한다. 다른 사람에게 존중을 표할 수 있는 다섯 가지 방법과 '일보다 사람 먼저' 원칙을 강화하는 네 가지 방법들을 살펴본다.

원칙 5 겸손하라 • 227

겸손은 친절과 마찬가지로 다른 사람에게 휘둘리고 물러터진 행동으로 오해를 받기도 한다. 하지만 겸손은 자석 같은 특성을 가지고 있어 다른 사람을 돋보이게 하고도 내가 원하는 결과를 만들어낸다. 모두에게 친절을 베풀고 겸손을 드러내는 표현들로는 무엇이 있을까?

원칙 6 '그들'이 원하는 대로 그들을 대접하라 • 253

진정성 있게 친절을 베푸는 일은 상대가 무엇을 고맙게 여길지, 무엇을 재밌다고 생각할지, 무엇이 그 사람에게 선 넘는 행동일지를 알 때 비로소 가능하다. 그렇다면 당신의 의도가 정말 친절한 행동인지 혹은 내 마음이 편해지기 위한 착한 행동인지 어떻게 구별할 수 있을까? 진심으로 다른 사람들에게 호기심을 갖고 그들을 대하는 방법, 다른 사람들의 소소한 디테일을 기억하는 방법 등을 함께 알아본다.

원칙 7 느긋해져라 • 271

느긋함은 친절한 행동에 어떤 영향을 미칠까? 그 효과를 어떻게 누릴 수 있을까? 느긋함을 삶에 적용하는 방법과 '회의 없는 날 정하기', '매몰비용의 오류에서 벗어나기' 등 조직 내에서 느린 문화를 만드는 방법을 통해 친절을 베풀어보라.

(원칙 8) 친절은 당신 한 명으로 끝나지 않는다 · 295

우리는 '문화 건설자'가 되어야 한다. 친절의 영향력이 최대한 널리 퍼질 수 있도록 다른 사람들이 그들의 공감 능력과 신뢰를 키울 수 있게 도와 친절한 문화가 자리 잡도록 해야 한다. 이를 위해 가장 먼저 문화의 일곱 가지 구성 요소를 알아본다. 이어서 성별, 내향성, 소속감 등 다른 사람들의 친절을 방해하는 요소를 알아보고 조직 문화 속에 친절을 퍼트리는 여덟 가지 방법까지 알아본다.

나오는 글 한 잔의 커피처럼, 친절은 조용히 세상을 바꿀 수 있다 · 335
감사의 글 · 343
참고 문헌 · 347
주 · 349

KIND

제1부

조용하지만 강력한 힘, 친절의 과학

"친절이 모든 일의 원동력입니다. 당신이 친절하고 사람들이 서로를 신뢰한다면, 결국 당신이 승자가 될 것입니다. 이는 너무나 간단한 사실이죠."

때는 2019년 10월, 나는 로마의 한 대형 투자은행에서 기조연설을 막 마친 상태였다. 마지막에 질의응답 시간을 가졌는데 누군가가 이런 질문을 던졌다.

"그레이엄, 방금 생산성의 개요를 짚어주셨는데요, 그 주제와는 별개로 지난 10년간 제로 상태에서 시작해 지금의 세계적인 기업을 일구는 데 도움이 된 건 무엇이었나요?"

그때 내 머릿속에 제일 먼저 떠오른 말이 바로 '친절이 모든 일의 원동력이다'였다. 나를 예전부터 잘 아는 사람들은 아마 그런 대답에 전혀 놀라지 않았으리라.

내 입장에서 이는 두말할 필요도 없을 만큼 분명한 사실이었다. 그러나 놀랍게도 바로 몇몇 사람들에게서 강한 반발(예를 들면 "말도 안 돼! 사업은 철두철미한 경쟁이에요!", "성공하려면 늘 무자비해야 해요!" 등등)이 터져 나왔다. 참석자 중 두어 명은 2013년에 나온 마틴 스코세이지Martin Scorsese 감독의 영화 〈더 울프 오브 월 스트리트〉(주가 조작으로 월 스트리트의 억만장자가 된 주인공의 이야기를 다룬 영화— 옮긴이)를 본 모양인데, 안타깝게도 그 영화를 사업 성공에 필요한 지침서 정도로 받아들인 듯했다. 어떤 사람은 내게 "스티브 잡스와 도널드 트럼프를 보세요!"라며 친절이 왜 패자들한테나 어울리는 단어인지 그 이유를 알 수 있을 거라고 말했다.

그러나 당시 투자은행에서 대규모 팀을 이끌고 있던 레이를 비롯한 많은 사람이 내 편을 들어주었다. 레이는 내게 이번 기조연설을 해달라고 부탁한 사람이기도 했다. 나는 그의 좌우명이 '열심히 일하고 겸손하라'임을 예전부터 알고 있었다. 그리고 기조연설 건으로 잠시 이야기를 주고받으면서 그가 사려 깊고 배려심이 많으며 선견지명이 있는 뛰어난 리더임을 알게 되었다. 그는 늘 팀이 자신에게 무얼 바라는지 두세 걸음 앞서 예견하는 사람이었다.

그 자리에 모여 있던 사람들이 졸지에 '친절해라 팀'과 '모든 사람을 쥐어짜고 사악해져라 팀'으로 갈라진 듯했다. 경쟁이 치열한 투자은행에서 일하는 사람들이었지만 다행히도 대다수가 '친절해라 팀'에 속했다. 하지만 '친절'이라는 무해하고도 부드러운 주제를 놓고 사람들이 뜨거운 감정과 에너지를 발산하며 논쟁을 벌이는 모습을 보고 있자니 무척 흥미로웠다. 덕분에 내 기조연설의 마지막 10여 분은 분위기가 사뭇 심각해져 내가 전하려던 주된 메시지까지 흐려질 뻔했다. 내가 나름대로 상황을 잘 수습해 일이 잘못되진 않았지만 말이다. 그럼에도 점심 식사 시간에 많은 사람이 들뜬 얼굴로 내게 다가와 연설의 본래 주제였던 생산성에 대한 이야기말고도 친절이란 주제에 많은 관심을 보였다.

다음 날 나는 로마에 머물면서 믿을 수 없을 만큼 맛있는 아이스크림을 먹었고 고대 문명의 선구자들이 만든 여러 조형물들을 구경했다. 가을 햇살 속 찬란한 로마의 아름다움에 흠뻑 젖은 채 인간이 만들어낸 예술 작품들 사이를 거닐며, 질의응답 시간에 나온 친절 얘기에 왜 그곳에 있던 사람들이 둘로 갈라졌을까를 곰곰이 생각해보았다.

왜 일부 사람들은 친절처럼 유용하고 긍정적인 단어에 그렇게 회의적이고 적대적인 태도를 취했을까? 인간의 협력과 생존에 친절은 분명 좋은 행동이 아닌가! 동시에 나는 내가 일구어낸 회사에 대해서도 곰곰이 생각해보았다. 여러 해 동안 우리 회사에선 '친절'이 늘 조직의 핵심 문화였다. 그렇게 여러 생각을 한 끝에 트레비 분수 근처 어디선가 이 책을 쓸 결심을 했다.

이 책의 제3부에서는 '친절을 실천하기 위한 여덟 가지 원칙'과 당신의 일터에서 친절한 분위기를 조성하는 데 도움이 될 만한 실용적인 방법들을 살펴볼 것이다. 그 부분에 가장 관심이 있다면 다른 부분들을 건너뛰고 곧바로 제3부로 가도 좋다. 그러나 그보다 먼저 무엇이 친절이고 무엇이 친절이 아닌지, 친절의 정의를 분명히 규정할 필요가 있다. 그래야 친절에 대해 어떻게 이야기해야 할지 알 수 있다. 특히 조직 안에서 친절에 부정적인 사람들, 즉 '모든 사람을 쥐어짜고 사악해져라 팀'에 속한 사람들과 함께 문제를 해결해 모든 걸 변화시켜나갈 수 있을 것이다.

친절은 윈-윈-윈-윈 게임이다

친절의 최대 장점은 그 누구의 소유도 아니고 절대 부족하지도 않다는 점이다. 게다가 친절은 비용이 들지도 않고, 더 많이 베풀수록 더 많은 사람에게 영향을 미칠 수 있다. 친절한 말은 공짜이며 친절한 말에는 사람들 간의 유대감을 공고히 다져주는 힘도 있다. 그리고 조직들은 다음과 같은 의문들에 답하는 데 무한한 자원을 쏟아붓는다. '어떻게 하면 직원들이 더 큰 소속감을 가질 수 있을까?', '어떻게 하면 직원들의 생산성을 높일 수 있을까?', '어떻게 하면 우리 직원들이 보다 큰 목적의식을 갖고 하는 일에 더 집중할 수 있을까?' 친절이라는 이름의 마법이 이미 그런 의문들에 대한 답을 제시해주고 있다. 이제 친절의 놀라운 힘에 관심을 집중할 때가 됐다.

이 장에서 우리는 친절이 사람들과 조직에 선사하는 많은 이점에 대해, 어떻게 해서 친절이 심리적 안정감의 주요 동인이 되고 그에 따라 놀라운 결과들을 낳게 되는지에 대해 살펴볼 것이다. 친절한 행동의 수혜자는 결코 한 사람이 아니다. 그건 늘 윈-윈win-win 게임이다. 아니, 더 정확히 말하면 윈-윈-윈-윈win-win-win-win 게임이다. 이제부터 그 이유를 설명하겠다.

• 친절은 왜 윈-윈-윈-윈 게임인가?

베푸는 사람

수혜자

목격자

파급 효과 수혜자들

첫 번째 승자: 베푸는 사람

우리가 다른 누군가의 하루를 밝게 만들어주는 행동을 하면 대개 우리 자신의 하루도 밝아지기 마련이다. 친절한 행동을 하면 우리는 기분이 좋아진다. 사실 굳이 친절이 그 수혜자와 다른 이들에게 미치는 폭넓은 이점들을 생각해보지 않더라도, 친절은 그 자체만으로도 충분히 베풀 만한 이유가 있다. 다른 누구보다 친절을 베푼 당사자에게 가장 큰 이득이 되는 행동이기 때문이다. 친절의 과학을 파고든 연구들이 밝혀낸 중요한 사실 몇 가지를 소개하자면 다음과 같다.

각종 연구 결과에 따르면 친절을 베풀 때 우리 뇌에서는 '기분을 좋게 만드는' 화학물질들이 분출된다.[1] 옥시토신(일명 '사랑 호르몬')이 쏟아져 나오는 것이다. 옥시토신은 공감 능력과 믿음을 강화시켜주는 역할을 한다.[2] 공감 능력이 커짐에 따라 친절을 베풀 가능성 또한 더 커지고 그렇게 계속 선순환을 이루게 된다. 또한 옥시토신은 혈압을 낮춰주는 등 건강상의 이점들도 갖고 있으며 일반적으로 심혈관계를 더 건강하게 만들어준다.[3] 옥시토신 수치가 높아지면 사회적 단서를 읽는 능력이 향상되며 사회적 유대감 형성에도 더 능해지고 우울증에서 벗어나는 데도

도움이 된다.[4]

친절한 행동은 도파민 수치 증가와도 밀접한 관련이 있다.[5] 도파민은 '보상 화학물질'로, 도파민 수치가 높아지면 사람들에게 동기를 부여하고 목적의식을 갖게 할 수 있다. '헬퍼스 하이'helper's high(도움을 주는 사람의 기분이 좋아지는 것을 뜻하는 말―옮긴이) 상태를 예로 들어보자.[6,7] 친절을 베푼 사람은 다른 누군가의 문제를 해결해주었다는 만족감으로 뇌에서 도파민이 분출된다. 도파민은 중독성이 매우 강해 동기부여가 잘 되는 사람들은 다음 도파민 분출을 고대하고 그 결과 친절한 행동을 더 많이 하게 된다. 또한 도파민은 행복한 감정들과도 관련이 있다.[8] 이건 확실하다. 친절을 베풀면 사람은 더 행복해진다.

친절한 행동은 불안감을 줄이는 데도 도움이 된다. 브리티시컬럼비아 대학교의 한 연구에 따르면 친절한 행동은 세로토닌 수치를 높이며 특히 불안감이 큰 사람들에게 큰 영향을 미친다.[9] 세로토닌은 '기분 호르몬'으로 정서적 안정, 차분한 감정, 행복감과도 관련이 있다. 연구 결과에 따르면 불안감이 큰 사람들에게 매일 친절한 행동을 여섯 번 해보라고 요청했을 때, 단 한 달 만에 긍정적인 기분이 눈에 띄게 늘어났다. 또한 인간관계에 대한 만족감이 더 커지면서 사회적 회피 성향도 줄어들었다.

직장에서 스트레스는 종종 우리가 하는 일의 자연스럽고 통제 불가능한 부산물로 여겨지곤 한다. 하지만 스트레스는 아주 큰 문제이기도 하다. 경험 관리 전문업체인 퀄트릭스Qualtrics의 최근 한 연구에 따르면, 영국에선 90퍼센트의 사람들이 현재 직장에서 스트레스를 받고 있으며, 50퍼센트 이상의 사람들이 '대부분의 시간에' 스트레스를 느낀다고 한다.[10] 스트레스라는 감정은 스트레스 호르몬인 코르티솔 수치가 너무 높은 데서 오기 때문에 몸 안의 코르티솔 수치를 낮춰야 스트레스를 줄일 수 있다. 연구 결과들에 따르면 평소 늘 친절한 사람들은 몸 속 코르티솔 수치가 23퍼센트 낮았으며, 그것이 스트레스 발생에 상당한 영향을 미쳤다.[11]

그러나 그게 다가 아니다. 데이비드 해밀턴David Hamilton 박사의 책《친절의 다섯 가지 부작용》The Five Side Effects of Kindness에는 친절한 행동을 하면 우리 몸이 더 튼튼하고 건강해진다는 걸 보여주는 많은 연구가 나온다.[12] 여러 기업에서 직원들의 건강관리에 많은 자원을 투자하고 직원들의 복지를 늘리고 병가를 줄이기 위한 전략들을 개발하고 있다. 하지만 친절은 아주 쉬운 방법임에도 간과되고 있는 전략이다.

한 연구에서는 친절을 베풀면 몸 안의 온갖 통증이 감소하고 노화 과정이 늦춰진다는 결과가 나왔다. 그리고 55세가 넘는 사람들에 대한 한 연구에 따르면, 적어도 두 단체에서 정기적으로 자원봉사 활동을 하는 사람들은 일찍 사망할 가능성이 44퍼센트나 낮았다(이는 신체 건강과 정신 건강, 결혼 여부, 흡연 및 음주 같은 생활 습관 등 다른 모든 요소를 제외한 상태에서의 결과다).

이뿐만이 아니다. 미국 내과 의사 앨런 룩스Allan Luks의 연구에 따르면, 연구 참여자들의 거의 50퍼센트가 다른 사람들을 도와준 뒤 더 강해지고 더 에너지가 넘치는 기분이었다고 대답했다. 그뿐만이 아니다. 더 차분해지고 자존감도 더 높아지는 등 다른 긍정적인 효과들도 있었다고 말했다.[13] 이건 모두 당신이 당신 팀원들에게 바라는 긍정적인 특징들이다.

두 번째 승자: 친절의 수혜자

물론 가장 확실한 수혜자는 친절한 행동을 받는 당사자다. 정신건강재단Mental Health Foundation에서 실시한 한 연구를 살펴보면, 연구 참여자들의 63퍼센트가 친절한 행동의 수혜자가 됐을 때 정신 건강에 긍정적인 영향을 받은 것으로 드러났다.[14]

직장에서 점점 더 정신 건강에 많은 관심을 기울이고 있는 요즘 같은 상황에서는 친절처럼 간단한 행동 하나가 피해가 커지는 걸 막는 데 지대한 역할을 할 수 있다. 또 우리의 근무 환경을 정신 건강에 좀 더 긍정적인 영향을 주는 식으로 바꿀 수도 있다.

누군가가 베푸는 친절을 경험할 때 우리는 대개 더 행복해진다. 누군가 나의 필요를 생각해주고 있다는 느낌, 모든 어려움을 혼자 겪지 않아도 될 뿐만 아니라 주변 사람들과 더 많이 연결되어 있다는 느낌을 받기 때문이다.

친절의 이 같은 효과는 그간 여러 연구에서 입증되었다. 2015년에 행해진 한 연구에서는 사람들에게 90분간 주변 사람들에게 소소한 친절을 베풀어보라고 했다.[15] 예를 들어 뒤에 오는 사람을 위해 문을 잡아준다든가 쿠키를 나눠준다든가 카드에 누군가를 지지하는 긍정적인 메시지를 쓴다든가 하는 친절 말이다. 그런 다음 그들에게 친절의 대상이 된 수혜자들의 얼굴 표정을 기록하게 했다. 당연하게도 수혜자들은 그 어떤 친절도 받지 못한 통제 집단 사람들보다 만면에 웃음을 띠는 경우가 더 많았다.

코카콜라 마드리드 본사 직원들을 상대로 한 연구에 따르면, 사람들은 누군가가 자신에게 친절을 베풀었을 때 그런 친절을 받지 못한 통제 집단 사람들보다 스스로 더 행복하다고 '인식'했다.[16] 또 참여자들은 행복한 감정이 늘어났고 자신이 하는 일에 긍정적인 생각을 갖게 됐다고 말했다. 사람들 간에 유대감과 신뢰도 더 커져 다른 동료들에 대한 동지애도 더 커졌다. 또한 같은 연구에서는 '파급 효과'도 있다는 사실이 확인되었다. 통제 집단 사람들을 제외한 사무실 내 다른 사람들의 직업 만족도와 삶의 만족도가 더 높아졌고, 자신감과 자기 통제력이 더 커졌으며, 우울증 증상도 줄어든 것이다. 선행 나누기에 대한 동기부여도 더 커졌으며, 친절을 베푸는 사람들과 받는 사람들 모두 자기 일에 대한 애착도 더 커졌다.

세 번째 승자: 친절의 목격자들

친절한 행동이 행해지는 곳 주변에 있는 것만으로도 우리는 친절의 수혜를 받는다. 붐비는 열차에서 누군가 나이 든 사람을 위해 자리를 양보하는 모습을 본다면, 또는 누군가 휠체어에 앉아 있는 사람을 위해 빈 공간을 만들어주는 모습을 본다면 어떨 것 같은가? 당신은 친절의 파급 효과가 강력하다는 사실을 알게 될 것이다. 친절한 리더가 이끄는 팀들의 단결력이 더 좋은 이유가 바로 여기에 있다. 그들은 주변에서 수시로 친절한 행동들을 보며 시간을 보내기 때문에 동지애가 더 강해질 수밖에 없다.

사실 친절한 행동을 '목격'하는 것만으로도 옥시토신 수치가 올라가고 스트레스 수준이 줄어든다.[17] 하버드 대학교에서 이와 관련한 연구를 진행했었는데, 아주 놀라운 몇 가지 결과들이 나왔다. 연구팀은 실험 참가자들에게 마더 테레사의 친절한 행동들을 담은 50분짜리 비디오를 시청하게 했다. 그런 다음 그 사람들의 침에 들어 있는 이뮤노글로빈 A immunoglobin A 수치를 관찰했다. 면봉으로 채취한 침을 검사해본 결과, 비디오를 본 사람들의 침 속 이뮤노글로빈 A 수치가 눈에 띄게 높아졌고 심지어 비디오를 보고 난 이후 한 시간까지도 그 수준을 계속 유지했다. 침 속 이뮤노글로빈 A는 우리의 면역 체계 안에서 아주 중요한 역할을 하며, 음식에서 발견되는 유해한 병원균들에 맞서 싸우는 인체의 제1방어선이다.

연구진들은 이런 현상을 '마더 테레사 효과'라 불렀다. 그러니까 단지 친절한 행동을 목격(심지어 직접 본 것이 아닌 비디오를 통해서)하기만 해도 심리 및 건강 측면에서 긍정적인 효과가 있다는 말이었다.[18] 마찬가지로 스탠퍼드 대학교의 한 연구팀은 불과 몇 분간의 '자애 명상' loving-kindness meditation(다른 사람들에 대한 사랑과 친절을 키우기 위한 명상 — 옮긴이)을 하는 것만으로도 사회적 유대감과 긍정적 사고가 커진다는 사실을 알아냈다.[19]

이는 직장 환경과 관련해서도 분명한 교훈을 준다. 우리가 각 팀 안에서 목격되는 친절한 행동들에 스포트라이트를 맞출 수 있다면, 잠시 시간을 내 그런 이야기들을 '공유'하는 것만으로도 사무실 직원들 모두의 건강과 행복을 증진시킬 수 있을 거라는 교훈 말이다.

네 번째 승자: 파급 효과의 수혜자들

"친절에는 균형과 흐름이 있다. 친절은 무턱대고 베푸는 것이 아니다. 그것은 파문을 일으키며 퍼져나가는 하나의 원을 만드는 것이다."

— 엠마 로Emma Law, 영국 지방 정부 전략 책임자

친절을 베풀 수 있는 기회들은 우리 앞에 매일 모습을 드러낸다. 그러나 우리는 종종 너무 바빠 그 기회들을 보지 못하거나 또는 보고도 시간이 없다거나 귀찮다는 이유로 이를 무시한다. 때론 친절을 베푸는 일이 어색하게 느껴져 아무 행동도 취하지 않는다. 또 때론 단순히 '나와 타인', 즉 뭔가를 주는 쪽과 받는 쪽이란 관점에서 이런저런 결정을 내린다. 그러나 이렇게 마음속으로 계산을 하며 우리는 보다 큰 그림을 간과하고 만다. 친절은 파급 효과를 일으킨다는 사실을 말이다.

바로 앞에서 보았듯 세 번째 승자(또는 승자들)는 친절한 행동을 목격해 '마더 테레사 효과'를 경험하는 사람들이다. 그 효과로 그들은 더 큰 행복감을 느끼고 심지어 면역력까지 향상된다. 그뿐만 아니라 친절의 파급 효과는 빠르게 확산된다. 하나의 친절이 더 많은 친절을 낳는 것이다. 당신의 친절한 행동 하나에 따르는 네 번째 승자는 친절한 행동의 수혜자가 되는 모든 사람이다. 당신이 베푼 친절한 행동의 직접적인 수혜자든 목격자든, 당신의 친절에 영향을 받아 내가 뭔가를 받았으니 돌려줘야 한다는 심리로 친절한 행동을 하게 되는 사람들 말이다.

《뉴 잉랜드 의학 저널》New England Journal of Medicine에 실린 한 놀라운 연구

가 있다. 이 연구는 스물여덟 살 한 젊은이의 이야기를 다룬다. 그는 어느 날 미국의 한 병원으로 걸어 들어가, 자신의 신장을 필요한 누군가에게 기증했다.[20] 그리고 믿기지 않을 만큼 친절한 그 행동 하나가 미국 전역에 잔잔한 파문을 일으키기 시작했다. 그 이야기를 들은 신장 이식 수혜자의 배우자와 다른 가족들이 크나큰 감동을 받았고 그들도 다른 이들을 위해 신장을 기증하기 시작한 것이다. 알려진 바에 따르면 익명의 한 기증자가 일으킨 파급 효과로 적어도 열 명의 환자가 새로운 신장을 기증받았다.

보다 소소하고 보다 일상적인 친절의 수혜자들 역시 받은 걸 돌려줘야 한다는 심리 상태에 빠질 가능성이 높다.[21] 캘리포니아 대학교에서 진행한 한 연구에 따르면, 한 사람이 1달러를 기부했을 때 그 간단한 선물이 연쇄 반응을 일으켜 첫 친절의 세 배나 되는 친절이 추가로 행해졌다. 캘리포니아 대학교의 정치학 교수 제임스 파울러James Fowler는 그 연구 결과와 관련해 이렇게 말했다. "사람들이 일단 다른 사람들과의 협력에서 도움을 받으면 그들은 이기적인 예전의 자신으로 되돌아가지 못합니다."

또 다른 선물: 친절과 공감 능력의 순환 고리

앞서 우리는 친절한 행동 하나에서 생겨나는 네 종류의 승자들에 대해 살펴보았다. 그러나 조직 측면에서는 보다 큰 그림을 생각해봐야 한다. 소소한 친절 덕분에 직원들의 만족도가 더 높으며 성과도 좋은 조직 문

- **심리적 안정감이라는 선물**

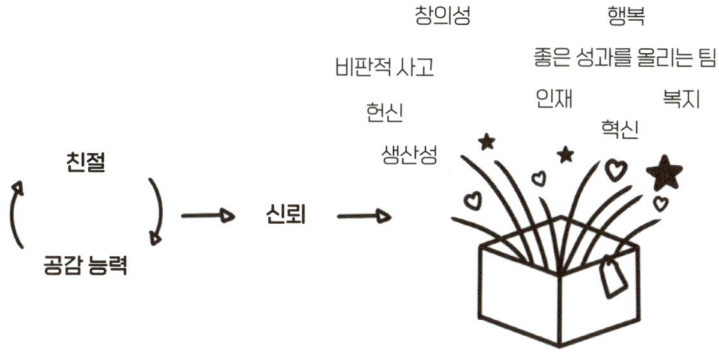

화가 조성될 수 있기 때문이다. 친절 덕에 구성원들이 더 건강해지고 스트레스가 줄어들고 행복감이 늘어나고 동료들과의 유대감이 강화되고 성취도가 높아지는 걸 보는 것도 좋다. 하지만 친절이 조직 및 문화에 미치는 긍정적인 영향은 그 수준을 훨씬 넘어선다. 친절의 조용한 힘을 통해 조직은 높은 성과를 이뤄내는 조직 문화를 구축하게 되는데, 그 이유는 다음과 같다.

- 친절을 통해 '공감 능력'이 늘어나고 공감 능력을 통해 친절이 늘어나게 된다.
- 그렇게 긍정적인 분위기 속에서 사람들 간의 '신뢰'가 증가한다. 그 결과 '심리적 안정감'을 갖게 된다. 안정감이 구축되면 사람들은 대인관계와 관련한 위험을 감수해가며 다른 많은 이익을 만들어내게 된다.

당신이 팀의 성과를 높이는 데 관심 있는 리더라면, 사람들이 심리적 안정감을 느낄 수 있도록 해주고 그걸 계속 유지하는 데 힘써야 한다. 의심할 필요 없이 리더인 당신이 가장 먼저 해야 할 일이다. 그 친절을 통해 조직 상층부 사람들뿐 아니라 아래쪽에 있는 사람들에게서 업무 추진에 필요한 각종 아이디어와 해결책 그리고 솔직한 소통을 기대할 수 있기 때문이다.

이는 톰 피터스Tom Peters와 로버트 워터먼Robert Waterman이 그들의 저서 《초우량 기업의 조건》에서 말한 '사람들을 통한 생산성'의 대표적인 예인지도 모른다. 피터스와 워터먼이 실시한 미국 기업들에 대한 분석에 따르면 사람들을 잘 대우해주고, 각 분야의 대가들을 양성하고, 일반 사원들이 서로 아이디어를 공유하며 업무의 질을 높이는 걸 권하는 기업일수록 높은 성과를 내는 경우가 많았다. 미국 상공회의소에서 최근에 내놓은 보고서의 내용도 비슷하다. 기업체 직원들의 88퍼센트가 '보다 수용적이고 친절한 직장이 성공할 가능성이 더 높다'고 느꼈다.[22] 그 이유를 이해하는 데 도움이 되는 중요한 개념들이 바로 공감 능력과 신뢰와 심리적 안정감이다.

● **친절과 공감 능력의 순환 고리**

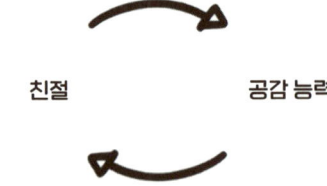

공감 능력은 더 많은 친절로 이어지고, 그 친절은 보다 많은 공감으로 이어진다. 나는 이를 '친절과 공감 능력의 순환 고리'라고 부른다. 사람들에게 진심으로 관심을 기울이고 시간을 내 그들이 필요로 하는 걸 알아내면(공감 능력), 자연스레 그들을 위해 좋은 일을 할 기회가 더 많이 생겨난다. 그것이 바로 친절을 베풀 기회다. 천성적으로 공감 능력이 좋은 사람이 더 친절한 경우가 많지만, 천성적으로 꼭 타고나야 하는 것은 아니다. 공감 능력은 누구나 충분히 배우고 발전시킬 수 있는 기술이다.[23]

직장생활과 삶에서 빠른 시간 내에 공감 능력을 키울 수 있는 다섯 가지 방법을 소개하자면 다음과 같다.

- **소셜 미디어에서 정치적 견해가 다른 사람들을 팔로우하라.** 그들이 왜 당신과 다른 정치적 견해를 갖게 됐을지 한번 생각해보자. 그들이 소중히 여기는 가치는 무엇이며 그러한 가치를 갖게 된 이유는 또 무엇인지 생각해보자.
- **시간을 내 의미 있는 봉사 활동을 해보라.** 지역 무료 급식소나 노숙자 보호 시설에서 봉사 활동을 하다 보면, 당신과 같은 특권들을 누리고 있지 못하거나 당신과 같은 삶을 살고 있지 못한 사람들과 대화해볼 기회가 생긴다. 그 과정에서 당신과 배경이 다른 온갖 유형의 자원봉사자들도 만나게 될 것이다. 호기심을 가져라. 이 사람들은 왜 여기 와 있는 걸까?
- **직장에서 계급이나 위계질서를 타파할 방법을 찾아보라.** 어떻게 하면 당신이 연봉 수준이 전혀 다른 누군가와 깊은 대화를 나눌

수 있을까? 사장이나 최고 말단 직원의 삶에서는 어떤 일들이 일어나고 있을까? 직장 스포츠 팀에서든 흡연 구역에서든 택시 대기 줄에서든 구내식당에서든 직장 동호회에서든 당신이 속한 곳의 바깥으로 발을 내딛어라.

- **사람들과 함께 점심 식사를 해라.** 함께 하는 식사가 영혼으로 향하는 창이 될 수도 있다.
- **힘든 대화를 하기에 앞서 잠시 '가정하는' 시간을 가지면서 다른 사람들 입장에서 생각해보는 습관을 들여라.** 그들은 무얼 기대하고 있을까? 내가 상대라면 어떨까? 이에 대해서는 제3부의 '원칙 3: 주의 깊게 귀 기울여라'(179페이지 참조) 부분에서 좀 더 자세히 살펴볼 것이다.

나의 경험상 공감 능력을 키우는 가장 좋은 방법은 친절을 베푸는 연습을 하거나 다른 사람들의 친절을 경험하는 것이다. 다른 사람이 우리에게 친절을 베풀 때 또는 우리가 친절을 베푸는 사람 입장에서 기분이 좋아지는 '헬퍼스 하이' 상태를 경험할 때, 그 영향으로 우리는 다시 친절을 베풀게 된다.

우리의 뇌는 늘 도파민과 옥시토신처럼 기분을 좋아지게 만드는 신경전달물질의 분출을 갈망한다. 그 과정에서 다른 사람의 필요에 대해 더 많은 생각을 하고 그렇게 공감 능력이 커진다. 이처럼 친절과 공감 능력은 일종의 순환 고리와 같아서 다른 사람들의 필요에 대해 더 많이 생각할수록 더 친절해지게 되고, 더 친절해질수록 다른 사람들의 필요에 대해 더 많은 생각을 하게 된다.

'직장에서의 친절' 문제를 놓고 사람들과 함께 일할 때 내가 제일 먼저 하는 일 중 하나는 그들에게 '친절 챌린지'를 하도록 권유하는 것이다. 이 연습의 효과는 정말 놀라워서 사람들이 서서히 자신과 다른 사람들과의 관계 또는 주변 세상과의 관계를 재고하게 될 정도다. 일단 친절과 공감 능력의 순환 고리가 발생하면 대부분의 사람은 강력한 추진력과 긍정적인 사고를 경험한다. 또한 뇌 신경세포 회로에 변화가 생기기도 하는데 이는 뇌의 적응 능력(신경가소성) 때문이다.

'테트리스 효과'Tetris Effect라는 말을 들어본 적 있는가? 정해진 어떤 패턴을 보고 미래의 일을 예측하는 능력을 뜻한다. 내 경험에 따르면 사람들이 '친절 챌린지'를 하게 되면 그 행동이 영향을 주어 다음 친절한 행동을 찾도록 유도한다. 그 결과 좀 더 친절한 사람이 되면서 다른 사람들 입장에서 생각하게 된다. 이 같은 순환 고리 방식이야말로 사람들 간에 가장 빨리 신뢰를 쌓는 방법이다.

신뢰라는 이름의 지름길

> "신뢰는 삶에 필요한 접착제다. 또한 효과적인 소통에서 가장 중요한 요소이며 모든 관계를 떠받치는 근본적인 원칙이기도 하다."
>
> – 스티븐 코비Stephen Covey, 《성공하는 사람들의 7가지 습관》 저자

신뢰는 모든 협력 작업에서 그리고 또 모든 관계에서 절대 빠질 수 없는

요소다. 신뢰를 일종의 지름길이라고 생각하면 이해가 쉽다. 당신이 신뢰하는 어떤 사람이나 브랜드를 보고 뭔가를 구입했을 때를 떠올려보라. 우리가 믿고 행동할 수 있는 이유는 오랜 시간에 걸쳐 쌓여온 신뢰 덕이다. 신뢰가 있으면 과도한 실사와 검증의 필요성이 줄어든다. 이와 관련해 구글의 임원인 폴 산타가타Paul Santagata는 이런 말을 한 적이 있다. "신뢰가 없다면 팀도 없습니다."[24]

PwCPrice waterhouse Coopers(영국 런던에 본사를 둔 다국적 회계 감사 기업—옮긴이)의 2016년 연례 글로벌 CEO 설문조사에서도 압도적으로 많은 CEO가 성과를 올리기 위해서는 조직에 대한 신뢰와 직원의 헌신이 절대적으로 필요하다고 대답했다. CEO의 55퍼센트는 신뢰 부족이 조직의 성장에 위협이 된다고도 말했다. 조직에 높은 수준의 신뢰가 존재하면 직원들의 헌신도도 함께 높아지고 그 결과 직원들이 조직을 떠나지 않고 계속 머물게 된다.

한 연구 결과에 따르면, 직원들의 충성도는 연봉 같은 보상 시스템보다 직장 내 따뜻한 분위기와 긍정적인 인간관계에 의해 더 많이 좌우됐다.[25] 뉴욕 대학교의 연구진은 직원들이 리더를 더 많이 존경하고 리더의 공감 능력이나 친절에 더 큰 감동을 받을수록 충성도 또한 더 높아진다는 사실을 밝혀냈다.[26] 당신을 신뢰해야 할 사람들은 비단 팀원들뿐만이 아니다. 파트너들과 공급업자들, 투자자들 그리고 고객들도 당신을 신뢰해야 한다.

신뢰는 아주 곤란한 때에, 그러니까 관리자가 직원에게 불편한 피드백을 해줘야 하거나 직원들과 시정 조치를 요구하는 대화를 해야 할 때 특히 더 중요하다. 10년간 진행된 《하버드 비즈니스 리뷰》Harvard Business

Review의 한 연구에 따르면 친절을 베푸는 리더들은 그런 대화를 더 쉽게 했다. 왜냐하면 그들이 팀원들과 보다 강력한 인간관계를 구축했기 때문이었다.[27] 또한 그런 리더들은 더 어려운 대화를 할 수 있는 '자격'을 갖고 있었는데, 역시 팀원들이 리더와의 관계에 더 많은 신뢰를 보였기 때문이었다. 해당 연구에서 연구진은 이런 말을 했다. "2류 임직원들의 발목을 잡는 가장 큰 문제는 신뢰할 만한 인간관계를 만들어낼 능력이 없다는 것이다."

신뢰는 쌓는 데 많은 시간이 걸리지만 무너지는 데는 단 몇 초면 충분하다. 신뢰는 사소한 작은 행동들이 모여 '내가 어떤 가치를 지향하고, 지향하지 않는지'를 상대에게 분명히 전달할 때 형성된다. 그렇기에 친절과 공감에서 신뢰가 시작되는 것이다. 친절은 안전하게 신뢰를 쌓을 수 있는 기회이자 당신의 취약하고 인간적이며 배려 깊은 면모를 보여줄 수 있는 더없이 좋은 기회이기도 하다.

친절과 심리적 안정감의 상관관계

우리는 친절과 공감 능력과 신뢰를 통해 상대방이 심리적 안정감을 느낄 수 있는 여건을 조성한다. 그리고 그때 또 놀라운 결과들이 만들어진다. '심리적 안정감'이란 용어는 1960년대에 생겨난 것으로, 하버드 경영대학원의 에이미 에드먼슨Amy Edmondson과 지케 레이Zhike Lei의 선구적인 연구를 거쳐 현대적인 의미로 재정의되었다.[28] 신뢰는 다른 누군가에 대한 어떤 사람의 개인적인 견해를 나타낸다. 그에 반해 심리적 안정감은 팀 또는 집단 내에서 일어나는 일과 관련이 있다.

에드먼슨은 심리적 안정감을 '그 어떤 아이디어나 질문, 관심사 또는 실수에 대해서도 처벌받거나 굴욕당하지 않고 거리낌 없이 말할 수 있으며 팀이 대인관계에서 어떤 위험을 무릅써도 안전할 수 있다는 믿음'으로 정의했다.[29] 심리직 안정감이 있는 팀 안에서 팀원들은 자신이 인정과 존중을 받고 있다고 느낀다. 또한 어떤 실수를 해도 상대방이 선의의 실수로 봐줄 거라고 느낀다.

심리적 안정감을 실질적으로 이해하는 한 가지 방법은 두려움 속에서 내리는 결정들과 심리적으로 안전하다고 느낄 때 내리는 결정들을 서로 비교해보는 것이다. 하루를 보내다 보면 더 높은 성취를 이룰 수 있는 어려운 길을 갈지, 아니면 마땅히 해야 할 일을 피하는 더 쉬운 길을 갈지 선택해야 하는 경우가 종종 있다. 대인관계에서도 마찬가지다. 위험을 무릅써도 좋을 만큼 안전하다고 느끼지 못할 때 우리는 보다 쉬운 길을 선택하곤 한다.

다음은 심리적 안정감이 부족할 때 우리의 머릿속을 지배하는 생각들이다.

- '지금 상황이 뭔가 옳지 않다는 걸 알지만 목소리를 높이진 말아야지. 문제를 일으키는 사람이 되고 싶진 않으니까.'
- '딱 봐도 상대방이 나에게 불만이 있지만, 괜히 분란을 일으키지 말고 그냥 넘어가야겠다.'
- '좋은 아이디어가 있지만 논쟁이 생길 수도 있고 사람들에게 별난 사람 취급을 받을 수도 있어. 내 프로젝트도 아니니 그냥 나 혼자

만 알고 있어야겠다.'
- '다른 사람들은 다 비난받을 때도 저 사람만은 늘 잘 빠져나가는 것 같네. 사람에 따라 적용하는 잣대가 다른 거지. 하지만 내가 뭘 어쩌겠어?'
- '나는 해야 할 일이 이미 너무 많아. 그래도 사람들이 하라는 이 새로운 프로젝트를 하겠다고 하는 게 낫겠지. 이 문제는 나중에 생각해봐야겠어.'

이 경우들에서 보듯 심리적 안정감이 없으면 결과에 대한 두려움 때문에 더없이 멋진 아이디어가 있어도 입을 다물고 눈앞의 진실에도 고개를 돌리게 된다. 진실을 추구하고 용기 있으면서도 정중하게 진실을 말하려 애쓰는 것은 뛰어난 팀워크와 리더십의 필수 요소다. 우리는 친절을 통해 진실의 토대를 마련하는 것은 물론이고 불편한 진실들을 보다 쉽게 감내할 수도 있다.

여러 연구들에 따르면 '친절한 행동'이야말로 심리적 안정감을 얻는 데 가장 중요한 요소 중 하나다. 물론 다른 여러 요소들도 중요하지만[30] 친절만큼 여러 방식으로 심리적 안정감을 주는 요소는 없다. 다음의 행동들도 나름의 방식으로 친절한 행동이라 볼 수 있다.

- **모범을 보이기.** 친절한 행동에 대한 경험이 적은 사람들에게 일종의 샘플 모델이 되어주기 때문에 친절한 행동이라 할 수 있다.
- **우려의 목소리를 내라고 격려하기.** 다른 사람의 말에 귀 기울이게 해주므로 친절한 행동이라 할 수 있다.

- **실수에서 배우라고 격려하기.** 비난하지 않고 상대의 자율권을 보호해주므로 친절한 행동이라 할 수 있다.
- **지식 공유와 투명성을 늘리고 폭넓은 리더십을 더 강조하기.** 존중하는 마음을 드러내고 소외감이나 배타적인 위계질서를 줄여주어 모두 친절한 행동이라 할 수 있다.

'일하고 싶은 곳'은 어떻게 만들어지는가

심리적 안정감은 계속해서 주어지는 선물과도 같아서 사람들이 일하고 싶은 환경을 만들어줄 뿐 아니라 업무 성과도 높여준다. 실제로 2년간 진행된 구글의 한 연구에 따르면 심리적 안정감은 각 팀의 성과를 높이는 데 가장 중요한 역할을 한다. 그뿐 아니라[31] 일을 추진할 때 개인적인 업무 성과나 조직 구조, 업무 명확성 또는 의미 같은 요소들보다 네 배나 더 중요도가 높았다.

간단히 말하자면 팀에 '어떤 사람들'이 있느냐보다 그들이 다른 팀원들과 '어떻게 소통하느냐'가 훨씬 더 중요하다는 얘기다. 심리적 안정감이 있는 팀들은 보다 생산적이고 보다 창의적이며 보다 혁신적이다. 또한 의사결정의 질이 더 높고 사람들이 맡은 일에 더 전념하며 조직 충성도도 더 높고 행복감은 더 크며 스트레스는 더 적다. 갑자기 친절이 아주 대단해 보이지 않는가?

행복한 노동자들이 더 효율적이다

친절과 심리적 안정감이 있는 조직은 생산성도 높다. 영국 워릭 대학교에서 진행한 한 연구에 따르면, 친절은 사람들을 더 행복하게 만들고 더 행복한 사람들은 그렇지 못한 사람들에 비해 생산성이 12퍼센트 더 높았다.[32] 또한 더 행복한 노동자들은 자신의 시간을 더 효율적으로 사용해 품질 저하 없이 일을 더 빠른 속도로 처리했다.[33]

캐나다에서 진행한 한 연구에 따르면, 친절한 행동이 권장되는 조직에서는 직원들이 26퍼센트 더 에너지가 넘쳤으며 30퍼센트 더 동기부여가 잘됐다. 새로운 기술을 습득하거나 아이디어를 받아들이는 것에도 더 열의를 보여 덜 친절한 환경에서 일하는 직원들에 비해 20퍼센트 더 높은 성과를 보였다.[34]

친절한 행동은 대부분 조용히 이뤄지기 때문에 알아채기가 힘들 수도 있다. 친절한 행동은 대개 작은 제스처들이다. 예를 들어 불편할 수도 있을 내용의 이메일에 친절한 말을 추가한다거나, 회의 시간에 다른 사람에게 먼저 말할 기회를 주는 일, 잠시 시간을 내 누군가가 별일 없는지 확인한다거나 동료에게 커피를 한 잔 사주는 일, 부하직원이 잘한 일을 부각시켜준다거나 메신저를 할 때 이모지 하나 더 쓰는 일들이 다 친절한 행동에 속한다. 이런 일들은 팀을 하나로 묶어주는 미묘한 접착제 역할을 한다.

사실 리더의 친절과 팀의 심리적 안정감을 어떤 특정한 행동 하나로 단정 지어 설명하기란 힘들다. 친절은 마음 자세 또는 일반적인 '느낌'으로 경험하는 경우가 더 많기 때문이다. 하지만 이런 작고 사소하며 일상적인 제스처가 직원 만족도와 업무의 최종 결과에 직접적인 영향을 미치곤 한다.[35] 구글이 직원 복리후생과 교육에 투자를 늘렸을 때 직원의 직업 만족도가 37퍼센트나 증가한 것만 봐도 이러한 사실을 잘 알 수 있다.

만약 팀이나 직장 분위기가 불친절해진다면 그때는 정반대의 결과가 따른다. 《하버드 비즈니스 리뷰》의 '무례함의 비용'Price of Incivility 연구에 따르면 유해한 작업 환경과 부진한 성과 간에는 분명한 상관관계가 있었다.[36] 또한 직장 내 배척과 무례, 괴롭힘 그리고 집단 따돌림은 해당 직원들의 에너지를 고갈시켜 생산성 측면에서 재앙에 가까운 악영향을 끼쳤으며 해당 직원들은 결국 퇴사하는 것으로 나타났다.

해당 연구에서 연구진은 불친절한 행동이 업무 성과에 미치는 영향들을 알아보기 위해 여러 업계에 종사하는 직원들을 대상으로 설문조사를 진행했다. '불친절한 행동'에는 관리자의 언어 폭력, 실수에 대한 책임 전가, 상대를 깔보는 말, 사람들의 심리적 안정감을 떨어뜨리는 다른 행동들이 포함됐다. 그 결과 48퍼센트의 직원이 업무에 들이는 노력을 줄였으며 47퍼센트의 직원은 의도적으로 직장에서 보내는 시간을 줄였다. 또 직원의 38퍼센트는 의도적으로 자신의 업무량을 줄였다. 무려 80퍼센트의 직원이 일어난 일에 대한 걱정으로 근무 시간을 허비했고, 63퍼센트의 직원은 자신을 괴롭히는 사람을 피하느라 근무 시간을 허비했다. 직원의 66퍼센트가 자신의 업무 성과가 떨어졌다고 말했으며 직원의 78퍼센트는 조직에 대한 자신의 참여도가 줄었다고 말했다.

우리는 친절할 때 더 창의적이 된다

친절과 심리적 안정감은 더 나은 방식으로 생각하는 데도 도움이 된다. 머리를 맞대고 창의적인 아이디어를 짜내는 회의에서 흔히 들을 수 있는 말은 바로 이런 말이다. "걱정하지 마세요. 나쁜 아이디어라는 건 없습니다." 이는 사람들에게 심리적 안정감을 주기 위해 하는 말로, 혁신과 창의력에 꼭 필요한 태도다. 비판받을 가능성을 제거해줄 때 보다 자유롭게 자기 아이디어를 낼 수 있기 때문이다.

흥미로운 사실이지만, 친절은 심리적 안정감을 높여주고 그 결과 창의력을 발휘할 여건들을 조성해줄 뿐만 아니라 직접 창의력을 자극하는 역할도 한다. 코카콜라에서 진행한 친절 연구(40페이지 참조)에 따르면, 팀원들에게 서로 친절한 행동을 하도록 권했더니 조직 내에 긍정적인 경쟁 분위기가 조성되어 각자 더없이 독창적인 방법으로 더 친절한 행동을 하려 애썼다. 그 연구에 참여했던 사람들은 그 덕에 고정관념에서 벗어나 창의적인 사고를 할 수 있게 되었다고 말했다. 결국 친절해지는 방법에 대해 생각하다 보면 더 혁신적인 사람이 될 수 있다는 게 입증된 것이다.[37]

'다양성'을 만들어내는 친절의 힘

실수에서 뭔가를 배우기 위해서는 비판적 사고와 분명한 소통이 필요하다. 연구 결과들에 따르면, 심리적 안정감은 비판적 사고를 권장하는 데 아주 큰 역할을 한다.[38] 심리적 안정감이 없는 상태에서 대화를 하려면 너무나 힘들다. 결과에 대한 두려움으로 사람들이 배움이나 긍정적인 변화에 필요한 통찰을 제시하기보다 자기 자리를 보존하는 데 더 급급해지기 때문이다. 따라서 공감 능력과 친절은 조직 내에서 보다 나은 해설책을 만들고 이에 필요한 대화 분위기를 조성하는 데 아주 중요한 역할을 한다.

두려움에 의해 움직이고 심리적 안정감이 결여된 문화가 가진 여러 문제점 중 하나는 '집단적 사고'에 지배된다는 것이다. 심리적 안정감이 없는 문화 속에서는 두려움 때문에 사고의 다양성이 존재하기 훨씬 힘들며, 모든 것이 영향력이 큰 사람들의 의도나 관점으로 수렴되기 쉽다. 이른바 HiPPO(Highest Paid Person's Opinion의 줄임말 — 옮긴이), 즉 지위가 높고 연봉을 가장 많이 받는 사람의 의견이 대세가 되는 경우가 많다는 얘기다.[39]

제3부에서 살펴보겠지만 친절한 접근 방식을 택할 경우 다른 사람의 말에 귀 기울이는 능력도 좋아진다. 연구 결과에 따르면, 상을 수상한 프로젝트의 72퍼센트는 프로젝트를 이끄는 핵심 인물 이외의 사람들 말에 귀를 기울인 결과였다고 한다.[40] 간단히 말해 보다 넓은 그물을 던져 다양한 관점을 받아들이고 사고의 다양성을 중시하면 아이디어들을 보다 잘 수렴할 수 있다는 얘기다. 친절과 사람들에 대한 관심은 강력한 인적 네트워크를 구축하고 다양성을 포용하는 팀을 만드는 데 꼭 필요하다.

'무례함의 비용'이 관계에 미치는 영향

조직 생활과 관련하여 '직원은 회사를 보고 들어와서 상사를 보고 나간다'는 말이 있다. 다시 《하버드 비즈니스 리뷰》의 '무례함의 비용' 연구로 돌아가 보자. 사람들의 12퍼센트는 실제로 상사나 동료의 불친절한 행동 때문에 이직을 결정했다. 이처럼 친절은 심리적 안정감으로 이어지지만 불친절은 모든 인간관계를 깨버릴 수도 있다. 순전히 관리자들의 불친절 때문에 많은 재능이 허비되고 있다는 걸 생각하면 충격이 아닐 수 없다.

최근 몇 년간 업무 성과를 높이는 핵심 동인으로서의 직원 참여도에 대한 관심이 매우 커졌다. 물론 회사가 가진 비전, 자기 일에 대한 통제권과 자율권, 경력 발전의 기회 등 직원 참여도를 높일 수 있는 요소들은 많다. 그러나 직장 동료들과의 유대감보다 직원 참여도를 높이는 동기부여 요소는 없다. 연구에 따르면, 직원 참여도가 높은 팀들은 직원 참여도가 낮은 팀들보다 수익성이 23퍼센트 더 좋았다.[41] 직원 참여도가 높을 경우, 직원 절도 행위가 평균 28퍼센트 더 적었고 결근이 81퍼센트 더 적었으며 각종 사고나 안전사고도 64퍼센트 더 적었다. 또한 친절은 직원 참여도를 높여줄 뿐만 아니라 회사와 그 서비스 및 제품에 대한 고객들의 충성도에도 지대한 영향을 미쳤다.

직원 참여도에서 중요한 요소 중 하나는 사람들이 자기 일에서 느끼는 스트레스 수준이다. 12개 국가 2만 2,000만 명 넘는 직원들을 상대로 이루어진 글로벌 혜택 설문조사 보고서[42]에 따르면, 높은 스트레스와 낮은 직원 참여도 간에는 아주 밀접한 관련이 있었다. 친절한 행동은 스트레스 완화 호르몬들을 분비하여 문제를 가장 빨리 해결할 수 있게 도와준다. 보고서에 따르면, 스트레스를 별로 안 받는다고 답한 직원들의 경우 열 명 중 단 한 명만 참여도가 낮았다. 그리고 당연하게도 스트레스가 심한 직원들은 그렇지 않은 직원들에 비해 병가를 내는 날이 거의 두 배나 많았다.

낮은 직원 참여도는 모든 조직이 관심을 기울여야 할 중대한 문제로, 수익성과 업무 성과를 떨어뜨리는 가장 믿을 만한 예측 변수 중 하나이기도 하다. 글로벌 직장 상태The State of the Workplace 보고서에 따르면 직원의 85퍼센트는 직장에서의 참여도가 높지도 낮지도 않았다. 갤럽Gallup 조사에서도 세계적으로 단 13퍼센트의 사람만이 직장에서의 참여도가 높다고 말한 바 있다.[43] 이처럼 낮은 직원 참여도에 따른 생산성 손실은 연간 7조 달러에 달하는 것으로 추산된다.

직장인의 삶이란 늘 월요병을 겪고, 주말과 휴일을 위해 사는 것일까? 이런 말을 이제는 그만 할 때도 되지 않았는가? 이제 우리는 직장 생활이 어떻게 느껴질 수 있고 또 어떻게 느껴져야 하는지에 대해 훨씬 더 발전적으로 생각해야 한다.

친절과 신뢰 그리고 심리적 안정감은 그 자체로도 좋지만 좋은 성과를 위한 가장 강력한 수단이다. 에이팩스APEX의 2012년 건강 및 복지 설문조사 결과에 따르면, 직장에서 친절한 행동을 권장했을 때 자기 일에 대한 직원들의 만족도가 36퍼센트 증가했고 자기 회사에 대한 헌신도도 44퍼센트 늘었다.

직원 채용 문제에 대해서도 생각해보자. 미국 델라웨어 대학교의 한 연구에 따르면, 직장 내에 친절 문화가 형성된 경우 직원들의 마음을 얻는 일이 조금 더 수월하게 이루어졌다. 또한 직원들이 공감대가 보다 잘 형성된 상태에서 일을 하게 되어 결국 직원 채용 및 훈련 비용도 줄일 수 있었다.[44]

건강한 삶을 만드는 가장 간단한 방법

팀의 행복과 업무 성과는 조직의 성공에 꼭 필요한 요소다. 그리고 친절과 공감 능력, 신뢰, 심리적 안정감은 모두 높은 수준의 행복과 생산성을 단순한 바람이 아닌 문화 규범으로 만드는 데 아주 중요한 역할을 한다. 영국 서섹스 대학교의 2021년 연구 프로젝트인 '친절 테스트'The Kindness Test는 친절을 주제로 한 사상 최대 규모의 연구다.[45] 이 연구에 따르면, 친절한 행위와 더 높은 수준의 행복 및 웰빙은 서로 상관관계가 있었다. 《사회심리학 저널》Journal of Social Psychology에 실린 한 연구에서도 친절을 베풀었을 때 삶의 만족도가 올라간다는 사실이 증명된 바 있다.[46]

미국에선 스트레스 때문에 5억 5,000만 시간이 허비되고 있다.[47] 직원들의 스트레스가 심한 기업들은 직원 건강관리에 평균보다 약 50퍼센트 더 많은 비용을 쓰고 있다. 스트레스 관련 질환들에 지불되는 비용은 전체 의료비의 무려 80퍼센트에 해당한다. 이처럼 오늘날 여러 조직이 직원들의 스트레스를 줄이기 위해 막대한 돈을 쓰고 또 각종 '건강 프로그램'들을 실시하고 있는 것이다. 스트레스를 줄이는 데는 친절이라는 이름의 간단한 행동들이 더 효과적이라는 사실을 알지 못한 채 말이다.

친절한 행동은 코르티솔 수치를 떨어뜨린다. 신뢰와 심리적 안정감이 느껴지는 환경에선 스트레스의 주요 원인인 비판을 받는다거나 통제 불능 상태에 빠진다거나 부당한 취급을 당한다거나 안정감이나 업무량에 대한 우려를 표명할 수 없다는 느낌을 덜 받는다.

물론 내가 지금 스트레스를 받고 있는지 어떤지를 가장 잘 알 수 있는 사람, 기분이 나아지려면 무엇이 필요한지를 가장 잘 알 수 있는 사람은 자기 자신이다. 사람들이 자기가 받는 압박감이나 정신적 문제에 대해 거리낌 없이 말하지 못하는 이유는 결과가 두렵기 때문이다. 심리적 안정감은 스트레스와 웰빙, 정신 건강 그리고 각자가 감당 가능한 업무량 등과 관련된 대화에 꼭 필요한 요소다. 그래서 비판받을 수 있다는 두려움을 제거하고 자유롭게 말할 수 있다는 자신감과 심리적 안정감을 조성해주면 우리는 우리 자신과 다른 사람들에게서 최선의 결과를 도출해 낼 수 있게 된다.

친절은 최고의 마케팅이기도 하다

친절이 우리에게 선사하는 신뢰와 심리적 안정감은 그 자체로 훌륭한 마케팅 수단이 되기도 한다. 친절을 베푸는 사람이 되거나 그 수혜자 또는 목격자가 되어 뇌에서 옥시토신이 분비되면 우리는 그때의 '행복한 경험'을 가슴 속 깊이 간직하고 이를 다시 경험하고자 노력한다.

내가 수많은 샌드위치 전문점을 두고 늘 역 앞의 프레타망제를 찾는 것도 이와 비슷한 이유다. 나와 함께 프레타망제를 찾을 때마다 아들 로스코는 직원들에게 뭔가 귀여운 짓을 해 무료 비스킷을 받거나 무료 음료를 받곤 한다. 그러면 계산대 근처에서 그걸 지켜보는 다른 모든 사람의 얼굴에도 미소가 번지고 나도 모르는 새에 그동안 쌓인 여행 스트레스가 다 풀리곤 한다. 짐작해보라. 내가 이후 다시 같은 역에 가게 될 때 어디서 차 한 잔을 하겠는가.

리츠-칼튼 호텔에서 내놓은 한 비즈니스 저널 연구에 따르면, 친절을 베풀면 고객 참여도가 늘어나고 브랜드 충성도가 생겨나며 지속적인 유대 관계가 형성된다.[48] 코로나19 팬데믹 기간 중 버거킹은 소셜 미디어 플랫폼들을 이용해 지역 내 독립 레스토랑들의 유명한 음식들을 소개하며 지역 요식업계와의 연대를 꾀했다.[49] 심지어 한때는 고객들에게 맥도날드에 주문할 것을 권하기까지 해 지대한 관심을 끌었다.[50] 아디다스와 칼하트 같은 브랜드들은 최일선에서 일하는 의료진을 위해 가운과 마스크와 보호 장비들을 만들어주어 찬사를 받았다.[51]

사람들의 소비 형태가 점점 더 신중하고 윤리 지향적이 되어가면서 오늘날 '윤리와 친절'이 새로운 소비 규범이 되어가고 있다. 조직이 자기 직원들을 어떻게 대하는지, 제품 공급 과정이 얼마나 친절한지 혹은 불친절한지 그리고 프런트 직원들이 자기 일에 얼마나 열심인지 등이 모두 중요한 평가 기준이 되고 있는 것이다. 환경보호에 대한 특별한 철학으로 유명한 아웃도어 의류 업체 파타고니아의 CEO 이본 쉬나드Yvon Chouinard의 모토는 '직원들이 서핑을 갈 수 있게 해주어라'Let my people go surfing 이다. 이 모토는 직원들은 물론이고 파타고니아의 극히 충성스런 고객들의 마음에도 깊은 울림을 주었다.

나 또한 이를 운영 중인 기업 싱크 프로덕티브에서의 경험으로 잘 알고 있다. 우리 회사의 임원인 엘레나 케리건Elena Kerrigan은 종종 이런 말을 한다. "제 목표는 우리 직원들이 친구들과 함께 술집에 앉아 회사에서 일하는 걸 불평하지 않고 오히려 자랑하는 것입니다." 새로운 기업 고객들에게 홍보를 하거나 그들과 거래를 틀 때 이를 싱사시키는 데 도움을 주는 건 우리 회사가 2011년 이후 주 4일 근무를 하고 있고, 친절에 가장 큰 가치를 두고 있으며, 정기적으로 직원들의 행복을 측정한다는 사실이다. '신뢰와 친절을 로켓 연료로 삼는' 우리 회사의 기업 가치는 우리가 한 팀으로서 서로 어떻게 대하는지를 잘 보여주었고 그 덕에 여러 새로운 사업에서도 좋은 결실을 거두고 있다. 물론 이와 반대의 경우에서는 역효과가 발생한다. '무례함의 비용' 연구에 따르면, 회사의 불친절한 행동에 대처하는 과정에서 직원들의 25퍼센트는 자신의 불만을 고객들에게 털어놓았다.[52] 자기 회사를 욕하는 직원들을 보면서 그 회사의 상품과 서비스를 구매할 고객은 아무도 없다.

이제 당신이 행동할 차례다

앞으로 이어질 내용에서 내가 아는 '친절에 대한 잘못된 믿음 세 가지'를 불식시키고자 한다. 그런 다음 제3부에서 어떻게 친절한 사고방식을 길러 직장 환경을 개선할 수 있는지를 보여줄 것이다. 그러나 그렇게 하기에 앞서 몇 가지 질문을 던지고자 한다. 각 장의 끝부분마다 나는 여러분에게 다음 두 가지를 제안할 것이다.

- 질문들에 대해 숙고하기
- 친절 챌린지 수행하기

무언가를 제대로 배우려면 일단 행동에 옮겨야 하며 그런 다음 그 결과를 차분히 숙고해봐야 한다. '생각해봐야 할 질문들'에서 던지는 각 질문에 대해 손으로 직접 쓰거나 스마트폰에 메모를 하면서 대답해보길 권한다. '친절 챌린지'는 각각의 도전을 '주간 도전' 형식으로 실행해도 좋지만 개인의 발전을 위해 꾸준히 연습한다면 더욱 좋을 것이다. 친절한 행동은 그 자체로는 아주 사소하고 별것 아닌 듯 보일 수도 있지만 친절 베풀기의 효과로 삶에 아주 근본적인 변화들이 일어날 수도 있으니 마음의 준비를 단단히 해두도록 하라.

생각해봐야 할 질문들

- 당신의 삶에선 어떤 사람들이 친절의 롤 모델이었는가?
- 당신은 리더 역할을 할 때 또는 다른 사람들과 교류하면서 언제 친절을 베풀었는가?
- 그게 어떤 효과가 있었는가?
- 목표 달성에 실패한 순간을 생각해낼 수 있는가? 어떤 상황들 때문이었는가? 그 결과들은 어땠는가?
- 이 과정을 시작하면서 만일 당신 스스로 1점에서 10점까지 점수를 매겨야 한다면(1점은 불친절, 10점은 친절), 당신에게 몇 점을 줄 수 있는가?

자, 이제 앞으로 1년 후 현재 점수에서 1점이 올랐다고 상상해보라.

- 어떤 기분이 드는가? 특별히 달라진 습관들을 생각해낼 수 있겠는가?
- 그 목표를 위해 지금 어떤 소소한 조치들을 취할 수 있을까?

친절 챌린지 1: 사소한 친절 베풀기

첫 번째 친절 챌린지는 간단하다. 이번 주에 매일 친절한 행동을 하나씩 해보라. 낯선 이에게 무심코 친절을 베풀거나, 직장이나 가족 또는 지역사회 안에서 의도를 갖고 친절을 베풀어보라. 매우 대단한 행동이 될 수도, 아주 조용하고 사소한 행동이 될 수도 있다. 중요한 건 당신이 친절한 행동을 할 때 어떤 일이 일어나는지에 주목해야 한다는 것이다.

그런 친절한 행동을 할 때 당신에게 어떤 '감정'들이 생겨나는지, 상대에겐 어떤 일이 일어나는지, 그들이 어떤 반응을 보였는지 등을 메모하라. 만일 그들(친절한 행동과 관련된 사람들 또는 동료들)과 대화를 나눌 기회가 생긴다면, 용기를 내 대화를 시작하도록 하라.

"심리적 안정감이 없으면
사람들은 실수를 감추고 아이디어들을 내놓지 않는다.
그러면서 스스로를 입증해 보이고 자신의 이미지를 지키려 애쓴다.
심리적 안정감이 있으면
사람들은 실수를 인정하고 이런저런 제안들을 내놓는다.
그러면서 자신을 개선하려 하고 자신의 팀을 지키려 애쓴다."

— 애덤 그랜트 Adam Grant, 조직 심리학자 겸 베스트셀러 작가

Graham Allcott

친절 영웅 스토리

"친절은 고객과 직원 모두에게 윈-윈인 게임입니다."
올레 카쏘 Ole Kassow, 덴마크 기업가

올레 카쏘는 덴마크 코펜하겐을 주 무대로 활동 중인 기업가 겸 컨설턴트다. 그는 글로벌 사회적 기업인 사이클링 위드아웃 에이지 Cycling Without Age를 비롯해 많은 기업을 운영 중이다. 카쏘는 과거 한 제과점을 위해 컨설팅하는 과정에서 '친절 실험'을 실시했고 그것이 고객들과 직원들 모두의 충성도와 참여도를 높일 수 있는 아주 좋은 방법이라는 걸 발견하게 됐다. 그는 직원들을 불러 모아 놓고 매일 약간의 빵과 케이크를 무료로 나눠주게 했다. 제과점이 망하지 않을 정도로 하라는 것 외에 다른 조건은 없었다.

그런 다음 그는 한 달가량 뒤로 물러나 어떤 결과가 나오는지 지켜보았다. 어떤 직원들은 자신에게 새로 생긴 '공짜로 빵을 주는 막대한 권한'을 그날의 첫 손님에게 사용했고, 어떤 직원들은 힘들어 보이거나 일진이 안 좋아 보이는 사람에게 선물처럼 주었다. 또 다른 직원들은 자신에게 친절했던 고객에게 은혜를 갚았다. 한 달간 각 직원들이 무료로 나눠준 제품의 양은 하루 평균 10파운드어치였다. 실험이 끝난 뒤, 올레는 팀원들과 함께 앉아 이번 실험에서 무얼 배웠냐고 물었다.

"거의 모든 직원이 너무도 흥미로운 실험이었다고 했습니다." 올레가 내게 한 말이다. "어떤 직원들은 너무 힘들다고 했습니다. 이 빵을 누구에게 줘야 하고 어떤 기준을 세워야 하는지에 대한 것들을 생각해야 했으니까요. 그러나 무엇보다 그 실험 덕에 그들은 자신의 일에 더 관심을 갖게 됐습니다. 참여도도 훨씬 더 높아졌습니다. 갑자기 자신들이 하는 일이 더 이상 단순히 빵을 건네고 돈을 받으면서 생활비를 버는 일이 아니었던 겁니다. 그걸 훨씬 뛰어넘어 사람들을 이해하고 또 다른 사람들에게 '관심을 갖는 일'이었던 거죠."

올레는 또 직원들에게 자신이 하는 일에 대해 어떻게 느끼는지를 물었고, 그들의 행복 수준을 측정하는 설문조사를 실시했다. "실험 결과 제과점에서 일하는 사람들이 갑자기 고객들에 대해 훨씬 더 많은 걸 알게 됐고, 또 고객들과의 대화에 훨씬 더 열의를 보이게 됐습니다. 그리고 자기 일에 대한 참여도도 눈에 띄게 높아졌습니다. 직장에서 네 시간, 여섯 시간 또는 여덟 시간 일하면서 느꼈던 기분도 눈에 띄게 좋아졌습니다. 이 모든 게 그저 직원들을 신뢰하며 이런 말을 한 뒤에 일어난 일들입니다. '이렇게 해요. 하지만 당신 방식대로 하고, 대신 나중에 그 기분이 어떤지만 알려줘요.'"

KIND

제 2부

무엇이 우리의 친절을 가로막는가

앞서 제1부에서 우리는 친절이 직장에서 중요한 역할을 한다는 사실을 입증하는 친절의 과학에 대해 살펴봤다. 다른 사람들에게 더 많은 관심을 가질수록 조직 내에는 더 큰 신뢰와 심리적 안정감이 조성되고, 이는 좋은 성과로 이어진다.

그러나 한 가지 문제가 있다. 우리는 직장 내에서 친절한 행동들이 훨씬 더 많이 행해질 수 있다는 사실을 알지만, 그럼에도 가끔은 불친절하고 이기적이고 유해한 행동들을 한다는 것이다. 또한 여러 과학적 사실에도 불구하고 친절에 대해 오해를 하는 경우도 많다. 이제 친절에 대해 잘못 받아들여진 그 생각들을 바로잡아야 할 때가 됐다.

제2부에서 우리는 이른바 '친절에 대한 잘못된 믿음 세 가지'를 집중적으로 살펴보고, 왜 그런 믿음들이 생겨나는지 살펴볼 것이다.

친절에 대해 우리가 가진 잘못된 믿음 세 가지는 다음과 같다.

- **사악한 천재 믿음**: '못된 인간이 되어야 사업에 성공할 수 있다'는 믿음
- **아주 쉬운 일이라는 믿음**: '친절은 나약함을 뜻한다'는 믿음
- **'선한 일을 하는 사람'이라는 믿음**: '타고나기를 친절한 사람이 있고 불친절한 사람이 있는데, 그건 이미 정해진 일이라 우리가 어찌 해볼 도리가 없다'는 믿음

이것들이 잘못된 믿음이라는 걸 입증할 때 우리 자신을 위해서 혹은 우리가 이끄는 사람들을 위해서 친절에 대해 더 깊이 이해할 수 있다. 그렇다면 내가 로마 기조연설에서 친절에 대해 얘기했을 때 '모든 사람을 쥐어짜고 사악해져라 팀'에 속했던 사람들이 가장 큰 목소리로 외쳤던 잘못된 믿음부터 살펴보도록 하자.

잘못된 믿음 1: 못된 인간이 더 크게 성공한다

2008년 5월 9일, 오후 5시가 막 지났을 때 저스틴 맥스웰Justin Maxwell은 더 이상 참을 수가 없었다. 그는 자기 사장에게 이메일로 사직서를 보낸 뒤 사무실을 뛰쳐나가 다시는 돌아오지 않았다. 이메일 수신자는 그 당시 실리콘밸리에서 가장 핫한 기업 중 하나였던 테라노스Theranos의 카리스마 넘치는 창업자 엘리자베스 홈즈Elizabeth Holmes였다. 홈즈에게 보낸

맥스웰의 이메일에는 테라노스를 지배하고 있던 무자비하고 비열한 기업 문화가 그대로 담겨 있었다.

> "더 나은 얘기를 할 수 있으면 좋겠지만 그럴 수 없겠네요. 지금 테라노스에서 어떤 일들이 벌어지고 있는지 당신도 뻔히 알 겁니다. 그걸 지지할 수도 있고 무시할 수도 있는데, 당신은 은연중에 지지하는 쪽을 택했죠. 거짓말하는 건 역겨운 습관이에요. 이곳에는 거짓말이 흘러넘치고 있습니다.
> 이런 병폐들은 반드시 사라져야 합니다. 당신이 이곳의 기업 문화를 바꾸고 싶었다면 몇 개월 전에 문제가 있었던 임원 세 사람을 문책하고 관리 교육을 시키고 서로 돕는 분위기에서 행동하도록 만들어야 했습니다……."[1]

엘리자베스 홈즈는 젊은 기업가로, 특수 장비를 이용해 단 한 번의 혈액 채취로 수많은 질병을 검사해주는 혁신적인 혈액 검사와 질병 진단 방법을 개발하겠다는 야심 찬 비전을 갖고 있었다. 특유의 낮은 목소리와 꿰뚫어보는 듯한 눈을 가진 그녀는 최고의 이야기꾼이었다. 그러나 자신들의 기술이 약속한 수준에 미치지 못한다는 사실을 말하지 않아 투자자들을 상대로 한 사기에 가담한 죄로 유죄 판결을 받았다.[2]

홈즈의 이야기는 재판과 관련된 신문 보도는 물론 TV 시리즈와 팟캐스트 그리고 각종 저서들을 통해 널리 알려졌으며, 퓰리처상 수상 작가 존 캐리루 John Carreyrou의 저서 《배드 블러드》Bad Blood로 특히 더 잘 알려졌다. 캐리루는 절대 친절하다고 할 수 없는 테라노스의 기업 문화에 대해 이렇게 설명한다.

> "내부 고발자가 되려는 사람들은 소송 위협을 당했다. 리더들이나 각종 관행에 대한 비판은 용납되지 않았다. 반발하는 사람들은 대개 해고당하거나 스스로 나갈 때까지 따돌림을 당했고, 그런 사람들을 누군가는 '사라졌다'라고 표현했다. 편집증에 가까운 짓이 극에 달했다."[3]

이는 테라노스 스캔들과 관련해 그리 많이 언급되지 않은 불편한 진실 중 하나로, 우리가 '구세주 같은 천재 기업가'라는 개념과 그런 기업가들의 혁신적인 시도에 얼마나 쉽게 현혹되는가를 잘 보여주었다. 홈즈는 의도적으로 자신을 실리콘밸리의 차세대 대표 주자로 포장하려 애쓰면서 오랫동안 구세주 같은 천재 기업가가 되고자 했다. 그녀는 스티브 잡스 스타일로 검은색 터틀넥을 걸쳤으며 잡스가 새로운 아이폰을 손에 들고 잡지 표지에 등장했던 것처럼 테라노스의 혈액 캡슐을 들고 사진을 찍는 등 그럴듯한 개인 이미지를 만드는 데 많은 공을 들였다. 또 자신이 빌 게이츠, 스티브 잡스, 마크 저커버그처럼 스탠퍼드 대학교 중퇴자라는 걸 강조했으며 심지어 자신의 기기들 중 하나를 '에디슨'Edison이라 부르기도 했다. 2014년 "이 CEO는 피를 원한다"This CEO is out for blood라는 제목 아래 《포브스》 표지를 장식했을 때쯤 홈즈는 업계의 스타가 되어 있었다. 그녀는 연구팀들끼리 경쟁을 시켜 패배한 팀 연구원들을 해고하는 등 잡스의 업무 스타일에 자주 등장하는 대립적이며 공격적인 조직 문화의 일부 측면까지 그대로 따라 했다.

일반 대중처럼 윤리적 규범을 따를 필요 없이 제멋대로 구는 천재 기업가들의 행동 패턴은 오늘날에도 여전히 대중의 상상력을 사로잡는다. 우리 사회가 엘리자베스 홈즈에서부터 일론 머스크, 제프 베이조스 그리고 도널드 트럼프에 이르는 '못된 천재'들의 잘못된 행동이나 특이한 행동을 용인해줘야 한다는(그런 행동은 그들이 일하는 방식일 뿐이어서) 믿음에 대해서는 다시 생각해볼 필요가 있다. 잡스의 공격적인 리더십을 흉내 낸다고 해서 혁신적인 다음 애플 제품이 탄생하는 것은 아니다. 그리고 홈즈의 사례에서 분명히 알 수 있듯, 다른 사람의 흉내를 내는 건 성공의 청사진과는 거리가 멀 뿐 아니라 대개 별 효과도 없다.

친절은 성공의 가장 앞자리에 있다

"불친절은 당신의 재능에 대한 세금이나 다름없다. 당신의 불친절이 당신의 잠재력을 짓누르게 될 것이다."

― 스티븐 바틀렛Steven Bartlett, 《CEO의 다이어리》 저자

〈샤크 탱크〉Shark Tank(미국 ABC에서 2009년부터 방송 중인 사업 오디션 프로그램 ― 옮긴이), 〈드래곤즈 덴〉Dragons' Den(기업가들이 자기 사업 아이디어를 가지고 벤처 캐피털 패널들을 설득하는 리얼리티 프로그램 ― 옮긴이), 고든 게코(영화 〈월 스트리트〉에 나오는 가상의 인물로, 탐욕의 화신이다. ― 옮긴이)가 한 말인 "탐욕은 좋다."Greed is Good, 〈심슨 가족〉The Simpsons에 나오는 갑부 미스터 번즈, 영화 〈더 울프 오브 월 스트리트〉, 파이어 페스티벌Fyre Festival(역

대급 호화 페스티벌로 홍보됐으나 결국 사기극으로 끝난 페스티벌 — 옮긴이) 등등. 샤일록(셰익스피어의 희곡 《베니스의 상인》에 나오는 고리대금업자 — 옮긴이)과 스크루지(찰스 디킨스의 소설 《크리스마스 캐롤》에 나오는 구두쇠 — 옮긴이)는 또 어떤가? 매스 미디어와 소설은 '사업 악당'을 아주 좋아한다. 다른 사람들을 짓밟으며 무자비한 방식으로 성공한 탐욕스럽고 이기적인 사업계의 거물 또는 사악한 천재 자본가 말이다.

이렇듯 오늘날 우리 사회에는 성공하려면 사람들에게 고함을 지르고 인격 모독에 가까운 말을 쏟아내며 불친절해야 한다는 믿음이 널리 퍼져 있다. 불친절함과 성공 및 부 사이에 직접적인 상관관계가 있다는 추정에서 나온 믿음이다. 다시 말해 더없이 못된 행동들이 돈과 성공으로 보상받는 모습을 보면서, 우리는 더 쉽게 무자비해질 수 있는 사람만이 성공을 누릴 자격이 있다고 생각하게 되었다. 내가 잡아먹지 않으면 잡아먹히는 사업이라는 전쟁터에서 결국 가장 큰 승리를 거둔 사람은 가장 많은 적을 죽인 사람인 것이다.

오늘날의 사업 운영 방식은 자본주의 경제 방식으로, 우리는 우리 스스로도 인식하지 못한 채 점점 더 공격적이고 경쟁적으로 변해가고 있다. 그리고 사람들은 그런 행동들이 성공을 가져다준다고 추정하게 되었다. 무자비한 사람이 더 큰 성공을 거두고, 친절한 사람은 그만큼의 성공을 거두지 못한다. 맞는 말인가?

틀린 말이다. 실은 그것과 정반대다. 제1부에서 살펴봤듯 친절한 리더들은 늘 아주 큰 성공을 거둔다. 다만 그들의 행동이 훨씬 덜 드라마틱하고 사람들의 흥미를 덜 끌 뿐이다. 그건 그들이 대개 조용히 자기 직원들을 돌보고 자기 주변 사람들에게 권한을 위임해 성공할 수 있게

● 우리가 진실이라고 믿는 것(좌)과 실제로 진실인 것(우)

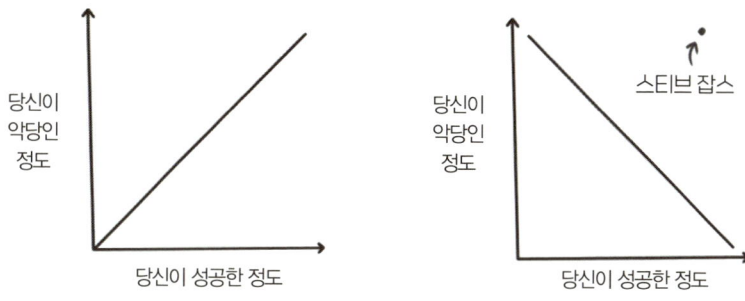

도와주고 상호주의 원칙에 따라 움직이기 때문이다.

던컨 바나타인Duncan Bannatyne은 영국에서 가장 큰 성공을 거둔 기업가 중 한 명으로, 맨바닥에서 출발해 1억 파운드가 넘는 부를 축적한 인물이다. 그는 여러 해 동안 BBC 〈드래곤즈 덴〉의 투자자 패널 중 한 사람이기도 했다. 다음은 그가 들려준 말이다.

"나는 그간 무자비해지지 않고도 모든 걸 이뤘다고 말할 수 있어 아주 자랑스럽습니다. 사업을 하면서 굳이 나쁜 사람이 될 필요는 없습니다. 그동안 내가 한 일이라곤 사람들이 팔고 싶어 하는 가격에 땅을 사는 것, 건축업자들이 제시한 가격에 계약을 맺는 것 그리고 고객들에게 광고했던 가격에 서비스를 제공한 것뿐입니다. 여기에 무자비한 면이 있나요? 나는 또 양로원과 어린이집, 헬스클럽 사업 등 사람들의 삶을 더 낫게 만드는 일들을 해왔습니다. 정말이지 사업은 결코 악한 일이 아닙니다. 분명 집요한 부분이 있긴 해도 무자

비한 건 아니죠. 절대 아닙니다."⁴

〈드래곤즈 덴〉에 출연한 또 한 명의 투자자 패널인 닉 젠킨스는 온라인 선물 판매 플랫폼 문피그닷컴의 창업자이다. 그는 "난 '사업 악당들'의 사업 방식이 마음에 들지 않고 그런 사람들의 삶을 사는 데 전혀 관심이 없다."며 이렇게 말했다.

"나는 굳이 잔인한 말을 하지 않고도 참가자들이 그들의 사업 모델에 의문을 품게 만들 수 있다고 생각합니다. 사실 정말 잔인한 건 자신의 사업 모델이 형편없다는 걸 깨닫는 거죠. 그렇게 되면 사람은 자책하게 됩니다. 당신은 그저 참가자의 사업 아이디어에 어떤 문제가 있는지를 정확하게 지적해주면 되는 겁니다. 그걸로 충분해요."

'사업 악당' 내러티브와 관련해 다음 몇 가지 사실들을 잘 기억해두도록 하라.

- **상관관계가 인과관계는 아니다.** 영화 〈어프렌티스〉에서 도널드 트럼프가 자신의 무자비한 행동에 대해 자랑했다고 해서 그런 무자비함이 트럼프의 성공에 실제 도움이 됐다는 뜻은 아니다. 그보다는 그의 아버지가 대준 막대한 자금이 실질적인 도움이 됐을 것이다.
- **그것이 이야기의 전부는 아니다.** 영화와 소설, 뉴스 그리고 소셜 미디어는 사람들의 관심을 필요로 하고, 스토리텔러들은 사실을

과장하거나 센세이셔널하게 만들어 성공을 거두곤 한다. 그래야 사람들이 그들이 하려는 이야기에 더 관심을 보이기 때문이다. '사업 악당'을 비롯한 전형적인 악당의 이야기는 늘 사람들을 관심을 끄는 아주 좋은 소재다. 물론 그 과정에서 이야기의 깊이와 디테일한 부분들은 희생된다.

- **좋은 사람보다 나쁜 사람이 원래 더 흥미롭다.** 대다수의 사람에게 나쁜 사람들은 왠지 낯설고 특이하게 보인다. 그래서 그들이 어떤 동기로 그런 행동을 하고 또 어떻게 자신의 양심을 내던지는지 관심을 갖게 된다. 스스로에게 정말 솔직해진다면 어떻게 될까? 우리 역시 우리 내면의 '어두운 자아'가 바라는 대로 행동한다면 어찌 될지 궁금해할지도 모른다.

- **생존 편향**survivorship bias**에 따라 나쁜 행동으로 실패한 사람들은 다 잊히기 마련이다.** 반대로 전형적인 인물들과 상투적인 표현들은 확증 편향을 통해 스스로를 강화하곤 한다. 따라서 시간이 지나 사업에 실패한 사람들은 잊히기 마련이며, 그 결과 불친절한 행동의 부정적인 결과들은 눈에 띄지 않게 된다.

- **때론 세상 사람들의 관심을 끄는 예외 사례가 존재하기도 한다.** 스티브 잡스는 종종 '사업 악당들이 승리한다'는 원칙의 증거처럼 인용되지만, 사실 그는 '더 친절한 사람들이 승리한다'는 원칙의 예외 사례다. 어쨌든 그의 성공은 놀랄 만큼 뛰어난 디자인에 대한 비전과 능력 덕분이었지 회의 때 동료들에게 고함을 쳐대는 태도 덕분이 아니었다.

- **놀랄 만큼 친절하다고 알려진 리더들의 사례도 있다.** 투자자 워

런 버핏은 전직 월 스트리트 증권 중개인 조던 벨포트Jordan Belfort(원조 '월 스트리트의 늑대')보다 훨씬 큰 성공을 거두었다. 버핏을 향한 직원들의 충성과 존중은 매우 유명하며 그의 투자 지주회사 버크셔 해서웨이Berkshire Hathaway의 임원들은 연례보고서에서 버핏에게 친절한 말을 듣는 것이 통과 의례처럼 되어 있다. 그러나 그의 이러한 면들은 미디어에 잘 노출되지 않는 경우가 많다. 그가 코카콜라를 엄청 좋아한다든가 아직도 옛날 자동차를 몰고 다닌다든가 하는 일들보다 덜 흥미롭기 때문이다. 그리고 버핏이 역사상 가장 많은 기부를 한 사람이라는 사실을 잊지 말자. 그는 주로 자기 친구인 빌 게이츠와 멀린다 게이츠가 설립한 자선단체를 통해 기부를 함으로써 친절한 행동을 최대한 티 나지 않게 조용히 하고 있다.[5]

워낙 뿌리 깊게 자리 잡아 많은 사업체에 악영향을 미치고, 인간의 삶에 말로 다 할 수 없는 비참함을 안겨주는 '성공하려면 무자비해져야 한다'는 믿음은 이제 바로잡을 때가 되었다. 그리고 사업의 최대 목적인 '수익성'을 높이기 위해서라도 이제 우리의 뇌를 재프로그래밍해 '더 친절한 사람이 더 큰 성공을 거두고, 덜 친절한 사람은 그저 그런 성공을 거둔다'는 조용한 진실을 받아들여야 할 때가 됐다.

호감도를 성공의 가장 중요한 요소로 꼽는 연구들도 많다. 예를 들어 5만 1,836명의 리더들을 상대로 행해진 《하버드 비즈니스 리뷰》의 연구 결과 호감도와 리더십 효율성 간에는 직접적인 상관관계가 있었다. 호감도가 최저 25퍼센트에 속하는 리더들 가운데 단 27명만이 최고

25퍼센트 수준의 리더십 효율성을 보였다. 다시 말해 불친절한 태도로 호감도가 낮다면 리더로서 성공할 가능성이 2,000분의 1 정도밖에 안 된다는 의미다. 불친절한 리더들은 직원의 높은 참여도를 끌어내지 못했을 뿐 아니라 직원들의 이직을 막지도 못했다.[6] 이런 연구들과 기타 다른 많은 연구는 사람들이 친절과 관련해 가장 흔하게 갖고 있는 잘못된 믿음을 타파한다.

사업에는 분명 친절이 들어갈 자리가 있다. 게다가 그 자리는 성공의 맨 앞부분에 있다.

세상은 서로가 먹고 먹히는 전쟁터다?

사람들은 흔히 '사업 악당'이 사업이라는 전쟁터, 즉 서로 잡아먹고 잡아먹히는 세계 혹은 인간의 다른 어떤 본성보다 탐욕이 두드러지는 세계에 살고 있다고 말한다. 그러나 이는 지나치게 단순화된 말이다. '자본주의의 아버지' 애덤 스미스Adam Smith조차도 치열한 경쟁은 자연스러운 것이라는 생각에 이의를 제기했다. 그의 대표 저서 《국부론》에는 다음과 같은 말이 나온다. "우리가 저녁 식사를 기대할 수 있는 이유는 도살자나 양조업자 또는 제빵사의 자비 덕이 아니라 그들이 자신의 이익을 우선으로 생각하기 때문이다."[7] 그러나 그런 애덤 스미스도 '적자생존' 접근 방식을 지지하진 않았다. 저서 《도덕 감정론》에서 그는 이런 주장을 했다. "타인에 대해 깊이 공감하고 자신의 이기적인 마음을 절제하며 자비로운 감정을 기꺼이 드러내는 것, 그것이 인간 본성의 완성

이다."⁸

물론 치열한 경쟁과 경쟁우위를 통해 많은 수익을 낼 수 있지만, 상호협력 역시 우리가 일하는 방식에서 아주 큰 부분을 차지한다. 협상에서 한쪽이 이기고 한쪽이 패하는 윈-루즈 win-loose 해결책 대신 윈-윈 해결책을 찾는 경우든, 가끔 경쟁 관계에 있는 라이벌 조직과 손잡고 일하는 경우든, 시간과 노력을 들여 주변 사람들을 돕는 경우든, 우리 삶에서 개인적인 탐욕이나 윈-루즈 해결책보다 훨씬 더 나은 성과를 낼 수 있는 방법은 얼마든지 있다.

최고의 싸움 기술은 싸움을 하지 않는 것

1960년대 서구권에서 고대 중국의 책략가 손무 孫武가 쓴 《손자병법》이 비즈니스 분야의 전 세계적인 베스트셀러가 되었다. 미국 최대 기업들에 몸담고 있던 컨설턴트들 덕에 널리 알려지게 된 이 책은 직장 생활 곳곳을 파고들었고, 심지어 우리가 사용하는 언어까지 파고들었다.

그 결과 우리는 지금도 '임무 진술' mission statement (오늘날 '사명 선언문'의 의미로 쓰인다.—옮긴이)이니 '터치 베이스' touch base ('간단히 확인하다, 잠깐 이야기하다' 정도의 뜻—옮긴이)니 '부대원 소집' rallying the troops ('팀원들의 사기를 북돋다'라는 뜻—옮긴이) 같은 표현들을 쓴다. 또 '대공포 공격을 당하다' take the flak ('격렬한 비난을 받다'라는 뜻—옮긴이) 또는 '십자포화에 갇히다' caught in the crossfire ('불똥이 튄다'라는 뜻—옮긴이) 같은 표현을 쓰면서 언젠가는 뛰어난 전략을 통해 '대량 살상' make a killing ('큰돈을 번다'라는 뜻 — 옮긴이)을 하길 바란다. 한때 마이크로소프트 CEO였던 스티브 발머Steve Ballmer는 이런 유명한 말을 남기기도 했다. "나는 마이크로소프트를 쥐어짜고 있다I bleed Microsoft."[9]

아이로니컬하게도 《손자병법》은 원래 전쟁을 위한 책이 아닌 평화를 위한 책으로 집필됐다. 《손자병법》의 연구가이자 번역가인 마이클 닐란Michael Nylan은 이렇게 적고 있다. "이 책《전쟁의 기술》The Art of War(《손자병법》의 영어 제목 — 옮긴이)은 제목을 '삶의 기술'The Art of Life로 바꿔도 좋을 책이다. 모든 변수를 감안해 설득력 있는 근거 두 가지(외교로 풀지 않고 전쟁을 벌이면 그 대가가 너무 큰 데다 그 결과 또한 장담할 수 없다)를 토대로 독자들(원래는 '궁에 있는 전능한 사람들')에게 가능한 한 어떻게든 전쟁을 피하는 법을 조언해주고 있기 때문이다."[10] 그러나 《손자병법》은 서구 기업 전략가들의 손에 들어가면서 기업 간 전쟁을 위한 안내서로 변질되고 말았다.

우리는 사업에 대해 21세기 기업 환경에 훨씬 더 정확하게 들어맞는 다음과 같은 다른 해석을 할 필요가 있다.

- **과학으로서의 사업**: 우리는 과학에서처럼 사업에서도 가설, 실험, 지속적인 개선 및 발전 과정을 밟는다.
- **기술로서의 사업**: 우리는 뭔가를 발명하고 창조하고 문제 해결을 하고 사물을 보는 새로운 방식들을 만들어낸다.
- **서비스로서의 사업**: 우리는 다른 누군가가 필요로 하는 것들에 관심을 쏟고 그것들을 충족시켜준다.
- **게임으로서의 사업**: 우리는 새로운 기술을 익히고 다음 레벨로

올라가면서 과거의 우리보다 나은 우리가 되려 애쓴다.
- **변화 만들기로서의 사업:** 우리는 힘을 합쳐 세상의 잘못된 점을 바로잡는다.

친절의 소스 코드: 풍요의 사고방식

"나눠줬다고 해서 가난해진 사람은 없다."

– 안네 프랑크

'전쟁으로서의 사업'이란 개념은 결핍적 사고방식, 그러니까 기업과 개인은 주어진 파이를 키우기 위해 서로 협력하기보다는 점점 작아지는 파이 조각들을 손에 넣기 위해 싸워야 한다는 믿음에서 비롯된다. 이는 최근 수십 년간 우리 사회를 지배한 믿음으로, 오랜 기간 경제 발전의 시기를 거쳐오면서도 사라지지 않고 지속되어왔다.

그러나 현재의 여러 추세를 살펴보면 이러한 사고방식은 결국 한두 세대 후 세계 경제에 '풍요의 사고방식'이 자리 잡음에 따라 점차 바뀌게 될 것이다. 과시적 소비를 거부하고 보다 지속 가능한 소비자 행동을 받아들이는 추세, 보편적 기본 소득에 대한 요구가 늘어나는 추세, 직업에서 자동화 비중이 커져 보다 많은 사람의 생활 수준이 높아지는 추세, 보다 유연한 근무 패턴들로 옮겨가는 추세 말이다. 이를 통하여 세계 경제는 기본적인 필요가 충족되는 경제, 제품을 대신하여 서비스가 고객 행복을 좌우하는 경제로 바뀔 것이다. 그 결과 시간이 지나면서 경제의 서비스 부문이 성장할 것이다. 여전히 인간 사이의 교류를 필요로 하는 레저와 피트니스, 정신 건강, 카운슬링, 웰빙, 학습 분야 같은 더 행복하고 건강한 생활 방식을 뒷받침해줄 경제의 서비스 부문이 크게 성장하면 우리 사회에서 '사업 악당'이 설 자리는 점점 사라질 것이다.

풍요적 사고방식, 즉 결국 사람들에게 돌아갈 몫이 충분하다는 믿음은 친절한 생각과 행동에 꼭 필요한 선행 조건이다. 풍요의 개념에 대해선 나중에 더 자세히 살펴보기로 하고, 여기에선 다음과 같은 간단한 세 가지 질문에 답하면서 '풍요 대 결핍'의 역학관계를 살펴보기로 하자.

- 제프 베이조스나 일론 머스크는 진정 무얼 원한다고 생각하는가?
- 당신이 만일 풍족하다면 당신의 삶은 구체적으로 어떤 모습을 하고 있을까?
- '지금 당장'과 '충분한 상태' 간의 간극에 대해 생각할 때, '현실' 대 '상상' 사이에는 그 간극이 얼마나 크다고 보는가?

잘못된 믿음 2: 친절은 나약함의 표식이다

"친절은 우리 문화 안에서 아주 과소평가되고 있으며, 가끔은 나약함으로 잘못 이해되곤 한다. 실은 궁극의 힘인데 말이다."

— 개리 바이너척 Gary Vaynerchuk, 기업가 겸 베스트셀러 작가

친절해야 한다고 이야기할 때면 내가 항상 듣는 질문이 있다. "만일 누구에게나 친절하다면 만만한 사람처럼 보이지 않을까요?"다. 어쩌면 당신도 비슷한 질문을 던졌을 수 있다.

우리는 친절이라는 말이 무엇을 의미하며 또 무엇을 의미하지 않는지를 분명히 해야 한다. 순수한 친절은 나약함과는 거리가 아주 멀다. 오히려 친절은 당신의 힘을 누군가에게 조금 빌려주는 것이다. 결코 쉬운 선택도 아니다. 친절에는 자신감과 용기가 필요하며 불편한 감정들을 잘 헤쳐나가고 명확히 소통하는 능력도 필요하다. 그런 의미에서 친절은 나약함이 아닌 강건함의 표식이다.

리더들은 마땅히 해야 할 일들을 하면서도 곤혹스러운 상황에 놓이는 경우가 매우 많다. 사람들에게 부정적인 피드백을 줘야 할 때, 나쁜 소식을 전해야 할 때, 사람들을 해고해야 할 때 등이다. 그런 일들을 할 때는 늘 진심을 다해 사람들을 잘 이해시켜야 하고 또 품위 있게 행동해 최대한 상처를 덜 주어야 한다.

전 미국 합동참모본부장 스탠리 맥크리스털Stanley McChrystal은, 버락 오바마 전 미국 대통령이 자신의 사임을 받아준 날의 이야기를 내게 들려준 적이 있다. "나로선 분명 일생일대 가장 힘든 날이었는데, 그는 내가 더 이상 힘들게 느끼지 않도록 내 사임을 수락해줬습니다. 나야 그가 달리 해줬다면 더 좋았겠지만, 그의 결정을 존중했습니다. 그는 대통령이 할 수 있는 최대한의 따뜻한 태도로 내 사임을 받아줬습니다. 그래서 나는 감사를 표하고 거기서 걸어 나왔습니다. 그러나 충격은 여전했죠. 우리 삶에는 일을 처리하는 다양한 방법들이 있습니다. 식당에서 종업원을 대할 때, 당신과 교류하는 누군가를 대할 때 등 그 모든 교류에서 친절과 품위를 보여줄지 그러지 않을지는 오직 당신의 선택에 달려 있습니다."

좋은 행동 vs. 친절한 행동

친절한 행동은 '좋은 행동'과 혼동하기 쉬워 종종 혹평을 받곤 한다. 그러나 '친절한 행동'과 '좋은 행동'은 결코 같지 않다. 사실 친절한 행동과 좋은 행동은 엄청나게 달라서 서로 비슷하다기보다는 오히려 정반대에 더 가깝다고 말하고 싶을 정도다. '좋은 행동'은 사람들에게 그들이 듣고 싶어 하는 말을 해주는 걸 뜻하는 데 반해 '친절한 행동'은 사람들에게 그들이 들어야 할 말을 해주는 걸 뜻한다. 그래서 '좋은 행동'은 종종 나약해질 수 있지만 '친절한 행동'은 그렇지 않다.

우리는 다른 사람들이 우리를 좋아해주길 바랄 때 '좋은 사람'이 된다. 좋은 사람은 목적이 불분명하거나 규율 또는 힘이 부족할 수 있다. 좋은 사람은 갈등이나 부정적인 피드백을 피하며, 타인을 기분 좋게 해주고 모든 사람을 잘 조화시키는 일에 집중한다. 당신 팀에서 일이 잘 풀릴 때, 좋은 사람들은 친절한 사람들만큼이나 많은 가치를 보탤 수 있다. 그러나 일이 잘 풀리지 않을 때, 좋은 사람들은 압박감으로 무너지는 경우가 많다. 그리고 바로 그런 때야말로 친절한 사람들이 자신들의 힘을 훨씬 더 잘 발휘할 때이며, 가끔은 힘들 때야말로 가장 친절한 사람들이 다른 모든 사람을 도울 수 있는 때다.

● 좋은 행동 vs. 친절한 행동

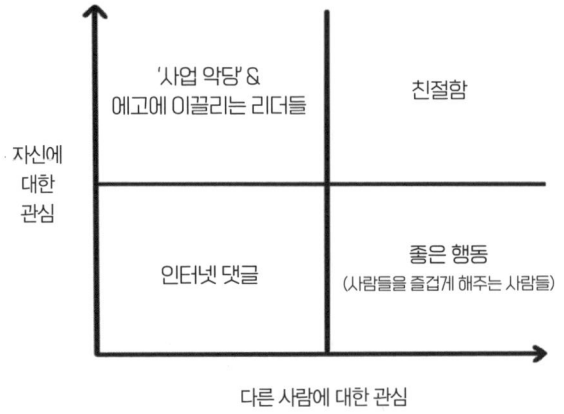

날라 서머스Nahla Summers는 사회적 기업 선샤인 피플Sunshine People의 창업자로, 매년 스탠드업 자전거를 타고 약 8,000킬로미터 레이스를 하는 등 각종 세계 기록에 도전하고 있는 인물이다. 그녀는 사람들을 향해 돈 대신 다른 사람들에게 친절한 행동을 하는 방식으로 자신을 후원해달라고 요청하면서 친절의 문화를 세상에 퍼뜨리고 있다. 서머스는 리더십을 주제로 한 강연에서 한 가지 의문을 제기함으로써 '친절한 행동'과 '좋은 행동'의 차이에 대해 많은 생각 거리를 던져주었다.

"당신이 아침 출근길마다 늘 동네 커피숍에 들러 모닝커피와 빵을 구입한다고 상상해봅시다. 그런데 어느 날, 한 노숙자가 커피숍 문 앞에 앉아 구걸하고 있는 모습을 봤습니다. 당신은 커피숍 안으로 걸어 들어갑니다. 하지만 머릿속에선 계속 노숙자가 걸친 담요가 그리 따뜻해 보이지 않던데 오늘 같은 날씨에 얼마나 힘들까 하는 생각이 들었죠. 그래서 카운터로 가 커피와 빵을 하나씩 더 주문해 나가는 길에 그 노숙자에게 커피와 빵을 건넵니다.

이게 과연 친절한 행동일까요? 얼핏 보기에는 그런 것 같습니다. 그런데 만일 그 노숙자가 이미 막 커피를 마셨거나 커피를 좋아하지 않거나 빵에 알레르기가 있거나 배가 고프지 않다면 어떨까요."

그렇다. 진정한 친절은, 당신은 따뜻하고 편안한데 다른 사람들은 그렇지 못한 데 대한 죄책감을 덜기 위한 행동이 아니라 다른 사람의 필요를 충족시켜주기 위한 행동이어야 한다. 친절한 행동을 제대로 하려면 커피숍에 들어가는 길에 잠시라도 그 노숙자와 자리를 함께해야 했다. 그의 지금 상황이 어떤지를 물어야 했다. 그를 단순히 '노숙자들' 중 하나가 아닌 한 명의 인간으로 대해야 했다. 당신이 도울 게 있는지 알아봐야 했다. 결국 공감 능력이 부족했고, 그 결과 당신의 행동은 친절한 행동이 아니라 좋은 행동이었다.

서머스가 이야기한 노숙자의 사례가 잘 와닿지 않는다면 우리가 직장에서 좀 더 일상적으로 경험하는 회의를 예로 들어보자. 일반적인 회의에서 '좋은 행동'과 '친절한 행동'은 다음과 같은 차이를 보인다.

상황	'좋은' 행동	'친절한' 행동
누군가가 자기 행동이나 안 좋은 결과에 대해 피드백을 받아야 하는 상황	상대의 감정이 상할 것 같으면 피드백을 주지 않는다.	진실을 말하되, 상대를 위해 하는 말이라는 점을 분명히 한다. 사람이 아닌 '행동'에 대한 이야기임을 분명히 한다.

의견이 다른 상황	회의 중에는 내 의견을 말하지 않고 고개를 끄덕이며 일단 동의를 표한다. 회의 후에는 동료들에게 은근히 의견이 다른 사람이나 상황을 탓한다.	정중한 태도로 반대한다. 아니면 아니라고 말한다. 당신의 의견에 반대하는 사람들과도 함께 힘을 합쳐 일한다.
마감 시간이 다 돼가는 상황	시간을 넘기더라도 모든 사람이 이 일에 기여했다는 말을 들을 수 있게 한다.	시간 제약을 인정하고 존중한다. 마감 시한을 재조정하거나 사람들에게 서둘러달라고 부탁한다.
긍정적이지 않으며 이미 내려진 결정을 전달해야 하는 상황	핵심은 말하지 않고 다양한 방식으로 애매하게 그 결정을 전한다. 그 결과, 실제 결정 내용이 분명하게 전달되지 않는다.	그 결정을 최대한 분명하게 그대로 전하되, 긍정적인 결정이 아니라는 걸 인정하고 사람들이 우려하는 점이 무엇인지 경청한다.

진정한 친절은 진실과 품위의 결합

아직도 좋은 행동과 친절한 행동의 차이가 잘 구분되지 않는다면 이런 식으로 생각해보도록 하라. 사회생활을 하다 보면 어느 시점에선가 동료나 친구에게서 이런 말을 들은 적이 있었을 것이다. "○○의 문제는 사람이 너무 좋다는 거야." 이것이 과연 칭찬일까? 반면 누군가가 "당신은 정말 친절하시군요."라고 했다고 해보자. 그것이야말로 더없이 확실한 칭찬이다.

크리스티나 키슬리Christina Kisley는 조직 개발 코치로, 지난 30년간 미국에서 가장 유명한 CEO들과 함께 일해오고 있다. 그녀는 친절을 '진실과 품위의 혼합'이라고 정의한다. 친절한 사람의 주요 관심사는 늘 사람이며 그래서 사람들을 향해 존중과 배려심과 애정을 갖고 행동하지만,

그러면서도 진실에 투철해 절대 사람들이 필요로 하는 진실을 외면하지 않는다. 친절한 사람들은 또 불편한 대화를 마다하지 않는데, 그게 옳은 일이기 때문이다.

좋은 행동과 친절한 행동의 차이를 가장 쉽게 구분하는 방법 중 하나는 이른바 '솔티드 캐러멜 테스트' Salted Caramel Test다. 짠맛이 가미된 솔티드 캐러멜은 인류가 창조해낸 최고의 음식이다. 그런데 솔티드 캐러멜은 왜 그렇게 중독성이 있을까? 캐러멜은 그 자체로 맛이 좋지만 단맛은 아주 빨리 질린다. 반면 소금은 모든 종류의 음식에 맛을 더해주지만 그 자체로는 너무 짜 조금만 많이 넣어도 음식을 완전히 망쳐버리고 만다. 그러나 소금과 캐러멜을 적절히 혼합할 경우, 완전히 다른 세계가 펼쳐진다.

그게 바로 좋은 행동과 친절한 행동의 차이다. 친절은 솔티드 캐러멜 같은 행동이다. 친절에는 '진실과 품위'가 합쳐져 있어 거부하기 힘들다. '진실'은 사람들에게 일을 제대로 해내고 뭔가를 배울 수 있게 해준다. '품위'는 그 어려운 진실들을 조심스레 잘 활용할 수 있게 해준다. 그리고 그게 선순환을 이루면 사람들은 힘을 내 자신의 진실을 품위 있게 말할 수 있게 된다.

'좋은 행동'이 중시되는 문화에서 사람들은 진실을 외면하려 한다. 그러다 보면 시간이 지나면서 필연적으로 애초의 목적에서 멀어지게 된다. 또 목적에만 집중하는 불친절한 문화나 공격적인 문화에서는 사람들의 능력을 최대한 끌어내지 못하고 망가뜨릴 위험이 있다. 반면에 친절한 문화에서는 사람들 간의 소통과 배려심이 늘어나고 공감 능력과 신뢰와 심리적 안정감이 더 커진다.

데이비드 브래드퍼드David Bradford는 인터퍼스널 다이내믹스Interpersonal Dynamics 과정의 개발자 중 한 사람이다. '터치-필리 코스'touchy-feely course라 불리기도 하는 이 과정은 스탠퍼드 대학교에서 가장 인기 있는 MBA 선택 과목이다. 나는 그와 공동 개발자인 캐럴 로빈Carole Robin을 인터뷰하는 자리에서 두 사람에게 물었다. "지난 수십 년간 세계에서 가장 총명하고 우수한 비즈니스 리더들과 함께 일을 해오셨는데, 두 분께 친절은 어떤 의미가 있었을까요?" 브래드퍼드는 잠시 생각에 잠기더니 이렇게 대답했다.

"함께 일했던 '지오프'라는 사람의 이야기가 떠오르네요. 그는 대형 전기 회사의 부사장이었는데, 2분기 연속 목표 달성을 하지 못한 상태였습니다. 어느 날 사장이 조용히 할 말이 있다며 그를 회사 밖으로 불러냈습니다. 밖으로 나온 사장이 지오프에게 이렇게 말했죠. "잘 알겠지만, 난 당신을 너무 좋아해요. 하지만 3분기마저 목표를 달성하지 못하면 곤란합니다. 잘 알겠지만, 그렇게 된다면 나는 결국 뭔가 변화를 취할 수밖에 없어요. 알죠?""

사장의 말은 직접적이었다. 그래서 그 말의 효과 역시 즉각적이고 분명했다. 브래드퍼드는 이어서 말했다.

"물론 그의 부서는 결국 3분기 목표를 달성했죠. 그 이야기는 내 머릿속에 늘 친절한 행동의 더없이 좋은 예로 남아 있습니다. 누군가에게 그 사람이 정말 듣고 싶어 하지 않을 얘기를 해야 할 때 우리는 진정한 친절을 발휘할 수 있습니다. 그러한 얘기를 하면서 내가 그 사람의 편이라는 걸 확실히 표현해주는 것이 가장 중요하죠."

잘못된 믿음 3: 친절함은 타고나는 능력이다

친절에 대한 잘못된 믿음 중 마지막은 '선한 일을 하는 사람에 대한 믿음', 즉 어떤 사람들은 날 때부터 늘 친절하며 어떤 사람들은 그렇지 않다는 믿음이다. 이러한 믿음은 세상에는 친절한 사람들과 불친절한 사람들이 가득하며, 그것에 대해선 우리가 바꿀 수 있는 일이 별로 없다는 생각을 기반으로 한다.

'친절한 사람'이라는 개념에 대해 우리는 모두 어느 정도 소극적인 태도를 보인다. 그 누구도 '친절'이 자기 정체성의 일부라고, '나는 친절한 사람이야'라고 자신 있게 말하지 못한다. 장담하건대, 이 글을 읽는 것만으로도 예전에 혹은 최근에 불친절하게 행동했던 순간들이 쉽게 머리에 떠오를 것이다. 물론 나 역시 그렇다. 그런데 어떻게 내가 '친절한 사람'이 될 수 있단 말인가? 이 모든 오해는 친절을 동사가 아닌 '명사'로 생각하면서 발생한다.

친절은 명사가 아닌 동사다. 친절은 정체성이 아니라 '행동'이다. '늘 친절한 사람'이나 '늘 불친절한 사람'은 존재하지 않는다. 우리 자신이 늘 친절할 거라고 장담할 수도 없다. 누구나 가끔은 불친절해지는 순간들이 있는 법이니까. 다만 친절의 놀라운 힘을 믿으며 최선을 다해 친절하게 행동하겠다고 결심할 수는 있지 않을까?

친절이 명사가 아니라 동사라는 점에는 또 다른 장점이 있다. 바로 친절에서 중요한 건 결코 '과거'에 무엇을 했는가 또는 하지 않았는가가 아니라 '지금 당장 무엇을 할 수 있는가'라는 것이다. 그래서 소셜 미디어에 종종 올라오곤 하는 '#친절' 해시태그나 '친절을 믿는다'는 말로는 충분치 않다. 친절은 언제나 '행동'이기 때문이다.

'보여주기식 친절'이 가지는 문제

소셜 미디어에는 자신의 징체성을 표현하는 사람들이 차고 넘친다. 나는 항상 누군가가 #친절하라(#bekind) 같은 해시태그를 단 뒤 불과 하루이틀 만에 다른 사람에게 불친절한 말을 하는 걸 보면 조금은 경계하게 된다. 제3부 '원칙 6: '그들'이 원하는 대로 그들을 대접하라'(253페이지 참조)에서 '보여주기식 친절'에 대해 더 많은 걸 살펴보게 될 것이다. 예를 들어 당신이 '좋아요'를 더 많이 받는 데 도움이 될 거란 생각에서 어떤 노숙자에게 돈을 주는 장면을 동영상으로 찍는다고 해보자. 이것이 과연 정말 친절한 행동일까? 제대로 된 친절이라면 당신의 공감 능력 및 긍정적인 의도가 구체적인 행동과 일치해야 한다. 그래서 조직 개발 코치 크리스티나 키슬리는 친절은 항상 '누군가를 위한 것'이라고 말한다.

친절 = (공감 능력 + 긍정적인 의도) + 행동

우리는 모두 다른 사람들에게 친절을 베푸는 일에 집중해야 하며, 겸손하게 행동해 우리 자신이 이야기의 중심에 놓이지 않게 해야 한다(그렇다, 이 책을 쓰고 있는 내 기분이 어떤지 생각해보라). 소셜 미디어는 우리에게 이타적인 '행동'을 하라고 권하기보다는 우리의 '정체성'에 집중하라고 말한다. 그러면서 대개는 진정성 없는 상투적인 말들을 반복하는 데 그치곤 한다. 예를 들어 소셜 미디어에서 친절을 논할 때 다른 누군가의 주차장 요금을 대신 내줬다는 이야기 따위가 이슈가 되는 경우가 많다. 그런데 요즘 대체 누가 코인을 집어넣는 주차 요금 징수기를 쓴단 말인가? 이런 실제 현실과 동떨어진 말뿐인 친절이 소셜 미디어에는 차고 넘친다. 소셜 미디어에서의 친절과 현실에서의 친절에는 다음과 같은 차이가 있다.

● **소셜 미디어에서의 친절(좌)과 현실 상황에서의 친절(우)**

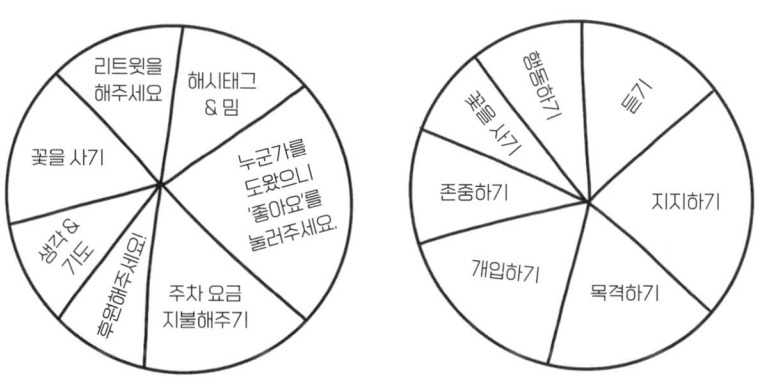

진정한 친절이 무엇인지에 대해 얘기할 때 늘 '~하기'(~ing)로 끝나는 동사형이 나온다는 걸 눈치챘을 것이다. 친절은 언제나 무언가를 하는 것이기 때문이다. '~하기' 형태의 동사가 없다면 우리는 행동에 집중하지 못하고 우리 자신에게서 벗어나지 못할 수도 있다. 즉 행동에 집중하지 못하고 친절이 우리 정체성의 일부라는 생각에서 벗어나지 못하게 되는 것이다.

친절의 간극 속으로 뛰어들어라

친절한 행동을 하기 바로 직전에 당신은 어떠한 '간극'을 보게 된다. 다른 누군가가 필요로 하는 것과 그 사람의 행복 간의 간극, 당신이 할 수 있는 일과 실제 일어난 일 간의 간극 그리고 또 누군가의 하루를 즐겁게 해줄 생각과 실제 그렇게 해주는 것 사이의 간극 말이다.

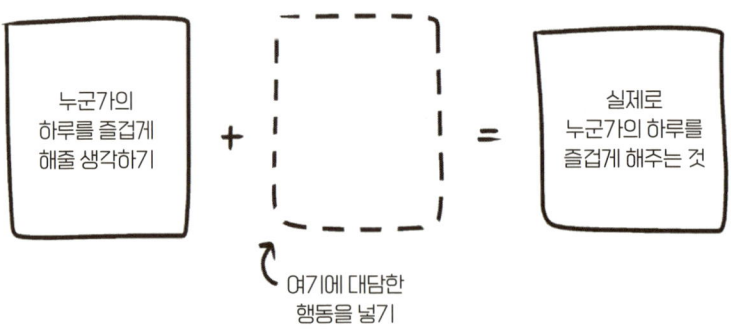

친절로 그 간극을 메우는 건 때론 세상에서 가장 쉬운 일이다. 그러나 때론 그게 엄청난 개인적 위험처럼 느껴질 수도 있다. 바로 친절에 대한 잘못된 믿음에서 비롯된 다음과 같은 생각들이 머릿속을 지배하기 때문이다.

- '만일 내 친절을 상대방이 마음에 들어하지 않으면 어떻게 하지?'
- '만일 내가 만만해 보이면 어떻게 하지?'
- '만일 뜻대로 되지 않으면 어떻게 하지?'
- '시간이 될지 모르겠어.'

- '가뜩이나 내 문제들도 있는데.'
- '왠지 어색해.'
- '내가 아닌 다른 사람이 이 일을 더 잘해낼 수도 있어.'

우리는 수많은 이유들을 대가면서 이러한 간극을 메우려 하지 않는다. '이러면 어떡하지? 저러면 어떡하지?' 하면서 말이다. 그런데 만일 이런 혼잣말들이 다 잘못된 생각이고 당신이 실제로 누군가의 하루를 즐겁게 해주었다면 어떨까? 당신의 친절한 의도가 받아들여지고 그래서 상대에게 호감을 사게 된다면 어떨까? 그렇게 되면 놀랍도록 든든한 인맥이 형성되고 어쩌면 당신의 안전지대에서도 벗어날 수 있게 될 것이다.

아무 행동도 취하지 않는 건 언제나 쉬운 옵션이지만, 친절해질 수 있는 기회를 차버리면 많은 것을 놓쳐버린다. 도움이 필요했던 사람이 수혜자가 되지 못할 뿐 아니라, 목격자들과 파급 효과가 가져올 수혜자들까지 놓치게 되고, 그에 따른 다른 많은 기회들까지 놓치게 된다.

친절한 행동은 더 자주 '간극'을 찾아내는 법을 배우고 그 행동을 두려워하지 않으며 즐기는 것으로 시작된다. 또한 파급 효과를 일으켜 다른 사람들이 간극을 찾아낼 수 있도록, 그리고 리더십과 팀워크를 통해 다른 사람들에게 친절해질 기회를 더 많이 줄 수 있도록 해준다.

친절한 사람이 된다는 건 우리가 하는 모든 일을 친절이란 이름의 렌즈를 통해 본다는 의미다. '어떻게 하면 이 상황에서 더 친절할 수 있을까?', '어떻게 하면 다른 사람들에게 친절해지라고 권할 수 있을까?', '어떻게 하면 모두가 자연스럽게 친절한 행동을 할 수 있는 조직 문화를 만들 수 있을까?' 나는 내 아들 로스코에 대한 얘기로 그리고 그 애가 얼마나 많은 사람에게서 친절을 이끌어냈는가 하는 얘기로 이 책을 시작했다. 로스코는 자신의 친절한 행동으로 사람들을 감동시킨 데다 다른 아이들과 달리 약간의 도움을 필요로 하기에 친구들은 물론 낯선 사람들에게도 똑같이 친절한 행동을 하게 만들었다.

우리 역시 팀원으로서 또 리더로서 다른 사람들에게서 친절을 이끌어낼 수 있다. 스트레스를 받고 있는 누군가에게 격려 카드를 써준다든지 회의 시간에 잠시 시간을 내 참석자 중 한 사람에게 감사를 표한다든지 아니면 올레 카쏘가 그랬던 것처럼 고객에 대한 친절 실험(68페이지 참조)을 하는 등 우리 모두에게는 타인에게 영향을 미칠 힘이 있다.

우리 스스로 '간극'을 만들어 행동을 통해 그 속에 뛰어들 수 있고, 다른 사람들이 뛰어들 '간극'을 만들 수도 있다. 때론 누군가가 그럴 만한 계기를 만들어주기도 한다. 잘 아는 누군가가 자선 마라톤 경주에 참가한다는 걸 알고 당신 역시 자선단체에 기부금을 낸 일이 있지 않은가? 우리는 대개 그 어떤 소소한 제안이나 구실만 생겨도 적극적으로 그 '간극' 속으로 뛰어든다. 이렇듯 친절은 누군가 그럴 만한 공간과 분위기를 만들어줄 때, 그래서 친절을 베푸는 일이 외면하는 일보다 더 쉬워질 때 번성한다.

이것이 친절의 본질이다. 단순한 한 번의 행동을 넘어 지속적인 한 가지 방식이 되고, 그 렌즈를 통해 세상을 바라볼 수 있게 된다. '친절을 내 주변 사람들이 쉽게 할 수 있는 일로 만들기 위해 지금 무엇을 할 수 있을까?', '사람들에게 그 방법을 알려주기 위해 무엇을 할 수 있을까?', '만일 더 친절해진다면 이 회의나 이메일 또는 프로젝트가 어떻게 보일까?' 하는 식으로 말이다.

당신의 '친절 근육'을 단련시키는 법

글쓰기나 요가, 달리기, 명상, 창의력 또는 감사도 연습을 통해 나아지듯 친절 역시 연습을 통해 나아질 수 있다. 그리고 연습을 더 많이 하면 할수록 더 나아진다. 어떤 자질을 가지고 태어났는가는 아무 상관없다. 그 누구도 애초부터 올림픽 금메달리스트로 태어나지 않듯 그 누구도 마법같이 돌연 '친절한 사람'이 되진 않는다. 친절한 사람이 되는 건 우리가 얼마나 열심히 연습하는지에 달려 있고, 열심히 노력하면 계속 나아질 수 있다는(나아질 것이라는) 우리의 믿음에 달려 있다.

연습을 한다고 해서 완벽해진다는 얘기는 아니니 오해하지 않길 바란다. 우리는 종종 과정이 아닌 결과만을 보며 완벽에 대한 환상을 갖곤 한다. 위대한 소설가조차 아침 내내 썼던 글을 다 지우고 처음부터 다시 시작하는 일을 반복한다. 그들은 대개 계속해서 새로운 글을 써내는 사람들이며 오랫동안 흰 여백이나 비평가들의 생각을 두려워하지 않는 법을 배운 사람들이다. 그러니 연습하고 또 연습하라.

연습을 통해 스스로 나아지는 것을 보게 되면 친절은 개인의 발전을 위한 강력한 도구가 될 수 있다. 경청 능력과 협상 능력, 소통 능력, 공감 능력 그리고 남들과 다르게 생각하는 능력 등 아주 많은 능력을 향상시킬 수 있다.

이 책의 제3부에서 친절 연습의 토대가 되어준 '친절을 실천하기 위한 여덟 가지 원칙'을 소개할 것이다. 이 책을 쓰고 있는 나 역시 친절함에 있어서 결코 완벽하지 못하다. 내가 완벽할 거라 생각하는 누군가가 이걸 알게 되면 놀라거나 어쩌면 안도할지도 모르겠다. 내가 친절을 베풀어야 하는 상황에서 그러지 못했던 상황을 되돌아보면 민망하기 짝이 없다. 그러나 좋은 소식이 있다면, 우리는 계속 연습을 할 수 있다는 것이다. 그리고 버겁게 느껴지는 일들에 계속 부딪혀나가면서 우리는 점점 나아질 것이다.

때론 '간극'을 보면서 행동에 나서는 게 위험하다고 생각될 수도 있다. 마치 높은 고층 빌딩 사이를 건너뛰는 일처럼 말이다. 처음 건너뛸 때는 생과 사의 갈림길에 선 것처럼 느껴진다. 그러나 건너뛰기를 100번쯤 하다 보면 나중엔 그 일이 쉽고 편해져 더 먼 거리를 건너뛰고 싶어질 수도 있다. 그리고 시간이 지나면서 매일을 살아가다 보면 그 '간극'이 나타나는 순간들이 정말 많다는 사실을 깨닫게 될 것이다. 그러면 우리가 포착할 수 있는 기회는 물론 그 기회 속으로 뛰어들 가능성 또한 높아진다. 나아가 다른 사람에게 영향을 미쳐 그들이 그 '간극'들을 포착할 가능성도 높아진다.

친절을 베푸는 일을 지속적인 연습을 통해 익히길 권한다. 그 행동이 설사 당신의 안전지대에서 벗어나는 일처럼 느껴진다 해도 마음의 문을 열고 행동에 나서길 권한다. 장담하건대, 그렇게 한다면 그 이후 이어지는 일들로 당신의 삶은 더욱 풍요로워질 것이다. 다음에 나오는 친절 챌린지를 꼭 시도해보기 바란다.

> **생각해봐야 할 질문들**

- 영감을 주는 리더들을 생각할 때 '사업 악당' 또는 친절하지 않은 사람들이 생각나는가? 어떤 특성이 영웅을 만드는가? 누가 그것을 결정하는가? 그리고 이런 이야기들이 당신에게 어떤 영향을 미치는가?
- 언제 '친절한 행동'이 아닌 '좋은 행동'을 선택했는가? 어떻게 했다면 달리 행동할 수 있었을까?
- 용기를 내 친절한 행동을 했던 때를 생각해보라. 품위 있으며 진실했는가? '간극' 속으로 뛰어들었는가?
- 행동하지 않았지만 나중에 '이렇게 행동했더라면 좋았을걸' 하고 후회한 적이 있었는가? 그때 당신의 행동을 가로막은 건 무엇이었나?

> **친절 챌린지 2: '간극' 찾아내기**

이번 주의 친절 챌린지는 단순하지만 심오한 도전이다. 앞으로 한 주 동안 친절해지는 데 필요한 행동들을 하기 바란다(지난주처럼). 특히 두렵거나 불편한 순간에 직면했을 때 친절한 행동을 하기 바란다.

'간극'을 찾아라. 당신의 공감 능력과 생각에 비추어 행동을 취할 기회가 왔다고 판단되는 순간들 말이다. 간극이 보였을 때 아무것도 하지 않는 건 옵션에 넣지 않도록 하라. 행동에 나서라. 두려움이나 결핍적 사고방식이 끼어들지 못하게 하라.

그런 다음 당신과 다른 사람들에게 어떤 일이 일어나는지 보라. 그리고 일이 술술 풀리기 시작하면 당신은 아마 좀 더 크게 생각할 수 있을 것이고, 다른 사람들까지 더 친절해지게 만들 기회들을 볼 수 있을 것이다. 다음과 같은 생각들을 적어보는 게 도움이 된다.

- 간극을 발견하고도 행동에 옮기지 못했다면 그 이유는 무엇인가? 무엇

이 두려웠는가?
- 나쁘거나 불편한 일이 일어났는가? 그 결과는 어땠는가?
- 어떤 친절한 행동들이 큰 노력을 들일 필요 없었고, 또 하기 쉬웠는가?
- 어떻게 하면 다른 사람들까지 더 친절해지게 만들 수 있을까?
- 주변 사람들에게 당신이 지금 하고 있는 도전에 대해 말했는가?
- 그들의 반응은 어땠는가?

친절 영웅 스토리

"우리는 강하면서도 친절해질 수 있습니다."

저신다 아던Jacinda Ardern, 전 뉴질랜드 총리

저신다 아던 뉴질랜드 총리가 겁먹은 뉴질랜드 국민들에게 TV 연설을 한 때는 2020년 3월 21일이었다. 코로나19가 나라 전체에 퍼지기 직전인 위기의 순간이었다. "저는 우리 뉴질랜드가 잘하는 걸 하자고 요청드립니다. 우리 뉴질랜드는 창의적이고 실용적이며 공동체 의식이 강한 나라입니다. 이런 일은 평생 경험해본 적이 없겠지만, 우리는 힘을 합치는 법을 알고 서로를 돌보는 법을 압니다. 그리고 현재 그보다 더 중요한 게 무엇이 있겠습니까? 그래서 여러분이 해야 할 모든 일에 대해 감사드립니다. 부디 코로나19를 맞아 강해집시다. 친절해집시다. 단결합시다."

아던 총리는 '생명과 생계 피해 최소화'를 코로나19 팬데믹에 대한 접근 방식의 중심에 두었다. 세계의 다른 지도자들과 달리, 그녀는 그 당시의 두려운 상황을 피하려 하지 않았고 국민들에게 헛된 희망을 심어주려 하지도 않았다. 대신 친절과 인류애를 모든 것의 중심에 두었다. 한 기자가 기분이 어떠냐고 물었을 때 그녀는 이렇게 답했다. "걱정하지 않습니다. 우리에겐 계획이 있거든요." 그녀는 이 질병이 자신의 통제 밖에 있음을 인정했고, 자신의 통제 안에

있는 걸 토대로 나아갈 길을 분명히 정했다. 그 결과 뉴질랜드는 전 세계에서 코로나19 바이러스 사망률이 가장 낮은 국가들에 속했고, 그녀는 이 리더십 덕분에 2020년 대선 테스트에서 살아남았다.[11]

아던 총리는 친절과 힘 사이에서 굳이 하나를 선택할 필요가 없다는 걸 분명히 했다. 친절은 그 자체로 강한 것이니까. 그녀는 이렇게 말했다.

"내가 정치 지도자 생활을 하면서 본 가장 슬픈 일 중 하나는, 우리가 오랜 세월 자기주장과 힘이라는 개념들에 너무 경도되어 친절과 공감 능력이라는 다른 자질들은 가질 수 없다고 생각하게 되었다는 것입니다. 그럼에도 불구하고 우리가 전 세계적으로 직면하고 있는 모든 큰 도전들에 대해 생각해보면, 어쩌면 그게 우리에게 가장 필요한 자질인지도 모릅니다. 우리는 리더들이 다른 사람의 사정에 공감할 수 있기를 바랍니다. 또 다음 세대와도 공감할 수 있길 바라죠. 만일 우리가 가장 강하고 가장 영향력 있는 사람으로 보이는 데만 집중한다면, 지금 이루려 하는 일들을 이루지 못하게 될 겁니다. 우리는 공감 능력을 가지면서 동시에 강해질 수 있습니다. 이것이 제가 공감 능력을 갖는 일에 집중하는 이유입니다."[12]

KIND

KIND

제3부

친절을 실천하기 위한 여덟 가지 원칙

제3부에서는 친절을 실천하기 위한 여덟 가지 원칙을 살펴보려 한다. 나는 몇 년간 이 주제를 가지고 각종 워크숍과 짧은 교육들을 진행해오고 있다. 그 과정에서 금융 서비스, 자선단체, 의료 그리고 엔지니어링에 이르기까지 여러 업계의 경험과 관점들을 접하며 나 역시 많은 걸 배웠다. 이 책에 실린 많은 사례와 인용문 그리고 각종 이야기들은 누구나 알 만한 기업가들로부터 나왔지만, 내가 함께 일했거나 이 책 때문에 인터뷰했던 각계각층의 사람들에게서 나온 것이 더 많다. 이 다양한 이야기들이 당신만의 길을 찾는 데 도움이 되길 바란다.

이 여덟 가지 원칙들의 순서는 친절한 사람이 되기 위한 당신의 여정에 도움이 될 수 있도록 매우 신중하게 정해졌다. 우리는 제일 먼저 '친절은 당신으로부터 시작된다'는 원칙을 살펴볼 것이다. 이 첫 번째 원칙

"당신이 누군가를 이끄는 리더라면
사람들은 당신이 누구인지를 가장 먼저 배운다.
그러므로 그들이 배울 당신의 모습이 먼저 마음에 들어야 한다."

— 피오나 도 Fiona Dawe, 코치, 퍼실리테이터, 전직 자선단체 CEO

Graham Allcott

은 상당수의 사람들이 극도로 하기 힘들어하는 행동인데, 우리는 자기 자신에게 별로 그렇게 너그럽지 못하기 때문이다. 그렇게 자신을 억제하면서 함께 일하는 사람들 혹은 자신이 이끄는 사람들과 어떻게 소통할 건지에만 더 많은 관심을 기울이기도 한다.

두 번째 원칙은 어떻게 '기대를 명확히 하고' 올바른 환경(친절한 행동을 하고 성과를 낼 수 있는 환경)을 조성하는지에 대한 것이다. 그리고 세 번째 원칙인 '주의 깊게 귀 기울여라'는 우리의 기대 및 가치가 주변 사람들의 기대 및 가치와 일치하고 또 우리가 성취하고자 노력 중인 일의 진전 상황을 확인하는 데 꼭 필요한 원칙이다.

뒤이어 나올 세 가지 원칙은 모두 인간을 중심에 두고 있다. 네 번째 원칙인 '항상 사람이 먼저, 일은 그다음이다'는 여러 해 동안 내가 늘 마음속에 주문처럼 외우고 다니는 문장이다. 사람은 소중한 자원이자 동시에 인간이며 따라서 그들의 존엄성을 인정해주고 일과 삶 사이의 적절한 균형을 잡도록 해주어야 한다는 걸 상기시켜주는 주문 말이다. 그렇게 할 때 당신은 옳은 일을 할 뿐만 아니라 팀 윤리를 세우고 그들의 충성심 또한 높일 수 있다.

다섯 번째 원칙은 '겸손하라'다. 지위가 아무리 높다 해도 우리 모두는 다른 사람들을 섬기는 일을 한다는 걸 상기시켜주는 원칙이다. 사람들로부터 최대한 많은 능력을 이끌어낸다는 말은 종종 사람들의 앞길을 가로막지 않는다는 의미이기도 하다.

인간 중심적인 세 가지 원칙 중 마지막은 '그들이 원하는 대로 그들을 대접하라'다. 우리가 진정으로 친절해지려면 사람들을 이해하고 또 그들이 어떤 행동을 하는 이유를 이해해야 하며 친절한 행동을 할 때 우리 자신이 아닌 '그들'의 상황에 맞춰야 한다는 걸 상기시켜주는 원칙이다.

지금 소개할 두 원칙이 마지막에 배치된 데는 특별한 이유가 있다. 일곱 번째 원칙인 '느긋해져라'는 우리를 기본으로 돌아가게 해준다. 사람이 종종 불친절해지는 이유는 스트레스와 빠른 속도 때문이다. 다시 풍요적 사고방식을 갖고 우리 자신과 다른 사람들을 한숨 돌리게 해준다면, 훨씬 더 쉽게 친절한 사람이 될 수 있다.

마지막 원칙인 '친절은 당신 한 명으로 끝나지 않는다'는 친절의 핵심이 무엇인지 이야기한다. 친절한 행동에서 가장 중요한 부분은 문화이며 어떻게 하면 다른 사람들이 뛰어들 '간극들'을 만들어 이 친절이 지속적인 파급 효과를 일으킬 수 있는가 하는 것이다. 친절은 당신 한 명으로 끝나지 않는다. 하지만 당신으로부터 시작해야 한다는 걸 결코 잊지 말라.

● 친절의 8원칙

1. 친절은 당신으로부터 시작된다
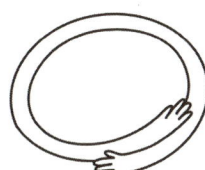

2. 기대를 명확히 하라

3. 주의 깊게 귀 기울여라

4. 항상 사람이 먼저, 일은 그다음이다

5. 겸손하라

6. '그들'이 원하는 대로 그들을 대접하라

7. 느긋해져라

8. 친절은 당신 한 명으로 끝나지 않는다

제3부 • 친절을 실천하기 위한 여덟 가지 원칙

"스스로를 돌보는 건 이기적이거나 제멋대로인 행동이 아니다. 마른 우물로는 다른 사람들의 목을 축여줄 수 없다. 우리는 먼저 우리가 필요로 하는 것들을 챙겨야 하며, 그렇게 남아도는 풍요 속에서 뭔가를 나눠줄 수 있다."

— 제니퍼 루덴Jennifer Louden, 《여성에게 위안을 주는 책》Woman's Comfort Book 저자

Graham Allcott

원칙 1   친절은 당신으로부터 시작된다

친절은 당신으로부터 시작된다. 어쩌면 당신은 이 말이 듣기 불편할 수도 있다. 그렇지 않은가? 이 원칙의 핵심 개념은 '자기 친절'self-kindness이다. 이 장에서 우리는 아주 중요한 세 가지 영역, 즉 '자기 대화'와 '자기 수용' 그리고 '자기 돌봄'을 집중적으로 다룰 것이다. 이 세 가지 용어는 온갖 부정적인 감정들을 불러일으키기도 하는데, 그 문제들은 이어질 내용에서 하나씩 반박할 예정이다. 이 원칙 밑에는 아주 단순한 다음 두 가지 생각이 깔려 있다.

- 우리가 스스로에게 친절할 때, 우리는 궁극적인 롤 모델 역할을 하고 있는 것이다. 다시 말해 우리가 이끄는 사람들과 주변 사람들에게 그들 역시 친절해져도(자기 자신과 남들에게) 괜찮다는 걸 보여

주는 것이다.
- 자기 대화와 자기 수용 그리고 자기 돌봄에 힘씀으로써 우리 자신을 훈련시켜 더 친절해질 수 있다. 또한 자기 친절은 파급 효과를 일으켜 내가 다른 사람들에게 더 친절해질 수 있도록 도와준다.

당신 한 명으로도 분위기는 언제든 바뀔 수 있다

우리는 스스로가 인식하고 있는 것보다 더 큰 영향력을 갖고 있으며, 소수의 사람들의 행동으로도 문화가 형성될 수 있다는 사실을 쉽게 간과하곤 한다. 매우 큰 조직의 일부일 때조차 우리가 환경에 미치는 힘은 스스로 생각하는 것보다 더 크다.

아주 사소한 균열이 모든 걸 불안정하게 만들 수 있다는 점을 생각해보라. 때론 스트레스에 찌든 한두 명의 리더가 스트레스와 두려움, 죄책감 그리고 유해한 행동으로 가득 찬 문화를 만들어낼 수도 있다. 언젠가 나는 한 글로벌 기업에 몸담고 있던 고위급 리더에게서 자기 상사와 관련된 다음과 같은 이야기를 들은 적이 있다.

"야근 문화가 있습니다. 지난해에 제가 몸담았던 회사는 고속 성장을 했지만 대규모 예산 삭감을 하는 등 실제로는 어려운 시기를 보내고 있었죠. 대표가 새로 부임했는데…… 그는 행복이 중요하며 직원 모두가 스스로를 잘 돌봐야 한다고 말했지만 우리는 그것이 말뿐이라는 걸 알았습니다. 회사에는 유연근무 제도도 마련되어 있었지만 그걸 쓰는 사람은 없었어요. 모두가 너무 큰 압박감을 느끼고 있었으니까요. 게다가 대표는 사생결단을 낼 듯 죽어라 일하느라 자기 자신을 잘 돌보지도 않았습니다. 나는 그가 이미 한계에 도달한 상태로 일하고 있다는 사실을 잘 압니다. 내가 끼어들어 조언을 해주어야겠다는 생각이 들 정도죠. 그야말로 스트레스와 온갖 압박감이 우리를 찍어 누르고 있습니다. 직원들 중 상당수가 탈진 상태고 고립감이 심해서 팀과 연결된다는 느낌도 없습니다."

이렇게 '자기 친절'이 없으면, 즉 스스로를 돌보지 않으면 그 행동은 우리 자신뿐만 아니라 아주 멀리까지 연쇄반응을 일으키게 된다. 스트레스를 받거나 바쁠 때는 친절해질 수 있는 기회를 보지 못하고, 당신이 친절한 사람이라는 걸 알리지 못한다. 그 결과 당신 주변에 부정적인 문화를 조성해 다른 이들에게까지 그들이 친절한 행동을 하지 못하게 만든다.

녹초가 되도록 일만 하는 건 결코 훌륭하거나 영웅적인 행동이 아니다. 나는 아직도 가끔씩 '자기 친절'이 왠지 제멋대로거나 이기적인 행동이란 생각을 할 때가 있다. 그럴 때면 자기 친절은 사랑과 배려의 행동이며 나 자신뿐 아니라 주변 사람들을 위한 행동이라는 점을 되새기곤 한다.

이제 우리가 필요로 하는 것들을 인정하고 친절을 통해 더 나은 세상이 만들어진다는 사실을 받아들여야 할 때다. 얼핏 보면 더없이 당연하고 쉬운 선택 같지만, 나와 함께 일하는 많은 사람이 그걸 제대로 해내지 못한다. 그 이유 몇 가지를 지금부터 살펴보도록 하자.

자기 친절이 그토록 힘든 이유

"우리한테 뭔가 잘못된 게 있다는 믿음을 갖고 산다는 것이 우리의 소중한 삶을 얼마나 낭비하는 일인지 깨닫기 위해 굳이 죽음의 순간까지 기다릴 필요는 없다."

— 타라 브랙Tara Brach, 《받아들임》 저자

자기 친절이 아주 합리적이고 하기 쉬운 선택으로 '보이지만', 실제로는 전혀 그렇게 '되지 않는' 이유는 무엇일까? 10여 년 전 사람들과 함께 조직 생산성에 대한 연구를 처음 시작했을 때, 나는 생산성이 주로 괜찮은 라벨 프린터들과 적절한 앱들 그리고 뛰어난 시스템들이 있느냐 없느냐의 문제라고만 생각했었다. 그러나 사람들을 코칭하면서 알게 된 사실은 생산성에 있어서 그 어떤 최신 툴이나 시스템보다 마음자세, 그러니까 우리 자신에 대해 어떻게 생각하는지 또 우리 자신과 어떤 이야기를 나누는지가 더 중요하다는 것이었다.

수년간 나는 아주 놀라운 사람들과 함께 일해왔고 또 그런 사람들을 인터뷰해왔다. 미래가 기대되는 창업주들, 높은 성과를 올린 리더와 기업가들, 믿기 힘든 에너지와 잠재력을 가진 젊은이들, 조용한 지혜와 고통스러운 경험을 가진 노인들, 올림픽 금메달리스트들, 영감을 주는 작가들, 세상을 변화시킨 공동체 리더들 등 끝도 없이 많다. 내가 기조연설을 할 때 가끔 받는 질문 중 하나는 고성과자나 흔히 말하는 'A타입 인간'(성과 중심적이고 경쟁적인 성향을 가진 사람을 지칭하는 말 — 옮긴이)들의 사고방식에 어떤 특별한 공통점이 있었는지에 대한 것이다. 나의 솔직한 답은 '인간은 모두 이상하다는 사실 외에 특별한 공통점은 없다'는 것이다.

나는 놀라운 추진력을 가진 사람들을 코칭해주기도 했다. 개중에는 20년 전 자신을 따돌린 학교 친구들보다 더 나은 사람이 되어야겠다는 욕구를 성장 동력으로 삼은 사람도 있었고, 부모에게서 받지 못한 인정을 다른 사람에게서 받고 싶다는 욕구를 동력으로 삼은 사람도 있었다. 어떤 사람은 어린 시절에 이미 자신의 롤 모델을 찾아내 엄청난 집중력과 치열한 노력으로 성공에 이르기도 했다.

성공과 돈, 일 그리고 '올바른 삶'에 대해 우리가 생각하는 모습은 다 다르다. 유일한 상수는 이런저런 이유로 우리가 모두 '이상한'weird 존재라는 것이다. 감히 추측하건대, 당신은 가끔 비합리적인 선택을 할 수도 있고 쉽게 뭔가에 매여 옴짝달싹 못할 수도 있으며 눈앞에 놓인 길을 보지 못할 수도 있다. 마찬가지로 다른 사람들이 놓칠 수도 있는 중요한 세부사항들에 매달릴 수도 있고 그냥 지나칠 수 있는 다른 누군가의 고통을 볼 수도 있다. 이렇듯 우리가 가진 이상함은 저주일 수도 있지만 어쩌면 축복이기도 하다. 그리고 내가 확실히 알고 있는 한 가지 사실은 성공적인 삶을 살려면(성공적인 삶을 어떻게 정의하든) 우리의 편견과 강박관념, 괴팍한 열정, 감정 패턴 등을 제대로 이해해야 한다는 것이다. 나아가 다른 사람들의 동기를 이해할 때 비로소 우리가 어떤 '이상함'들을 공유하고 있는지 또 어떤 점은 다른지를 알아낼 수 있다. 때로는 당신의 이상함을 최대한도로 높이는 게 좋고, 또 어떨 때는 그걸 억제하는 것이 더 나을 때도 있다.

도마뱀 뇌가 보내는 과도한 경고 신호

'도마뱀 뇌'라고도 불리는 편도체는 투쟁-도피 반응 fight or flight response (긴박한 위협 앞에서 자동적으로 나타나는 생리적 각성 상태 — 옮긴이)을 주관하는 뇌 부위로, 우리를 안전하게 지켜주는 역할을 한다. 편도체는 우리가 인도 가장자리에 서 있다가 자동차가 달려오는 걸 볼 때 큰 소리로 경고를 해주며, 어른들이 아이들을 다치지 않게 보호하려는 본능도 주관한다. 그뿐만 아니라 기본적인 본능을 따르는, 즉 배가 고프다든가 추운 상황, 아니면 너무 흥분했다든가 하는 통제가 필요한 위험한 상황들을 감지해낸다.

문제는 우리의 뇌는 원시 시대에 그대로 멈춰 있는 데 반해 이 세상은 더 이상 치명적인 위험이 도사리는 곳이 아니라는 점이다. 다시 말해 편도체는 '실제로 치명적인 위험'과 '단순히 그렇게 보이는 위험'을 구분하는 것에 서툴다. 그래서 같은 종족으로부터 조롱당하고 배척당하는 일, 평가받고 좌천되는 일, 금전적 손실을 입는 일 등을 편도체는 생존과 연결시켜 과도하게 예의주시한다. 우리는 도마뱀 뇌가 논리적 기능을 하는 부위가 아님을 잘 알지만, 가끔은 그것이 만들어내는 최악의 시나리오(실현되지 않을 게 거의 확실한)에서 벗어나지 못한 채 공포에 사로잡히곤 한다.

따라서 우리 자신의 도마뱀 뇌를 이해하고 그걸 진정시키는 방법을 안다면 훨씬 더 친절한 자기 대화를 할 수 있을 것이다. 또한 다른 모든 사람의 머릿속에도 나처럼 기이한 도마뱀 뇌가 있어 가끔 말도 안 되는 소리를 질러댄다는 사실을 이해한다면, 생산성과 혁신에 필요한 심리적 안정감과 안도감을 갖는 데 도움이 된다.

친절한 행동을 방해하는 두려움과 죄책감

우리가 자신을 돌보기 위해 시간을 내고 친절한 행동에 나서지 못하게 방해하는 아주 비합리적인 도마뱀 뇌 본능의 몇 가지 사례를 꼽자면 다음과 같다.

두려움과 관련된 생각
- '나는 어리석은 사람처럼 보일 거야.'
- '나는 신뢰할 수 없는 사람처럼 보일 거야.'
- '나는 내 팀을 실망시킬 수 없어.'
- '우리는 목표를 달성해야 해.'
- '이 일자리를 잃으면 절대 다른 일자리를 찾지 못할 거야.'

죄책감과 관련된 생각
- '나는 그들만큼 열심히 일하고 있지 않아.'
- '하지만 나는 모든 면에서 너무 뒤처졌어.'
- '나는 많은 돈을 받고 있어. 그만한 일을 해야 해.'
- '나는 이 기회를 낭비하고 있어.'
- '나는 상사/고객/팀/내 자신을 실망시키고 있어.'

'결핍 내러티브'는 어떻게 삶을 변화시키는가

앞서도 언급했듯 오늘날 우리는 세상 모든 일을 정장에 넥타이를 매고 벌이는 일종의《헝거 게임》(식량이 부족한 미래의 한 독재 국가에서 매년 24명의 남녀 청소년을 뽑아 식량을 상품으로 내걸고 마지막 한 명이 남을 때까지 서로 죽고 죽이는 서바이벌 게임을 하게 만든다는 디스토피아 소설 — 옮긴이)으로 보라는 교육을 받고 있다. 내가 이기면 당신은 패해야 한다. 내가 부유해지면 당신은 가난해져야 한다. 모든 게 서로 먹고 먹히는 싸움이므로 성공하려면 악당이 되어야 한다. 물론 이건 그냥 이야기일 뿐이다. 만일 다른 이야기가 있다면 어떨까? 우리가 실은 필요로 하는 모든 걸 갖고 있다면 어떨까?

돈과 자원에 대해 우리가 가지고 있는 많은 이야기는 대부분 어린 시절에 형성된다. 그래서 경제학자 피터 쾨니히Peter König는 자신의 연구를 통해 돈과 우리의 관계에 대해 자문해봐야 한다고 말하기도 했다. 운 좋게도 나는 찰스 데이비스Charles Davies와 톰 닉슨Tom Nixon 같이 뛰어난 코치들과 함께 돈과 관련된 중요한 대화를 몇 번 나눈 적이 있다. 두 사람은 연구를 통해 사람들이 흔히 갖는 돈에 대한 내러티브를 밝혀냈다.

    돈은······ (안전)이다.
        권력
        자유
        추함/악
        성공

물론 이것들 중 그 어느 것도 사실이 아니다. 이것들은 그저 우리가 성장하면서 들은 여러 버전의 '이야기'일 뿐이다.

돈에 대한 나의 어린 시절의 기억은 고통이라는 한 단어로 요약할 수 있다. 그 당시 우리 집은 아버지가 직장을 잃어 집까지 잃을지 모른다는 걱정을 해야 할 정도로 돈이 없었다. 당연히 나는 무상급식 대상자였다. 하지만 나는 친구들에게 그 사실을 숨기기 위해 매일 거짓말을 해야 했다. 매년 축구화를 사야 할 때도 고통스러웠다. 나이키 제품을 살 형편이 되지 않아 늘 몇 주만에 다 해져버리는 저가의 축구화로 만족해야 했기 때문이다.

이 같은 어린 시절의 기억들 덕분에, 그리고 심지어 나 자신도 알지 못하는 새에, 나는 강력한 '결핍 및 안전' 내러티브를 만들어내게 되었다. 그리고 그 내러티브에 따라 나는 늘 죽어라 일을 했다. 어린 시절 형성된 편견들이 실제로 내 추진력과 동기의 중요한 일부가 된 것이다. 시간이 흐르면서 나는 그 편견들을 떨쳐내는 게 쉽지 않다는 사실을 알게 됐다.

기본적으로 안전하기 위해(또는 자유롭거나 성공하기 위해) 더 많은 돈이 필요하다는 믿음이 형성된 경우, 그 믿음은 변하지 않는 진리가 된다. 그래서 실제로 많은 돈을 벌어 금전적으로 안전하다고 느끼는 상태가 되어도 내 뇌는 골대를 뒤로 옮겨 나의 '결핍 및 안전' 내러티브를 그대로 유지시킨다. 그 결과 그것이 계속 진리처럼 느껴지게 되는 것이다. 그러나 중요한 건 내 마음속에서 멋대로 옮겨 다니는 골대 안에 공을 넣는 게 아니다. 골대 안에 공을 넣지 않고도 안전하다고 느끼는 법을 배우는 것이다.

모든 불행은 비교에서 시작된다

철학자 알랭 드 보통은 자신의 책 《불안》에서 질투, 후회, 동경 그리고 끊임없는 불만족 등 비교와 관련된 복잡한 감정들에 대해 이야기한다.[1] 우리는 우리와 가장 비슷한 사람들과 자신을 비교하는 경향이 있다. 알랭 드 보통에 따르면, 그 누구도 왕족을 질투하진 않는다. 그들은 '이상할 만큼 너무나도 다른' 사람들이기 때문이다. 그러나 함께 학교를 다니고 옆집에 사는 사람들과는 끊임없이 비교를 한다. 사회적 지위를 상징하는 유·무형의 것들을 끌어 모으려는 욕망과 다른 사람들이 그렇게 하는 걸 봤을 때 느끼는 질투는 우리의 경쟁심에 불을 지핀다. 오죽하면 〈우리는 친구들이 성공하는 걸 싫어하지〉We Hate It When Our Friends Become Successful라는 노래까지 있을까. 우리가 친구들을 질투하는 이유는 그들이 경쟁 상대라는 생각과 그들의 성공은 곧 우리 자신의 실패 또는 부족함을 뜻한다고 생각하기 때문이다.

돈의 경우도 그렇지만, 운이 좋아 어떤 조직에서 지위가 올라가거나 성공적인 경력을 쌓을 때도 마찬가지다. 우리는 계속 비교 대상을 바꾸면서 성공의 기준을 점점 더 높이고 그렇게 끝끝내 결승선에 도달하지 못하게 된다. 그러므로 '자기 돌봄'을 중시하려면 이렇게 제멋대로 이동하는 표적 같은 생각부터 버려야 한다. '어떻게 되면(어떤 지위에 오르고 어떤 물건을 사고 얼마의 돈을 벌고 등) 성공했다고 느낄 것'이라는 생각 말이다. 그리고 겉으론 그럴싸해 보이지만 실은 별것 아닌 것들을 가졌든 갖지 못했든 '성공했다고 스스로 느끼는 법'을 배워야 한다.

우리의 도마뱀 뇌가 패닉 모드 속에서 너무 많은 시간을 보내고 있고, 미디어에 결핍적 사고방식을 강화하는 메시지들이 쏟아져 나오는 상황에서 풍요적 사고방식을 유지하기란 정말로 어렵다(여기서 풍요롭다는 것을 복권 당첨이나 막대한 부를 손에 넣는 것으로 혼동해선 안 된다. 억만장자들에 대한 한 연구에 따르면 그들이 말하는 '충분하다'의 수준은 그들이 더 부유해지면서 계속 변했는데, 어떤 수준에서든 현재 갖고 있는 부의 두세 배 정도 수준이었다).[2] 그런 이유로 풍요라는 개념을 늘 손이 닿지 않는 곳에서 움직이는 어떤 목표에 고정시키지 않는 것이 가장 중요하다. 자신의 '현재 상황' 자체를 풍요로운 상황으로 봐야 하는 것이다.

> **자기 친절을 위한 연습: 풍요적 사고방식**
>
> 현재 하고 있는 일을 멈춰라. 잠시 아래의 두 문장을 곱씹어보라. 그리고 두 문장을 손으로 적어보라. 큰 소리로 읽어도 보라. 몸 안에서 어떻게 느껴지는지 또 두 문장을 말로 내뱉을 때 어떤 느낌이 드는지 살펴보라.
>
> - 나는 충분하다.
> - 나는 충분히 가지고 있다.

자기 비판과 자기 의심 극복하기

우리는 종종 가장 혹독한 자기 비판자이기도 하다. 우리는 다른 사람들 역시 고군분투 중이라는 사실을 잊는다. 그러면서 엉망진창인 우리의 내면과 멋져 보이는 다른 사람들의 외면을 비교한다. 부정적인 자기 대화는 대개 뇌의 논리적인 부위들에서 나오지 않지만 왠지 논리적인 것처럼 느껴진다. 임상 심리학자 닉 위그낼Nick Wignall에 따르면 우리가 주의 깊게 살펴야 할 10가지 '인지 왜곡'이 존재하며, 그 왜곡들 때문에 우리의 자존감이 낮아지고 불안감이 생겨난다고 한다.³ 그 10가지 인지 왜곡은 다음과 같다.

- **마음을 읽는 능력:** 사실상 아무 증거도 없이 누군가의 마음을 읽을 수 있다고 추정하는 것('난 그들을 당황하게 만들었어', '그들은 지금 아주 지루해 보여')
- **과잉 일반화:** 존재하지도 않는 부정적 패턴들을 멋대로 만들어내거나 어떤 상황을 과장하는 것('나한테는 '항상' 이런 일이 일어나', '나는 '절대' 일을 해내지 못할 거야')
- **확대:** 한 가지 결함을 찾아내 확대 해석하는 것('내가 그의 이름을 잊어버려서 그는 지금 내가 자기를 미워한다고 생각할 거야')
- **최소화:** 자신의 업적이나 장점들을 무시하는 것('내가 이걸 잘하는 이유는 이게 별로 어렵지 않은 일이기 때문이야')
- **감정적 추론:** 중요도보다는 감정에 따라 결정을 내리는 것('오늘은 책 집필 작업을 하고 싶지 않아')
- **흑백 논리:** 매사를 양극단의 범주에서 생각하는 것('난 아주 큰 실패를 맛봤는데, 그들은 아주 큰 성공을 거둔 거 같아')
- **개인화:** 통제권 밖에 있는 문제들에 대해 본래 져야 하는 것보다 더 큰 책임을 지는 것('그들이 일을 망쳤어. 내가 그들을 올바로 코치해 줬더라면 안 그랬을 텐데')

- **점치기**: 느낌으로 미래를 예측하는 것('그들이 우리의 제안을 마음에 들어하지 않을 거 같아')
- **꼬리표 붙이기**: 한 가지 일로 만고불변의 진리를 만드는 것(프레젠테이션을 한 차례 잘못한 뒤 '난 프레젠테이션을 정말 못하는 사람이야'라고 생각하는 것)
- **'~해야 한다'는 생각**: 부정적인 생각이나 죄책감에 사로잡혀 스스로 동기부여를 하려 애쓰는 것('이번에 정말 승진하고 싶다면 더 열심히 일해야 해', '그렇게 부주의해서는 안 돼')

자기 친절을 위한 연습: 자기 대화와 자기 수용

먼저 펜과 종이를 준비한 뒤 당신이 생각하는 당신의 가장 안 좋은 점들을 적어보라. 그런 뒤 잠시 시간을 가져라. 바로 마음속에 떠오르는 생각들을 적고, 적어놓은 걸 훑어보라. 그리고 잠시 지난주에 부정적인 자기 대화가 한창 오갔을 때를 생각해보라. 그 순간 어떤 말들을 했었는가? 그 말들을 모두 적어보라.

이제 종이에 적은 내용들을 죽 훑어보고 다음 질문들에 대해 생각해보라.

- 그게 사실이라는 증거가 있는가?
- 위에서 말한 10가지 '인지 왜곡'에 해당되는 내용이 있는가?
- 당신이 적은 내용과 정반대되는 내용이 사실이라고 말할 수 있는가? 그 주장을 뒷받침할 증거를 생각해낼 수 있는가?

이제 부정적인 자기 대화와 긍정적인 자기 대화 간의 무너진 균형을 바로잡을 시간이다. 다음의 문장들 중 몇 개를 선택해 원하는 만큼 여러 차례 적어보

라. 그리고 큰 소리로 읽어보라. 해당 문장들이 옳다고 느껴질 때까지 계속 적거나 큰 소리로 읽어라.

나는 숙련된 사람이다.

나는 _____에 능하다.

나는 사랑받고 있다.

나는 _____가 나를 아주 사랑한다는 걸 안다.

나는 잘하고 있다.

나는 _____을 성취한 것을 감사하게 생각한다.

나는 충분하다.

나는 필요한 모든 걸 가졌다.

나는 성공한 사람이다.

나는 _____이 자랑스럽다.

감사하게 생각해야 할 일은 아주 많다.

자기 돌봄은 이기적인 일이 아니다

부정적인 자기 대화를 긍정적인 자기 대화로 전환하면 우리는 마음을 열어 보다 친절해지고 나아가 주변의 모든 상황에서 친절해질 수 있는 기회를 찾아낸다. 또한 '자기 돌봄'을 우선시하는 모습을 보여줌으로써 타인에게 모범을 보일 수 있게 된다. 우리는 종종 자기 돌봄을, 그러니까 자신의 행복을 위해 뭔가를 하는 것을 이기적인 일로 생각하곤 한다.

그러나 바람직한 정신 건강과 바람직한 일과 삶의 균형 그리고 친절한 행동에 필요한 풍요로운 감정과 공감 능력을 유지하려면 자기 돌봄은 무조건적으로 필요한 일이다.

그렇다면 우리는 왜 자기 돌봄을 우선시하지 못하는 것일까? 그 이유 중 하나는 스스로 너무 바쁘다고 생각하기 때문이다. 우리는 흔히 이런 생각을 한다.

나는 ~할 때 나한테 휴식을 줄 거야……
- 이번 마감 기한을 제대로 맞출 때
- 우리가 구조조정을 끝냈을 때
- 새해가 됐을 때
- 모든 게 진정되는 2주 후에

행복과 평온한 상태는 항상 2주 뒤에 찾아온다는 걸 눈치 챘는가? 이것이 바로 '바쁨 오류'다. 한창 바쁠 때에는, 특히 몸에서 아드레날린이 분출되고 중요하다고 느껴지는 뭔가를 아주 열심히 할 때는 잠시 한 발 물러나 자신에게 쉬는 시간을 주며 재충전하는 게 불가능하게 느껴진다. 그러나 바로 그때야말로 약간의 자기 친절이 필요한 때다.

'바쁘다'는 건 당신의 업무량과는 사실 거의 아무 관계가 없다. 그것은 순전히 마음 상태이기 때문이다. 다시 한번 강조하지만, 자기 돌봄에 필요한 시간과 공간을 만들려면 그것을 방해하는 우리 마음속 내러티브를 바꿔야만 한다. 만약 지금 마음 상태가 충분한 시간이 없다고 느끼는 상태라면 약간의 여유를 가질 필요가 있다. '노$_{No}$'라고 말하는 법을 연습하기 시작해야 할 때인 것이다.

> **자기 친절을 위한 연습: '노'라고 말하기**

자기 친절은 우리 삶 속에서 마법처럼 짠하고 나타나지 않는다. 스스로 자기 친절을 위한 공간을 노력하여 만들어야 한다. 그리고 그런 공간을 만든다는 건 원하지 않는 일에 '노'라고 말한다는 의미다. CD 베이비CD Baby(온라인상에서 독립 음악 배급을 하는 기업―옮긴이)의 창업자 데릭 시버스는 이와 관련해 다음과 같이 멋진 마음속 주문을 갖고 있다. '겁나 좋아! 아니면 노!' 우리는 평상시보다 훨씬 더 많이 '노'라고 말하는 연습을 해야 한다. '노'라고 말해야 하는 상황의 예를 몇 가지 소개하자면 다음과 같다.

- 당신이 참석할 필요가 없는 회의들
- 다른 누군가가 할 수 있는 일을 대신 해달라는 요청
- 별 관심도 없는 사교 행사들
- 당신 스스로 만들어낸 불필요한 압박감들과 기대들
- 할 일 목록에 써놓았지만 사실 할 필요가 없거나 급하지 않은 일들
- 가족이나 친구들의 요청(당신을 위한 시간이 필요한 상황이라면 '노'라고 말할 수 있어야 한다)
- 기쁨이 따르지 않는 일들

자신에게 더 친절해져야 한다는 다섯 가지 신호들

바쁠 때 우리는 종종 자기 돌봄에 소홀해진다. 추측건대, 당신이 지난

몇 주 동안 우선시해온 일들 중 거기에 자기 돌봄이 들어가지는 않았을 것이다. 내 추측이 맞다면 지금 스스로에게 충분히 친절을 베풀고 있지 않다는 걸 알려주는 다음과 같은 몇 가지 경고 신호들을 주의 깊게 살펴봐야 한다.

- 다른 누군가를 위해 마지막으로 친절한 일을 한 게 언제였나? 어제였나? 아무리 생각해도 기억나지 않는다면, 자신에게 친절하지 못해 다른 사람들에게도 친절하지 못했다는 신호다.
- 마음속으로 늘 '언젠가 시간 많고 평온하고 여유도 많은 때가 오면······' 같은 말을 하지 않는가? 그런 때는 절대 오지 않는다. 지금 당신 자신에게 친절을 베풀어라.
- 수시로 피로감이나 스트레스 또는 무력감을 느끼는가? 당신에게 필요한 휴식 시간을 주도록 하라.
- 다른 사람들에게 화를 내는 자신을 발견하곤 하는가?
- 사소한 일들이 큰일처럼 느껴지곤 하는가(스트레스를 주는 이메일들에 평소보다 더 짜증이 난다거나 온라인 구매를 하면서 혼란스러워한다거나 차가 막힐 때 씩씩대며 화를 낸다거나 하는 등)?

우리가 친절을 편하게 받아들이든 그렇지 않든, 친절은 우리로부터 시작된다. 우리가 먼저 스스로에게 친절할 때, 그러니까 자기 대화를 긍정적인 대화로 바꾸고 시간을 내 스스로를 돌볼 때, 우리는 자신뿐 아니라 세상을 상대로 더 친절해질 수 있고 더 풍요로워질 수 있다.

뒤이어 나올 챌린지는 '무작위 자기 친절 행동'이다. 지금까지 하지 않았던 방식이어서 어쩌면 이 챌린지를 하는 데 불편함을 느낄 수도 있다. 그러나 두려워하지 말고 이 일에 도전해볼 것을 권한다. 약속하건대, 이 도전은 절대 이기적인 일이 아니다. 이 연습을 하고 나면 무엇을 배울 수 있는지 깨닫고 놀라게 될 것이다.

생각해봐야 할 질문들

- 스스로에게 하는, 도움이 되지 않는 이야기들은 무엇인가? 어떻게 그것들을 도움이 되는 이야기로 바꿀 수 있을까?
- 자기 친절의 측면에서 어떻게 다른 사람들에게 더 나은 롤 모델이 될 수 있을까?
- 자기 친절을 연습하기 위해 어떤 활동들을 할 수 있을까? 그리고 그 이상적인 목표에 어떻게 매달 더 가까이 다가갈 수 있을까?

친절 챌린지 3: 나에게 친절할 것

이번 주의 챌린지는 보기엔 쉬워 보이지만 실제로는 그 반대일 것이다. 당신이 해야 할 일은 자기 친절이라는 목표 외 다른 그 어떤 목표도 없이 오직 당신 자신만을 위한 시간(절대 놓쳐선 안 된다고 생각하는 시간)을 갖는 것이다. 이 도전이 어떻게 느껴질지는 오로지 당신에게 달렸다. 매일 바쁜 일정을 보내고 있다면, 다음의 아이디어들에서 영감을 얻기 바란다.

- 일정표를 살펴보고 일정들을 재조정하라. 중요하지 않은 회의들을 취소하고 아무 일도 없는 빈 공간을 만들어라.
- 이번 주에 달성한 '완료한 일들'의 목록을 죽 적어보라. 내가 운영하는 회사 싱크 프로덕티브에서는 이를 '타-다 리스트'$_{\text{ta-da list}}$(해야 할 일 리

스트인 'to-do list'와는 반대로 이미 한 일 리스트를 뜻하는 말—옮긴이)라 부른다. 시간을 조금 내 당신 스스로를 인정해주어라.

- 수면을 최우선으로 생각하라. 중요하지 않은 계획들을 취소하고 터무니없을 만큼 일찍 잠자리에 들거나 점심 때까지 침대에 머물러라.
- 몇 달 후로 여행 계획을 잡고 필요한 표들을 예약해 학수고대할 뭔가를 만들어라.
- 산책을 가라. 결코 잘못된 일이 되지 않을 것이다.
- 케이크를 먹어라.
- 즐거움을 안겨주는 가치 있는 일들을 적어보라. 그런 다음 당신의 입출금 내역을 살펴보라. 아주 좋아하는데 아직 입출금 내역에 오르지 않은 일들을 찾아내고, 당신이 즐기는 일들에 돈을 쓸 계획을 세워라.
- 한 시간을 아무것도(스마트폰 사용 및 그 어떤 것도) 하지 말고 보내라.
- 시내에서 평소 즐겨 찾는 곳은 어디인가? 당장 모든 일을 중단하고 그곳을 찾아가라.
- 한동안 연락하지 않은 사람들을 찾아 연락해라.

친절 영웅 스토리

"자신에게 아주 멋진 말을 할 수 있을 때
타인에게도 친절해질 수 있습니다."

데니즈 너스, 블랙 파운더즈 허브 공동 창업자

데니즈 너스는 여러 분야에서 특별한 성취를 이룬 사람으로, 변호사 겸 TV 진행자 겸 기업가이다. 그녀는 기업법 분야에서 일했으며, 2007년 친구와 함께 설립한 법률 컨설팅 회사 헤일버리Halebury를 2020년에 성공적으로 매각한 바 있다. 또한 비스카이비BSkyB(영국 방송사로 British Sky Broadcasting의 줄임말—옮긴이)에서 변호사로 일하다가 그 채널에서 올린 사내 경쟁 광고를 보고 응모해 TV 일기예보 진행자가 되었으며, 이후 BBC의 TV 프로그램인 〈시골로 탈출하기〉Escape to the Country와 소비자 고발 프로그램인 〈워치독〉Watchdog의 진행자가 되었다. 그녀는 현재 전문 서비스 기업을 경영하는 흑인들을 지원해주고 그들이 사업을 키울 수 있게 돕는 피어투피어 네트워크peer-to-peer network(중앙 서버를 거치지 않고 직접 연결되는 네트워크—옮긴이)인 블랙 파운더즈 허브를 설립해 활동 중이다.

너스는 분명 포부도 크고 추진력도 좋지만 그녀가 대표적인 친절 사례 연구 대상이 된 이유는 뛰어난 자기 인식의 소유자이기 때문이다. 다음은 그녀의 말이다.

"나는 모든 관리 중에서 뇌에 대한 관리가 내가 해야 하고 또 배워야 할 가장 중요한 관리라고 말하고 싶습니다. 아주 일찍부터 나는 여러 코치들과 함께 일했고 또 각종 네트워크에서 활동해왔어요. 그래서 따로 시간을 내서 내가 하고 있는 일의 큰 그림에 집중하되 세세한 것들에 너무 얽매이지 않으려 했습니다. 원래 세세한 것들은 계속 끼어드는 법이니까요. 세세한 것들은 늘 나오고 또 나옵니다. 그래서 반드시 시간을 내 이런 점들을 생각해봐야 합니다. '나는 지금 무엇을 하고 있는가?' '나는 지금 왜 이걸 하고 있는가?' '더 큰 전략은 무엇인가?' '그걸 더 효과적으로 하기 위해서는 내 생각을 어떻게 바라봐야 할까?' 이것이 내가 늘 하는 뇌 관리 연습법입니다."

너스는 '자기 자신으로부터 시작되는 친절'을 대표하는 사람이다. 그녀는 좋은 모범이 되고 있다. 자기 자신에게 올바른 질문들을 던지고 자기 대화를 제대로 인식하며 다른 사람들 또한 그렇게 할 수 있게 도와주는 모범 말이다. 그녀의 말을 들어보자.

"자기 자신에게 친절해지는 법을 연습한 위대한 리더들에게는 다른 사람들에게도 친절해질 수 있는 능력이 있습니다. 만일 당신이 자신을 혹사시킨다면, 자신에게 아주 멋진 말들을 하지 않는다면, 자기 자신이 가장 큰 적이라면, 다른 사람들에게 친절을 베풀기 어렵습니다. 그렇게 할 수 있는 리더들이야말로 진정한 친절을 보여주는 사람들입니다. 그리고 친절의 핵심은 귀 기울여 듣는 것입니다. 진정으로 친절한 사람은 어떤 말이든 다른 사람들의 말에 귀 기울입니다. 그러려면 용기가 필요하지만 친절한 사람은 그렇게 행동하지요. 다른 누군가의 관점도 고려해야 하는데, 그러려면 설사 그 관점이 불편하고 마음에 들지 않는다 해도 면밀히 검토해봐야 합니다. 또한 스스로의 마음과 생각들도 제대로 알아야 합니다. 당신의 생각들을 면밀히 살펴보고 그런 다음 그게 당신의 조직에 어떤 의미가 있을지 알아내야 합니다."

너스는 그간 눈부신 경력을 쌓아왔으며 자기 인식 능력도 뛰어납니다. 시간을 내 모든 걸 잠시 멈추고 한 발 물러나 자기 자신에게 친절해지지 않으면 탈진 상태에 이를 위험이 있다는 걸 잘 안다. 우리는 자신의 한계를 잘 알 때 비로소 지속 가능한 성과를 낼 수 있다. 결국 우리는 우리 자신을 잘 돌봐야 한다. 그게 바로 친절이 당신으로부터 시작되는 이유다.

KIND

"명확한 건 친절하고,
불명확한 건 불친절하다."

— 브레네 브라운Brené Brown, 《리더의 용기》 저자

Graham Allcott

기대를 명확히 하라

기대를 명확히 하는 것은 '친절한' 조직 문화와 '좋은' 조직 문화를 결정 짓는 중요한 차이다. 개인 또는 조직이 정해진 목표를 달성하지 못하는 경우는 늘 있기 마련인데, 그럴 때 무엇이 부족한지에 대한 이해나 해결 방법에 대한 공감대가 있어야만 사람들은 그걸 친절한 마음으로 받아들인다.

위대한 리더들은 뭐든 명확하게 한다. 그들은 각종 한계와 기대를 명확히 설정하며 그걸 자기 팀원들에게 일관되게 설명한다. 명확함은 심리적 안정감을 불러오기 때문에 그 자체로 친절한 행동이라 할 수 있다. 사람은 자신이 하는 일에 대해 명확하게 알고 편안함을 느끼면, 자신을 더 잘 표현하게 되고 성과를 높이기 위한 논의에 더 열심히 참여하게 된다. 동료들과 함께 일하거나 상사들과 바람직한 관계를 맺는 일도 이와 마찬가지다. 상황을 명확히 정의할수록 사람들은 더 편안함을 느낀다.

이번 장에서는 이른바 '기대의 틀'Framework of Expectation, 즉 기대 수준을 정하고 상황을 조성하는 '세 가지 V'에 대해 살펴보려 한다. 그런 다음 명확성을 높이는 연습을 통해 그 기대를 보다 인간적이고 현실적이며 구체적으로 만드는 방법에 대해서도 살펴볼 것이다.

기대의 틀을 명확히 세워라

전략을 세우는 리더나 자신의 일을 명확하게 하고 싶은 사람이라면 업무를 하는 데 있어 가장 중요한 다음 세 가지에 집중해야 한다. 그것이 '왜' 우리의 목표인지(why), 일을 '어떻게' 진행할 것인지(how) 그리고 '무엇으로' 성공을 측정할 것인지(what)다. 아무리 복잡한 사업 전략이라도 그 아래에는 항상 이 세 가지 요소가 포함되어 있어야 한다. 나는 이를 '기대의 틀'이라 부르는데, 다음과 같이 세 가지 V로 정리하면 기억하기가 쉽다.

- **비전**Vision: 우리가 함께 성취하려 하는 거대한 일
- **가치들**Values: 그 일을 이루기 위해 어떻게 서로 함께할 것인지에 대한 질문(건강한 조직 문화를 위한 태도와 기준)
- **가치**Value: 개인의 역할이 무엇이고 어떤 결과를 내야 하는지에 대한 명확한 답(팀의 가치를 측정할 성과 혹은 기여의 기준)

비전: 위대한 비전은 북극성과 같다

"왜 이렇게 늦게까지 일하세요?" 1962년 존 F. 케네디 미국 대통령이 나사NASA 우주 센터 방문 중에 한 청소부에게 물었다. "네, 대통령님, 저는 인간을 달에 보내는 데 일조하고 있는 중입니다." 청소부의 답이었다. 이 유명한 이야기에서 우리는 목적의식을 갖고 일할 때 갖게 되는 힘을 잘 볼 수 있다.

목적은 커다란 동기부여 요소이며 최고의 기업들이 만드는 제품에서 빛나는 그 무엇이기도 하다. 사이먼 사이넥Simon Sinek은 자신의 TED 강연 '왜로 시작하라'Start with Why에서 "소비자들은 당신이 만드는 제품을 사는 게 아니라 그걸 만드는 이유를 산다."라고 말했다. 당신이 거대 기업에서 일하든 스타트업이나 정부 기관에서 일하든 아니면 자기 사업을 하든, 당신이 하는 일에 대한 위대한 비전은 당신이 가진 가장 큰 자산 중 하나다.

조직 입장에서 위대한 비전은 북극성과 같다. 아마존의 비전은 '고객이 온라인에서 사고 싶어 할 만한 뭔가를 찾거나 발견할 수 있는 지구상에서 가장 고객 중심적인 기업이 되는 것'이다. 옥스팜Oxfam(국제적인 구호 활동 단체—옮긴이)의 비전은 '가난 없는 세상을 만드는 것'이며, 테슬라의 비전은 '지속 가능한 에너지 세상으로의 변화를 가속화시키는 것'이다. 또한 나이키의 비전은 오랫동안 '아디다스 타도'였다. 당신이 회의에서 진퇴양난에 빠졌거나 어떤 프로젝트들을 우선시해야 하는지 확신할 수 없을 때, 이 간단한 비전들을 떠올림으로써 올바른 결정을 내릴 수 있다.

가치들: 분명한 방향을 알려주는 나침반

비전이 우리에게 조직의 '이유' 또는 '왜'를 제공한다면, 가치들은 '방법' 또는 '어떻게'를 제공해준다.

예를 들어 당신 회사의 비전이 해당 분야에서 최고가 되는 것이라고 해보자. 어떤 결정을 내릴 때 그게 유일한 고려 사항일까? 조직의 일원인 당신에겐 회사가 위대한 챔피언이면서 동시에 정정당당한 챔피언으로 알려지는 것 또한 중요하다. 그렇지 않은가? 만약 목표 달성에 방해가 되는 윤리적 고려 사항들이나 행동들이 있다면 더욱 그렇다.

또한 가치들은 한 조직의 개성과 문화를 결정한다. 구글의 기업 가치는 '우리가 진리로 알고 있는 10가지'라 불리는 문서 안에 망라되어 있다. '한 가지를 제대로, 아주 잘하는 게 최고다', '악한 짓을 하지 않고도 돈을 벌 수 있다' 등이 그 10가지 가치들에 속한다. 이 주문들은 모두 구글의 조직 구축 경험에서 나온 것들로, 미래의 직원들이 이미 구축된 조직 문화를 익혀 전임자들과 비슷하게 일할 수 있게 해준다. 구글은 그 10가지 가치를 통해 자신들이 왜 다른 기업들과 다르며 또 성공한 기업이 됐는지를 자신 있게 밝히고 있다.

우리는 또 가치들을 활용해 올바른 행동 유형을 강화할 수 있다. 조너선 오스틴Jonathan Austin은 어떤 기업이 가장 일하기 좋은 기업이 될 만한 관행과 문화를 갖고 있는지를 벤치마킹하는 단체인 베스트 컴퍼니즈Best Companies의 창업자이자 CEO다. 그는 내게 이런 말을 했다. "브랜드 가치를 가진 기업은 많지만 동료들에게 자신이 바라는 행동을 말하는 기업은 많지 않습니다. 엔론Enron(회계 부정 사건으로 파산된 미국 에너지

기업 — 옮긴이)의 가치들은 '존경, 진실성, 소통 그리고 뛰어남'이었습니다. 엔론은 그 가치들을 왜곡 해석했죠. 그러나 만일 어떤 조직이 추구하는 또는 절대 추구하지 않는 행동을 명확히 밝힌다면, 사람들은 그 조직에 들어가기에 앞서 미리 그 조직에 대해 바라는 '기대의 틀' 같은 걸 가질 수 있게 됩니다."

따라서 비전이 북극성이라면, 가치들은 나침반이다. 우리는 가치들을 통해 우리가 누구인지 또 우리가 어떠해야 하는지에 대한 보다 분명한 방향 감각을 가지고 문제들을 헤쳐나갈 수 있다.

가치: 각자의 역할을 정하고 합의하는 일

앞서 살펴본 비전과 가치들이라는 두 가지 요소는 주로 그것이 가진 감정적 흡입력 덕분에 우리 기억에 남게 된다. 우리가 임무를 완수했다는 것을 또는 가치들에 맞게 행동하고 있다는 것을 어떻게 알까? 그냥 느낌으로 안다. 그러나 '기대의 틀'의 마지막 요소인 '가치'는 엄밀하고 확실한 사실에 기반을 둔다. 당신은 어떤 가치를 더하길 기대하는가? 목표는 무엇인가? 핵심 성과 지표들KPIs은 무엇인가? 리더가 해야 하는 일은 비전을 향해 나아가는 과정에서 사람들 각자가 맡게 될 역할을 정하고 타협하고 합의하는 것이다. 예를 들어 나사의 청소부에게는 매일의 청소 스케줄이 주어지게 될 것이다. 판매사원에게 매 분기마다 달성해야 할 목표가 주어지듯 말이다. 우리가 CEO든 청소부든 임무 달성 과정에서 각자 맡게 될 역할을 잘 알아야 모든 게 명료해지고 팀워크도 더 좋아진다.

위대한 조직에서는 가치들과 가치가 잘 구현된다. 그 조직들에서는 결과에 집중하며 일을 추진하는 것뿐 아니라 일을 올바르게 하는 것도 중시된다. 어떤 기업 조직이든 가장 분명한 가치는 '이익'이지만(이는 자선 단체와 공공 부문에도 해당된다) 조직 및 임무 형태에 따라 성과를 규정짓는 방식은 아주 다양하다. 그중 몇 가지를 소개하자면 다음과 같다.

- 도움을 받는 사람들의 수
- 달성된 프로젝트들의 수
- 고객들에게 청구된 시간
- 고객/의뢰인/청중을 위해 만들어진 변화들
- 시장점유율이나 고객 유치 측면에서의 성장
- 시행된 판매 관련 조사 회수

기업가 번 하니쉬Verne Harnish는 자신의 책 《록펠러 가의 습관들 마스터하기》Mastering the Rockefeller Habits에서 고속 성장하는 기업들을 차별화시켜주는 중요한 특징들에 대해 설명하면서, 그것들이 소수의 중요한 지표들에 지대한 영향력을 행사한다고 말했다.[1] 당신 조직에 가장 중요한 일들에 매일 몰두하면 집중력이 유지되면서 좋은 성과를 올리게 된다. 그 과정에서 불편한 대화를 해야 할 수도 있고 일부 역할들은 단순한 숫자로 규정짓기가 아주 어려울 수도 있지만, 그 자체로 중요한 훈련이 되는 것이다. 각 팀원이 지켜주기 바라는 가치를 규정짓고 평가하다 보면, 고매한 계획들과 불분명하고 골치 아픈 현실 사이에 종종 존재하는 간극을 메우는 것도 가능해진다.

당신의 철학을 타인과 공유하는 법

비전과 가치들 그리고 가치라는 세 가지 V는 성공에 꼭 필요한 요소이지만 제대로 이행되지 못하는 경우가 많다. 그 이유는 간단하다. 세 가지 V 개념이 수십 년 전에 만들어진 데다가, 조직의 현실 또한 계속해서 변화하기 때문이다. 세 가지 V는 정해질 때마다 그 수명이 한시적이고 우리가 사는 세상은 늘 변한다. 게다가 규모가 큰 조직들의 입장에서 충분히 구체적이어서 모든 사람에게 초점을 맞출 수 있고 동시에 충분히 일반적이어서 모든 사람과 모든 일에 적용할 수 있다고 느껴지는 세 가지 V를 규정한다는 건 아주 힘든 일이다.

개인적인 모토: 당신의 신념과 철학 공유하기

내가 아는 최고의 리더들은 종종 회사의 비전이 설사 조금 비현실적이거나 모호하거나 구태의연하게 느껴진다 해도 개의치 않는다. 보다 현실적이며 공감이 가고 영감을 주는 자신만의 '기대의 틀'을 만들어내기 때문이다. 만일 당신이 사람들을 관리하는 자리에 있다면 팀 차원에서의 임무를 만드는 일에 대해, 팀 또는 부서와 조직 전체의 관계를 어떻게 설정할 것인가 하는 문제에 대해, 그리고 주변 사람들에 대한 당신의 기대를 보여주는 개인적인 모토, 즉 당신의 철학을 어떻게 수시로 공유할 건지에 대해 생각해야 한다. 리더 자리에 있지 않다 해도 마찬가지다. 당신에게 중요한 가치들이나 기대들, 일하는 방법을 정하는 것이야말로 바람직한 소통으로 가는 지름길이 될 수 있다.

개인적인 모토는 명확하게 기억할 수 있는 짧은 말로, 팀원 모두에게 잘 이해되고, 수시로 언급되며, 명확한 기대를 할 수 있게 만들어져야 한다. 팀슨은 영국에서 가장 성공한 소매업체 중 하나로, 친절을 조직 문화의 중심에 두고 있는 기업이다(이 회사의 이야기는 이 책에서 앞으로 계속 듣게 될 것이다). 팀슨 직원들의 모토는 '똑똑해 보이도록 하고 돈은 금전 등록기 안에 넣어라'Look smart and put the money in the till이다. 이 모토는 고객을 중심에 둔 서비스 정신을 갖고 정직하게 행동하기만 한다면 다른 건 중요하지 않다는 점을 유머러스하게 전달한다(팀슨에는 마케팅 부서도 없고 소매점들을 관리하는 방식 또한 아주 자유로운 것으로 유명하다). 미국 온라인 신발 및 의류 소매업체 자포스Zappos의 창업자 토니 셰이Tony Hsieh의 모토는 '도전적이고 창의적이며 개방적이 되라'이다. 이 간단한 말에서 우리는 토니 셰이의 사람 중심적 접근 방식을 엿볼 수 있다.[2]

개인적인 모토의 또 다른 예들을 소개하자면 다음과 같다.

- **똑똑하게 일하고 열심히 쉬고 정시에 나가자:** 이 말은 우리 회사 임원인 엘레나 케리건이 한 말로, 싱크 프로덕티브에 도입됐다. 이 모토에는 우리가 열정을 쏟아야 하고 또 결정을 내릴 때 고려해야 하는 두 가지 요소가 포함되어 있다. 우리는 직원들이 '진지하고' 집중적인 방식으로 일하길 원하지만, 일 그 자체를 위해 그러는 것은 원하지 않는다. 그리고 이 모토대로 일함으로써 직원들이 직장 밖에서 멋진 삶을 살 자유를 누릴 수 있기를 바란다.
- **자문을 구하지 않는 건 모욕이다:** 로라 우드콕Laura Woodcock은 영국 최대 자선 단체 중 한 곳의 프로젝트 매니저다. 그녀는 우리에

게 이런 말을 했다. "나는 이 말을 내 팀이 항상 마음에 새겨야 할 모토로 도입했습니다. 바로 다음과 같은 사실을 상기하기 위해서죠. 어떤 프로젝트 기획안을 작성하려 할 때 먼저 자문을 구해야 할 모든 사람을 떠올려야 하며, 그러지 않을 경우, 그들 입장에선 우리가 그들을 모욕한다고 느끼게 될 거라는 사실 말입니다."

- **보다 적은 케이크에, 보다 많은 체리:** 나는 과거 새로운 프로젝트를 시작하려는 열정은 가득하지만 시작한 일을 제대로 진행시키거나 실제로 잘 관리하거나 끝낼 열정은 부족한 사람들과 함께 일한 적이 있다. 그때 나는 그들에게 이렇게 말했다. 케이크를 더 만들려는 노력은 그만두고 이미 만든 케이크에 장식용 설탕과 체리들을 올리는 데 집중해 사람들이 '먹을 수 있게' 해주라고. 그들은 내 말을 포스트잇에 적은 뒤 자기 책상에 붙였다. 이후 시간이 지나면서 내 말을 짧게 줄인 '보다 적은 케이크에, 보다 많은 체리'가 팀원들의 강력한 모토가 되었다. 반짝이는 새로운 프로젝트들에 대한 유혹을 뿌리치고 현재 하고 있는 프로젝트를 끝마치는 데 전념하자.

- **이렇게 하면 배가 더 빨리 가게 될까?:** 벤 헌트–데이비스Ben Hunt-Davis는 영국 올림픽 금메달리스트 조정 선수였다. 그는 자기 팀이 우승할 수 있었던 이유는 경기 당일에 잘했기 때문이라기보다 그들이 경기 전 매일 내린 결정들 덕이라고 말한다. 선수들이 매일 자기 자신에게 던진 간단한 질문은 '이렇게 하면(이 행동을 하면) 배가 더 빨리 가게 될까?'였다. 예를 들어 로잉 머신을 타는 것에 대해선 컨디션을 끌어올려주기 때문에 '예스'라고 했고, 술집에

가는 것에 대해선 그 반대 효과가 나기 때문에 '노'라고 했다. 모든 결정이 그 한 가지 목표에 어떤 영향을 주는가에 따라 내려졌다. 나는 실제로 우리의 클라이언트 회사가 불필요한 집중력 분산을 막고 정말 중요한 것들을 성취하는 데 전념하기 위해 이 모토를 채택하는 것을 보기도 했다.

- **항상 사람이 먼저, 일은 그다음이다**: 이는 여러 해 동안 내가 말하고 다니는 중요한 모토다. 뒤에 나올 원칙에서 이에 대해 더 자세히 알아볼 것이다.
- **실수해도 상관없어, 스스로 인정하고 해결만 한다면**: 나는 여러 해 동안 이 말을 여러 버전(어떤 경우는 중간에 욕까지 보태서)으로 들어왔다. 이 말에는 아주 강력한 메시지가 담겨 있다. 주도적으로 이런저런 일들을 시도하되 실수가 진행 과정의 중요한 일부라는 걸 부인하지 말라.

모토는 모든 걸 더 명확하게 해주며, 명확한 건 거의 항상 친절하다.

팀 강령: 변화를 위한 토대 마련하기

> "어떤 조직이 강해지려면 맨 위의 리더들만 바라봐선 안 되며, 조직 곳곳에 리더십이 제대로 작동되도록 해야 한다. 리더는 자신만의 '리더십 톤'을 설정할 수 있다. 당신이 할 일은 일상 업무 속에서 그 톤에 따라 행동하는 것이다."
>
> — 롭 케이드Rob Cade, 캡제미니Capgemini 임원

그리어 리오스Greer Rios는 개인적인 모토라는 개념을 한 단계 더 끌어올려 순전히 자기 팀을 위한 강령으로 만들었다. 그녀는 미국 텍사스에 본사를 둔 의료 공급망 기업 메드어라이브MedArrive의 부사장보associate vice president다. 리오스는 2021년에 우리 회사가 운영 중인 '직장에서의 친절' 프로그램 중 하나에 참여해 자기 팀에 몇 가지 원칙들을 도입할 방법을 찾으려 했다. 그녀는 '가장 친절하고 가장 포괄적인 조달 팀이 되자'라는 팀 내부 강령을 만들어 팀원들과 공유했다. 이 간단한 강령을 토대로 그녀의 팀원들은 자신들의 업무 곳곳에 친절을 도입하고 팀 문화 형성에 도움이 되는 대화들을 이끌어낼 수 있었다. 리오스에게 팀과 함께 친절에 집중한다는 것은 리더로서 자신의 취약한 모습을 그대로 드러내야 하는 부담스러운 일이었고, 그만큼 용기를 필요로 하는 일이기도 했다.

"직장 밖에서 저는 스탠드업 코미디언 같은 사람이에요. 그래서 직장에서 리더이고 전문가임에도 여전히 다른 사람들은 할 수 없는 신랄한 지적을 하거나 농담도 할 수 있는 사람으로 알려져 있습니다. 그래서 이번 팀 강령은 팀원들에게 이런 말을 할 수 있는 기회가 되어줬어요. '봐요, 이제 난 내 안의 어떤 부분을 좀 바꿔보려고 해요. 업무 스타일도 바꿀 계획이에요'라고요. 팀 강령은 제게 그 변화를 완수하도록 책임감을 갖게 해줬습니다."

명확성을 위한 연습: 당신의 개인적인 모토 만들기

당신이 팀원들에게 계속해서 강조하는 말은 무엇인가? 그중 어떤 말이 당신의 기대를 가장 잘 드러내는가? 어떻게 해야 그 말을 팀원들에게 더 잘 알릴 수 있을까?

펜과 종이를 준비한 뒤 잠시 시간을 들여 개인적인 모토를 한두 가지 만들어보라(아니면 팀 강령의 초안을 만든 뒤 팀원들과 상의해 이를 더 발전시키는 방법도 있다). 믿을 만한 동료와 그에 대한 이야기를 나누며 보다 명확하게 다듬어보라.

팀원들에게 이메일을 보내 다음과 같은 질문들을 던져볼 수도 있다. "나의 캐치프레이즈 또는 모토가 뭘까요?", "나의 리더십에서 무엇이 핵심 가치라고 생각되시나요?", "우리 비전에 대해 어떻게 생각하나요? 그리고 어떻게 하면 우리의 가치가 성공적인지를 알 수 있을까요?"

방향과 방법을 알 때 목표 달성이 쉬워진다

일단 '기대의 틀'이 정해지면 그다음에 해야 할 일은 조정이다. 기대를 명확히 하고 이미 정해진 목표들을 달성하기 위해 성과를 내야 하는 것이다. 그렇게 할 수 있는 방법은 아주 많다.

'왜?'라고 묻지 말고 '어떻게?'라고 물어라

질문은 명확성을 높여준다. 그래서 일대일로 직접 보고할 때나 회의에서 이야기할 때, 이메일이나 단체 채팅을 할 때, 혼자 생각하거나 계획을 짤 때 등 언제 어디서든 당신은 질문을 던져야 한다. 어떻게 질문해야 하는지와 관련해 한 가지 중요한 점을 짚고 넘어갈 필요가 있겠다. 질문을 하다 보면 상황에 따라 팀원들이 느끼는 심리적 안정감이 손상될 수도 있기 때문이다. 그리고 이는 질문을 '왜'로 시작해야 할 때와 그러지 말아야 할 때를 아는 것과 깊은 관련이 있다.

'왜?'라고 질문하기 좋은 상황과 때가 있다. 새로운 프로젝트를 시작할 때 '왜?'는 모든 종류의 문제들을 해결해준다. 제품이나 서비스를 개선시켜줄 수도 있고, 길을 잃었을 때 방향을 알려줄 수도 있다. 동료들이 생각하는 '왜?'를 아는 건 바람직한 인간관계를 위한 타협 및 소통에 꼭 필요한 일이다. 일단 누군가의 '왜?'를 알고 나면 새로운 문제나 기회가 생겨났을 때 그 사람이 어떻게 생각하고 행동할지를 훨씬 쉽게 예측할 수 있다. 그러나 종종 '왜?'가 명확하면서도 나쁜 선택인 경우들도 있다. "왜 그런 결정을 했어요?" 또는 "대체 왜 그랬어요?" 같은 질문이다. 이런 질문은 상대를 설득해 마음을 바꾸게 하는 데 도움이 되지 않을 뿐만 아니라 오히려 역효과를 낸다. 상대에게 자기변호를 하게 만들기 때문이다.

"우리 왜 ~를 할 수 없죠?"라는 질문을 던지면, 대부분 듣고 싶지 않은 모든 가능성에 대한 이야기들만 듣게 된다. 반대로 듣고 싶은 가능성들에 대해서는 전혀 듣지 못하게 된다. 예를 들어 "왜 내가 이 회의에 참석해야 하죠?"라는 질문을 했다고 해보자. 당신은 결국 참석하지 않아도 된다고 생각하는 회의에 참석하게 된다. "왜 당신이 그들을 실망시켰다고 생각해요?"라는 질문을 던지면 양측이 일을 더 잘 풀어가는 쪽으로 가지 못하고 잘못된 일만 강조하게 된다.

미래를 바라보는 '왜?'는 우리에게 무한한 가능성들을 안겨준다. 그러나 반성을 하거나 분석을 할 때 던지는 '왜?'는 오히려 역효과를 내기도 한다. 우리를 방어적으로 만들고 체면을 지키려고 필사적으로 위험한 구명정에 매달림으로써 다른 가능성들을 다 차단해버리기 때문이다.

당신의 뇌가 '왜?'라는 질문에 뛰어들려 할 때 '어떻게?'라는 질문이 더 나은 선택지가 아닌지 자문해보라. 예를 들어 다음과 같은 질문들을 던져보는 것이다.

- 그 결정은 어떻게 달라질 수 있을까?
- 어떻게 이걸 개선하거나 극복할 수 있을까? 어떻게 이게 그들에게 괜찮게 느껴질 수 있을까?
- 우리 둘 다 시간이 부족하다는 걸 아는 상황에서, 어떻게 내가 회의 결과나 프로젝트에 기여할 수 있을까?
- 이 행동들이 어떻게 달라질 수 있을까? 그게 어떻게 더 나은 결과를 가져올 수 있을까?

더 나은 답을 얻기 원한다면 당신의 질문들에 대해 깊이 생각하라. 신중하게 질문을 던져라. 빠른 것보다 더 효과적인 방법은 날카로운 질문들을 친절하게 던지고, 상대에게 답할 시간을 충분히 주는 것이다.

L. 데이비드 마르케는 미국 잠수함 장교로, 자신이 1년 동안 훈련해온 잠수함의 지휘를 맡기로 한 날을 며칠 앞두고 갑자기 다른 잠수함으로 발령났다는 소식을 듣게 됐다. 갑자기 새로운 잠수함에 대해 자신보다 더 잘 아는 승무원들을 지휘하게 된 것이다. 그러자 그는 명령 내리기를 중단하고 결정권을 자기 팀원들에게 넘긴 뒤, 그들에게 의사결정의 책임을 맡겼다. 그런 이유로 그는 질문을 훨씬 더 잘해야 했다. 자신의 책 《리더십은 언어다》Leadership Is Language에서 마르케는 산업혁명 당시 우리가 물려받은 무의식적인 언어 패턴들에 대해 그리고 그 패턴을 어

떤 패턴으로 대체해야 하는지에 대해 쓰고 있다.³ 그중 가장 대표적인 패턴은 자기확증적인 질문들을 던지는 것이다. 자기확증적인 질문들은 호기심을 자극하지 않으며, 그저 이미 알고 있거나 원하는 바를 입증하려고만 한다. 예를 들자면 다음과 같다.

- '그게 말이 되나?'
- '우린 잘하고 있어, 그렇지?'
- '필요한 건 다 챙겼지?'
- '안전하지?'

이런 종류의 질문들은 결국 다른 사람들을 당신의 지시와 세계관에 동조하게 만들 뿐이다. 그러면 그들은 데이터를 찾아볼 생각도 하지 않고 그저 동조라는 쉬운 길을 택한다. 반면 다음과 같이 보다 개방된 질문에 집중해 데이터를 차단하기보다 업데이트하는 방법도 있다.

- '그게 얼마나 안전하지?'
- '우리가 지금 무엇을 놓치고 있지?'
- '지금 위험한 일들과 위험 가능성이 있는 일들은 무엇이지?'
- '무엇을 더 잘할 수 있었을까?'
- '그 프로젝트에 착수할 준비를 0에서 5까지라고 한다면 지금 우리는 얼마나 준비되어 있지?'

질문을 '어떻게?'와 '무엇을?'로 시작하면 새로운 정보를 얻게 될 가능성이 높아지는 반면 '왜?'로 시작하면 의도는 명확히 할 수 있지만 일의 진행에 도움이 되지 않는 경우가 많다. 자기확증적인 질문은 대개 현상을 유지하는 역할을 할 뿐이다.

구체성을 강조하라

성과를 높이는 데 가장 중요한 요소 중 하나는 구체성이다. 지금 하는 일을 진행시키는 데 팀이 필요로 하는 것은 다음과 같다.

- 구체적으로 바라는 결과
- 실제로 다음에 해야 하는 행동

우리는 우리가 만들려고 하는 가치의 목표가 무엇인지 최대한 구체적인 말로 이해할 필요가 있다. 예를 들어 "성공적인 콘퍼런스를 개최한다."는 주관적인 말이고, "500명 이상의 유료 참가자들을 유치해 150만 파운드의 후원금을 거둬들이는 콘퍼런스를 개최한다."는 같은 결과를 훨씬 더 구체적으로 표현한 것이다. 그런 다음 출발이 어떤 모습일지 알아야 한다. 창의적인 일의 경우(그리고 대부분의 일의 경우), 가장 힘든 부분은 모든 걸 맨땅에서 시작하거나 아무것도 할 수 없을 것 같은 느낌을 극복하고 추진력을 내는 것이다. 바로 그럴 때 필요한 게 구체성이다.

사람들에게 세부 사항 같은 구체적인 부분에 집중하라고 이야기하는 것은 쏟는 에너지에 비해 별로 보람되지 않은 일이다. 대화의 절반은 이미 끝난 이야기라고 생각하는 사람들이 많기 때문이다. 그러나 명확해지기 전까지 모든 문제는 해결된 게 아니다.

구체성은 문제를 정의할 때도 매우 중요하지만 팀 성과의 세세한 부분들을 다룰 때 훨씬 더 중요하다. 당신은 다음과 같은 세 가지 질문을 던질 수 있어야 한다. 첫째, '다음에 해야 할 실제 행동은 무엇인가?'다. 여기서 '실제'라는 말은 우리가 몸으로 하는 행동, 즉 이메일을 보내고 전화를 하고 마인드맵을 작성하고 구글 검색을 하는 것 등을 머릿속으로 그릴 수 있게 해준다. 둘째, '누가 무슨 일을 하는가?'이다. 각 행동이나 장소에는 지정된 감독자가 한 명 있어야 한다. 물론 그 사람이 모든 일을 혼자 해야 한다는 말은 아니다. 하지만 진행 과정을 감독하고 다른 사람들을 참여시켜 일이 진행되도록 만드는 책임은 그에게 있다. 셋째, '이걸 언제까지 해야 하는가?'다. 일을 진행시키려면 날짜를 못 박는 게 최선이다. 그래서 나는 회의 노트에 '진행 중'이란 말을 쓰지 않는다. 그럴 경우 대개 행동으로 이어지지 않기 때문이다.

우리 회사 싱크 프로덕티브의 호주 지사 책임자인 맷 카우드로이Matt Cowdroy는 동료들(그리고 일부 의뢰인들)로부터 '명확성의 왕'이란 별명을 얻었다. 그는 회의가 끝날 때마다 구체적인 행동들을 요약해, 그러니까 누가 뭘 해야 하고 어떤 사항을 꼭 기억해야 하는지 요약해 이메일로 보낸다. 그는 내게 이런 말을 했다. "가끔은 제가 너무 나대는 게 아닌가 걱정될 때도 있어요. 하지만 사람들은 언제나 제게 정말 고맙다고 말합니다. 2~3주 정도 지나 필요한 행동들을 잊어버리거나 잘못 기억하는 것보단 훨씬 낫다는 거죠."

구체적인 내용들에 대해 서로 합의하고 기록해두라고 강조하는 건 친절한 일이다. 의구심과 모호함을 제거하면 우리는 각자의 판단이 아닌 사실에 입각해 일할 수 있다. 다시 한번 강조하지만 명확함은 곧 친절함이다. 조직 구성원 모두가 제대로 일하고 있다는 생각으로 안심하고, 그 결과 두려움 및 자책감 그리고 부정적인 자기 대화까지 줄어들기 때문이다.

반복하고 또 반복하라

피터 맨덜슨Peter Mandelson은 토니 블레어 영국 총리의 3회 연속 총선 승리를 가능하게 해준 '신 노동'New Labour 프로젝트를 이끈 중요 인물 중 한 명이었다. 소통과 관련된 맨덜슨의 가장 유명한 조언 중 하나는 "당신이 똑같은 메시지를 반복하고 또 반복해 스스로 진저리가 났을 때 비로소 대중은 그 메시지를 받아들이기 시작한다."라는 말이다. 일면 같은 말을 반복하기란 무척 쉬워 보인다. 어떤 행사나 회의에서 '가장 중요한 건 늘 가장 중요한 것이며, 우리가 오늘 이 자리에 모인 이유는 가장 중요한 우리 임무를 수행하기 위해서'라는 간단하면서도 명확한 개회사를 반복해서 하고 또 하면 될 테니까 말이다.

그런데 그렇게 쉬워 보이는 일을 우리는 왜 잘하지 못할까? 이유는 그런 반복이 부자연스럽게 느껴지기 때문이다. 그렇다. 일부 사람들이 이미 당신이 무슨 얘기를 하려고 하는지 알고 있는 상황에서, 사람들에게 그걸 반복해 상기시키는 건 마치 뭔가를 가르치려 드는 일처럼 보인다. 하지만 이건 무시해도 좋을 본능이다. 많은 사람이 중요한 메시지를 놓치는 것보다는 누군가가 그 메시지를 두 번 듣는 게 훨씬 더 낫다(게다가 어쨌든 반복해서 들으면 제대로 이해할 가능성이 높다).

시간의 차이를 두고 가끔씩 개입하는 것보다는 빈번하게 개입하는 것이 대개 명확성에 이르는 더 나은 길이다. 몇 가지 예를 들자면 다음과 같다.

- **팀 전체나 각 개인을 위한 피드백:** 매주가 아닌 매일 하라.
- **관리 감독:** 2주일마다 45분씩 감독하는 것이 한 달에 한 번 90분 감독하는 것보다 낫다.
- **팀 회의:** 매일 15분씩 모이는 것이 월요일 하루 한 시간씩 모이는 것보다 더 집중력도 있고 효과적이다.
- **프로젝트 업데이트 보고:** 그룹 메신저 앱을 이용해 매주 보고를 하는 것이 한 달에 한 번 하는 것보다 낫다.
- **매일 모두에게 같은 질문하기:** '주요 지표나 주요 목표에 어떤 진전이 있는가?' 하는 질문은 일면 과하다는 느낌을 줄 수도 있다. 하지만 아무 진전도 없을 경우에는 나중에 모든 사람에게 불편함을 안겨주기 때문에 이런 질문을 매일 던져야 적절한 일들을 우선적으로 처리할 수 있다.

사람들이 만들어내주길 기대하는 비전과 가치들 그리고 가치를 반복해서 말하면 '기대의 틀'을 강화하는 데 도움이 된다. 마치 자신이 고장 난 레코드판처럼 같은 말을 되풀이하는 것처럼 느껴질 수도 있겠지만, 실은 그 말 덕분에 모두가 제대로 된 방향으로 나아가게 된다는 점을 기억하라.

말이 아닌 행동으로 보여주어라

모든 거래의 핵심은 신뢰이며 좋은 성과를 올리는 팀들은 모두 높은 수준의 신뢰와 이해심으로 결합되어 있다. 그리고 다른 무엇보다 빠른 속도로 신뢰를 무너뜨리는 게 한 가지 있으니 바로 위선이다.

직장 생활을 하다 보면 한 번쯤 이런 앞뒤가 맞지 않는 말을 들어본 적이 있을 것이다. "내가 말하는 대로 해요. 내가 행동하는 대로 하지 말고." 이는 다른 사람들에게 적용하는 기준을 자기에겐 적용하지 않는 관리자들에게서 흔히 들을 수 있는 말이다. 이와 반대되는 말은 내게 영감을 준 몇몇 리더들에게서 들은 다음과 같은 말일 것이다. "말로 하지 말고 행동으로 직접 보여줘요." 이는 사람들을 더 강하게 만들기 위한 말이다.

리더는 말은 물론이고 행동으로도 이끌어야 한다. 말로는 중요시한다고 하면서 실제 행동은 그렇지 않다면 주변 사람들에게 혼란을 안겨 줄 뿐이다. 대체 당신의 말과 행동 중 어느 쪽을 따라야 한단 말인가? 기대를 더 명확하게 하기 위한 강력한 수단으로 다음과 같은 롤 모델링 방법을 활용할 수 있다.

- **'노'라고 말하는 사람이 되라.** 비전에 맞지 않거나 가치들에 맞지 않거나 가치에 반하는 일들에 대해 목소리를 높여라. 그러면 다른 사람들이 당신의 단호한 리더십을 따를 수 있게 된다.
- **책임을 회피하지 말고 꺼내기 어려운 이야기를 진실되고 친절한 마음으로 나누어라.** '좋은' 사람처럼 보이고 싶다는 유혹을 뿌리

치고 진정으로 친절해져라.

- **자기 관리를 눈에 띄게 우선시하라.** 정시에 퇴근하거나 사무실 밖에서의 삶에 대해 '인간적인' 대화를 자주 가져라. 자신에게 친절해지는 게 정말 힘든 사람들도 있음을 기억하고, 그런 사람들에게 방법을 알려주어라.

- **여건을 조성해주어라.** 사람들이 회의 시간에 호기심을 갖고 자유롭게 질문을 하고 어떻게 해야 '기대의 틀'에 기여할 수 있는지에 대해 비판적으로 생각할 수 있게 분위기를 만들어주어라.

- **당신이 모르는 것에 대해 허심탄회하게 털어놓아라.** 해결하려 애쓰고 있는 문제 또는 다른 사람들이 도와주고 있는 일들에 대해서도 이야기하라. 그러면 조직 내에 슈퍼히어로가 되어야 한다는 강박관념과 모든 걸 알아야 한다는 부담감에서 벗어나는 문화가 조성될 수 있으며 집단적인 지혜와 노력을 모으는 것이 어떤 한 개인에 의존하는 것보다 더 낫다는 인식도 생겨나게 된다.

- **실수에 대해 논의하고 긍정적으로 받아들이도록 하라.** 그렇게 하면 실수가 과정의 일부이며 때론 중요한 부분이기까지 하다는 기대가 생겨나게 된다. 그 결과 혁신이 촉진될 뿐 아니라 심리적 안정감까지 생겨난다.

우리에겐 특별한 힘이 없고 안 좋은 일들은 항상 일어나게 마련이다. 그러나 우리가 앞장서서 이끌 때, 특히 겸손하면서도 정직하게 그리고 말이 아닌 행동으로 인간적인 진정성을 갖고 이끌 때 좋은 일들은 항상 일어나는 법이다.

의식과 절차는 결코 형식적인 일이 아니다

삶은 각종 의식들로 가득 차 있다. 결혼식이나 장례식처럼 아주 중요한 인생사에서부터 친구들과 빵을 나눠 먹거나 악수를 하는 등 보다 작고 단순한 행동에 이르기까지, 각종 의식은 우리에게 세상사를 이해하고 의미를 공유하는 기회를 제공한다.

이런 의식은 팀원들이 업무나 프로젝트라는 한계에서 벗어나 서로 개인적으로 소통하며 관계를 맺는 데도 도움을 준다. 당신은 어쩌면 동료들끼리 생일 축하를 하며 케이크를 나눠 먹거나, 누군가가 출산 휴가를 떠나기 전에 베이비 샤워baby shower(출산을 앞둔 임산부에게 아기용 선물을 주는 파티 — 옮긴이)를 열어주거나, 크리스마스 날 다 함께 식사를 하러 가는 직장에서 일하고 있을지도 모른다. 그러나 이러한 의식 외에 일 자체와 관련된 보다 미묘한 의식들은 기대의 틀을 강화시켜줄 뿐 아니라 사람들에게 고마움을 표현하거나 동료들과 새로운 방식으로 기쁨을 함께 나누거나 결속을 다질 기회를 주기도 한다. 기대의 틀을 강화시키고 소통을 증진시키는 데 도움을 주는 일과 관련된 의식 몇 가지를 소개하자면 다음과 같다.

- 팀 회의나 그룹 채팅에서 사람들에게 '이번 주의 성과'를 공유하게 한다.
- 회의 시간 등 테이블에 둘러앉아 있을 때 돌아가면서 자기 왼쪽 사람의 장점을 말하게 한다.
- 조직이 추구하는 가치와 일치하는 결과나 행동에 대해 상을 준다.

- 매주 한 사람씩 돌아가며 자신의 업무를 설명하는 '스포트라이트 온'spotlight on 제도를 도입한다.
- 그룹 채팅에서 모든 사람이 '이 부분에서 막힌 것 같다'거나 '이 부분에서 고전 중이다' 같은 이야기들을 안심하고 솔직히 털어놓는 '솔직하게 말하는 화요일'Truth Tuesday 같은 제도를 도입한다.
- '실패 상'을 준다. 그러면 실패를 덜 두려워하게 되어 혁신을 촉진하고 학습을 장려할 수 있다.

이 모든 의식들을 통해 사람들이 성장할 수 있는 공간과 토대가 마련될 수 있다.

책임을 다하라

신뢰를 유지하고 일에 집중하게 만들며 성과를 올리는 데 가장 중요한 수단은 책임이다. 누군가에게 주어지는 가치들은 단순히 강요되는 것보다 타협과 합의를 통해 정해질 때 책임감이 가장 잘 발휘된다.

이는 '보기에만 멋진' 의견 일치에만 집중하며 명백한 사실과 숫자를 피하려 드는 조직이나 문화에 정말 필요한 요소이기도 하다. 본래 가능성을 끌어올리는 과정에서는 필연적으로 불편함이 따르기 마련이다. 또한 책임감은 일방적이지 않을 때 가장 잘 발휘된다. 당신이 리더라면, 조직 내 대화를 활성화해 각 개인이 집단에 대해 책임을 지게 하는 것이 서로 신뢰를 쌓고 가장 중요한 부분에 활동을 집중시키는 좋은 방법이다. 그리고 팀 전체에 책임을 묻는 일뿐 아니라 팀원들이 리더인 당신에게 책임을 묻는 일에도 익숙해져야 한다.

내 경험상 책임은 짧고 빈번하게 지도록 하는 것이 가장 좋다. 연간 평가나 연간 기획 회의도 필요하다. 하지만 일반적으로 우선순위나 운영 여건은 1년 사이 계속 변하기 때문에 1월에 정한 목표들은 6월이나 9월에 정해야 할 목표들과는 다를 수 있다. 그래서 팀과 함께 매일 이른바 '허들 미팅'을 통해 팀원 각자가 한두 가지 일에 책임지게 하는 것이 연간 계획을 세워 이런저런 많은 프로젝트를 진행하는 것보다 훨씬 더 효과적이다. '애자일'agile 작업 방식으로 일할 때, 그러니까 팀원 모두가 2주 또는 그보다 더 짧은 기간 동안 공동의 목표를 위해 함께 일할 때, 짧고 빈번한 책임 방식이 얼마나 효과가 있는지 바로 알 수 있다. 일반적으로 행동이 '이루어진 시점'이 그 행동이 '논의된 시점'과 가까울수록 결과가 더 명확하고 구체적이다. 시간이 지나 기억이 흐릿해지면 명확성도 떨어지게 마련이며, 그러다 보면 종종 소통의 지연 내지 단절로 이어질 위험이 있다.

월별로 또는 격주로 열리는 이른바 '1-2-1' 회의는 책임감을 강화하는 좋은 계기가 될 수 있다. 회의를 시작할 때 지난달 회의에서 결정한 일들과 목표들을 점검하는 식의 루틴을 만들어라. 그러면 다루기 힘든 성과 관련 대화를 어색하지 않게 시작하는 데 도움이 된다. 그리고 직장이나 집에 풀기 힘든 문제들이 있을 경우, 이렇게 느슨하면서도 집중적인 시간을 갖는 것이 그런 문제들을 밖으로 드러내는 데 도움이 되기도 한다.

피드백의 본질은 공격이 아닌 조정

"명확한 소통을 위해서는 우리가 사용하는 언어, 갈등에 대한 태도 그리고 건설적인 피드백 등에 대한 기대들을 명확히 해야 한다. 명확하게 할 때마다 오해와 장애물들, 부정적인 요소들이 제거된다."

— 테리사 힉스Teresa Hicks, 라즈베리 파이 재단 전략 파트너십 책임자

피드백은 아마 성과와 행동이 '기대의 틀'과 일치하는지에 대해 지속적으로 대화를 하는 데 있어서 가장 중요한 도구일 것이다. 세스 고딘은 자신의 책《더 프랙티스》에서 창의적인 과정은 "봐, 내가 만들었어."라는 말로 정의된다고 설명한다.[4] 이는 무언가를 '창조'한다는 게 본질적으로 취약한 일임을 보여준다. 누군가가 나의 작업에 대해 반응을 보여주거나 성과에 대한 판결을 내려주길 바라는 것이다. 물론 피드백을 주는 일은, 특히 직접 마주 보고 주는 피드백은 몹시 어색하고 불편하다. 하지만 시간이 지나 적절한 환경이 만들어지면 훨씬 더 쉬워지게 된다. 그저 그 긴장을 깨는 방법들이 필요할 뿐이다.

사실 '피드백'feedback이라는 단어가 직장에서 쓰이기 시작한 것은 최근의 일이다. 이 단어는 나사가 우주왕복선과 우주비행관제센터 간의 정기적인 '피드백 루프'feedback loop를 설명하는 데 사용하면서 대중화되었다. "잘 진행되고 있나?" "현재 궤도 각도는 어떤가?" 질문에 대한 답에 따라 우주왕복선이 달에 도달할 수 있는 경로에 있는지 아니면 조정이 필요한지를 알 수 있었던 것이다.

피드백은 한 차례의 거창한 연간 평가보다 짧고 지속적이며 일관된 방식으로 제공하는 게 가장 좋다. 정기적인 피드백 문화를 만들면 모든 사람이 그 문화에 익숙해져 마음에 덜 드는 부분들도 더 쉽게 소화할 수 있게 된다. 피드백을 당신의 슈퍼파워로 만드는 몇 가지 방법들을 소개하자면 다음과 같다.

"자, 이제 내가 훈제 청어로 자네 얼굴을 후려칠 순간인가?"

책을 쓸 때, 나는 늘 담당 편집자에게 원고 초안을 보내기 전 몇몇 동료들에게 검토를 해달라고 부탁한다. 이는 책 집필 과정 중에서도 스트레스를 꽤 많이 받는 단계다. 글은 종종 거칠고 불완전하게 느껴지며, 그럴 때면 나는 내가 한 일이 완전히 만족스럽지 못하다. 그럼에도 불구하고 수개월 간의 작업을 마쳤고 아직 피드백을 받아본 적이 없기에 테스트를 받는 것이 매우 중요하다.

내가 쓴 글에 과연 사람들이 공감해줄지, 도움이 될 거라고 생각해줄지, 어디를 어떻게 고치면 좋을지가 정말 궁금해진다. 그래서 이때가 되면 도마뱀 뇌 부위가 활성화되면서 소용돌이치는 두려운 감정이 종종 논리를 압도하곤 한다. 내가 검토를 요청한 사람들 중에는 똑똑하고 사려 깊은 경영 컨설턴트인 내 친구 션 생키Sean Sankey도 포함되어 있었다. 나는 지금까지의 책 진행 상황을 비롯해 그에게 어떤 피드백을 원하는지 자세히 설명했다. 공은 이제 션에게로 넘어가 그가 내게 피드백을 줄 차례였다. 그는 이렇게 말했다. "자, 이제 내가 훈제 청어로 자네 얼굴을 후려칠 순간인가?"

우리는 당시 전화로 이야기하고 있었는데, 그의 목소리 톤에서 장난스러운 눈빛이 느껴지는 듯했다. 그의 말에 나는 곧바로 긴장이 풀렸고 그 짧은 순간, 이 모든 게 책을 쓰는 과정의 일부이며 개인적인 공격이 아니라는 사실을 깨달았다. 이후 나는 내게 주어지는 피드백을 훨씬 더 쉽게 받아들일 수 있었고, 다른 이들도 자신의 피드백을 더 쉽게 전해줄 수 있게 되었다. 진실과 은총이 함께하는 좋은 예다.

선이 그때 왜 훈제 청어라는 말을 썼는지는 아직도 모르겠다. 아마 고전적인 몬티 파이튼Monty Python(영국의 전설적인 코미디언 그룹—옮긴이)의 '물고기로 얼굴 때리기 춤' 장면에서 따온 게 아닌가 싶다. 어떤 비유를 쓰든 중요한 건 어색한 순간에 잘 대처해 모든 사람에게 더 큰 심리적 안정감을 안겨주어야 한다는 것이다.

"나머지 20퍼센트도 내게 줘요."

나는 내게 피드백을 요청할 뿐 아니라 적극적으로 권하기까지 한 상사와 함께 일한 적이 있다. 그는 종종 내게 이런 말을 하곤 했다. "나머지 20퍼센트도 내게 줬으면 해요." 피드백을 주는 사람들은 대개 80퍼센트는 진실을 말하지만 분위기가 어색해지거나 상대의 마음이 다칠까 두려워 나머지 20퍼센트는 말하길 꺼려한다는 게 그의 생각이었다. 그는 정말 솔직히 말해도 좋다는 걸 허락함으로써 일에 꼭 필요하고 도움이 되는 진정한 피드백을 들을 수 있었다.

그 상사가 해준 말은 내게 강력한 교훈을 주었고 그래서 나 역시 비슷한 상황에서 자주 그 말을 사용하곤 한다. 함께 일하는 사람들에게 일을 진전시키려면 그런 불편함을 감수해야 한다는 사실을 상기시키고, 대개는 나머지 20퍼센트의 진실이 가장 중요하다는 점을 상기시키면서 말이다. 상처를 주지 않고 진실을 말하려면 약간의 기술이 필요하긴 하지만 친절한 말로 우리는 충분히 그 진실에 다가갈 수 있다.

"이 일의 목표는 뭔가요?"

"일에는 엄격하게, 그러나 사람에게는 부드럽게."

— 세라 스타인 그린버그 Sarah Stein Greebug, 스탠퍼드 대학교 디스쿨 책임자

세라 스타인 그린버그는 스탠퍼드 대학교 디자인 스쿨인 디스쿨d.school을 이끌고 있다. 디스쿨의 문화는 믿을 수 없을 만큼 인간 중심적이며, 사람들이 함께 일할 수 있는 창의적이고 놀라운 방식들로 가득하다. 그 덕에 디스쿨에서는 모든 사람이 늘 호기심을 향해 마음을 활짝 열어놓고 가장 좋은 아이디어를 찾는다.

물론 디자인에서는 창의적일 뿐만 아니라, 실현 가능성이 있는 아이디어들을 찾는 것도 중요하다. 그러자면 끊임없는 피드백과 높은 수준의 심리적 안정감이 필요한데, 그건 창의적인 작업이 원래 마음의 문을 열고 수시로 주관적인 평가를 받아들여야만 하는 작업이기 때문이다. 자신의 책 《호기심 많은 사람들을 위한 창의적인 아이디어들》Creative Ideas for Curious People에서 그린버그는 '선의의 비판'Benevolent Critique이라는 개념에 대해 이야기한다.[5] 그것은 가능한 한 친절한 방식으로 피드백을 주는 것이다. 그녀는 다음과 같이 말했다.

"우리는 작업은 엄격하되, 사람은 부드럽게 대하려고 합니다. 바로 그런 점에서 친절은 우리의 환경 속에서 제 힘을 발휘하죠. 다시 말해 학생들이 한 일이나 동료들이 한 일을, 또는 심지어 당신 자신이 한 일을 비판할 때 그 사람과 그 사람이 한 일을 분리해서 봐야 합니다. 또한 "이 일의 목표가 뭔가요? 당신이 그걸 보라색으로 만들기로 결정했을 때 난 정말 마음에 안 들었어요."라고 말하는 게 아니라 "이 일의 목표는 뭔가요? 그리고 보라색으로 하는 게 그 목표를 달성하는 데 실제 도움이 되나요?"라고 말해야 하는 것이죠.

이는 자신의 입장이 아닌 제3자의 입장에서 이야기하는 아주 괜찮은 언어적 접근 방식입니다. 그래서 다음과 같이 말할 수 있는 거죠. "우리는 일의 품질을 높이는 데 집중하고 있으며, 당신이 좋은 디자이너인지 그렇지 않은지보다는 목표 달성에 도움이 되는지 그렇지 않은지가 더 중요합니다." 이런 식으로 그저 충분한 거리를 두는 것이 더 나은 디자이너가 되는 데 도움이 됩니다. 피드백을 받을 때 개인적으로 받아들이지 않고 비판을 감수하며 피드백에 귀 기울이게 되기 때문입니다. 당연히 피드백을 그런 식으로 받아들일 때 높은 성과를 낼 가능성도 더 커집니다. 이런 종류의 친절에는 비즈니스적인 이유도 깔려 있는 것이죠."

친절한 피드백을 위한 연습: 9 대 1 비율 유지하기

피드백을 요청받을 때 나는 가끔 '좋아, 이 사람은 그간 이 일을 정말 열심히 해왔으니 그 노력에 대해 친절한 말이나 격려의 말 또는 인정의 말을 해줘야겠어'라고 생각하는 대신 비판적 사고를 하는 함정에 빠지곤 한다. 그래서 직접 '9 대 1'이라는 일종의 규칙 같은 것을 만들었다.

그 규칙의 아이디어는 간단하다. 비판적이거나 부정적인 피드백을 한마디 할 때마다 "이거 정말 좋네요!", "바로 이거예요!", "이거 정말 좋으니까 추가하는 게 어때요?"같이 친절한 피드백을 아홉 마디 하는 것이다. 만일 9 대 1이라는 비율을 유지하는 게 너무 어렵다면, 그건 누군가의 하루를 더 즐겁게 해주기 위해 더 애써야 한다는 의미일 뿐이다.

다음 주에 노트북이나 휴대폰에 기록을 하면서 이 연습을 해보라. 설사 9대 1 비율을 맞추지 못했다 하더라도 적어도 피드백은 올바른 방향으로 가고 있을 것이다. 피드백은 매일 조금씩 주어져야 하고, 문화 속에 뿌리내리는 것이 되어야 하며, 한 달에 한 번 누군가에게 쏟아붓는 것이 되어선 안 된다.

품위 있는 피드백을 위한 5단계 과정

이 모든 게 이론상으론 그럴 듯하지만, 누군가와 마주 보고 앉아 불편한 진실을 말해야 하는 상황에서 피드백을 주기란 결코 쉽지 않다. 그래서 때로는 그런 상황에 맞는 어떤 '단계'들을 따르는 게 도움이 된다. 테이블에 마주 보고 앉아 당장 싸우기라도 할 듯 대립하기보다는 문제를 테이블 위에 올려놓고 함께 그 문제를 해결하기 위해 머리를 맞대는 게 더 좋지 않겠는가?

피드백을 줄 때는 진실을 담아 품위 있게 주어야 한다. 진실은 중요하다. 진실은 타인의 성장에 도움이 되는 것은 물론 일을 더 잘하게 하는 데도 도움이 된다. 그리고 품위도 중요하다. 부정적인 얘기를 듣기 좋아하는 사람은 없다. 그러므로 누구나 부족함을 드러내고 싶어 하지 않는다는 점을 인정하고 상대방을 친절하게 대하라. 우리가 '직장 내 친절' 프로그램의 일환으로 사람들과 함께 사용해온 진실을 담아 품위 있게 피드백을 주는 5단계 과정을 소개하자면 다음과 같다.

- **1단계(피드백을 주기 전): 먼저 당신의 생각들을 정리하라.** 만약 상대에게 화가 나 있다면 피드백을 주지 말라. 할 말이 정리되지 않았다면 기다려라. 당신의 생각과 감정들을 잘 통제하고 정리한 뒤 피드백을 주도록 하라.
- **2단계: 상황을 파악하라.** 이 일이 어디서 생겨났는가? 그리고 언제 발생했는가? 보다 넓은 관점에서 본 맥락은 무엇인가?
- **3단계: 행동/성과를 생각하라.** 우리는 지금 구체적으로 무슨 얘기를 하고 있는 건가? 그들은 무엇을 했는가? 혹은 무엇을 하지 않았는가?
- **4단계: 영향을 생각하라.** 왜 이게 중요한가? 다시 보고 싶거나 다시 보고 싶지 않은 어떤 일이 일어났는가?
- **5단계(패드백을 주고 난 후): 논의할 시간을 가져라.** 사람들에게 그들이 들은 피드백을 정리하고 질문을 하고 앞으로 어떤 일이 일어날지 등에 대해 생각해볼 수 있는 시간적 여유를 주어라.

행동을 지적하고 대안을 제시하라

BIFF 즉, '행동Behaviour, 결과Impact, 느낌Feelings, 대안Future'은 또 하나의 피

드백 전달 방법으로, 오늘날 경찰 및 다른 공공 서비스 부문에서 흔히 사용된다. 전체 논의를 짧게 끝내고 빨리 피드백을 주는 방식으로 몇 문장 이내로 피드백을 끝내는 것이 원칙이다. 예를 들어 한 경찰관이 속도위반 차량을 멈춰 세웠다고 해보자. 경찰관은 BIFF 피드백 전달 과정을 이런 식으로 사용할 수 있다.

- **행동:** 우리 속도 측정기에 따르면 귀하는 시속 30마일 제한 구간에서 시속 40마일 이상으로 운전하셨습니다.
- **결과:** 연구에 따르면 제한 속도보다 시속 10마일을 넘어설 때마다 사고 사망률이 급격히 늘어납니다.
- **느낌:** 제 업무 중 하나는 사고 희생자 가족들을 방문해 사고 소식을 전하는 건데, 귀하의 가족에게 그런 소식을 전하는 일이 없길 진정으로 바랍니다.
- **대안:** 이번에는 경고로 끝낼 거지만, 다시 이런 일이 발생하면 원칙대로 할 수밖에 없습니다. 앞으로는 제한 속도를 꼭 지켜주시길 바랍니다.

BIFF 피드백 전달 방식은 정말 빠른 상호작용에 큰 도움이 되며 더 유연하게 사용할 수도 있다. 예를 들어 느낌에 집중할 때는 마음을 열고 대화를 나눠 상대의 감정을 물어볼 수도 있고, 대안에 집중할 때는 상대방에게 먼저 앞으론 어떻게 달리 행동하고 싶은지를 얘기해보게 할 수도 있다. BIFF 피드백 전달 방식은 종종 BIFFO 방식으로 확장되기도 하는데, 이때 'O'는 '열린 질문'open question 을 뜻한다.

> **생각해봐야 할 질문들**

- 당신의 가치들은 무엇인가?
- 당신 조직의 가치들은 무엇인가?
- 그 가치들은 친절을 중심에 두고 있는가? 그 가치들 중 불친절로 이어지는 것이 있는가?
- 다른 사람들이 당신과 함께 일하고 서로 교류하는 방식에서 어떤 행동 또는 기준이 중요할까?
- 만일 당신이 리더라면, 당신의 리더십에서 명확성이 부족한 부분은 어디일까?
- 당신의 팀원들 가운데 누가 당신에게 적절한 피드백(당신이 언제 명확하고 친절한지 또 언제 목표에서 벗어나는지 등)을 줄 수 있다고 생각하는가?

> **친절 챌린지 4: 네 개의 동전들**

사소한 피드백을 규칙적으로 주는 것이야말로 '기대의 틀'을 강화하는 아주 좋은 방법이다. 이번 주의 도전은 친절한 피드백 능력을 키우고 그걸 규칙적으로 연습하기 위한 것이다.

우선 동전 네 개를 책상 왼쪽에 놓거나 왼쪽 주머니 안에 넣어라. 하루 동안 누군가에게 피드백을 줄 때마다 동전 하나를 왼쪽에서 오른쪽으로 옮겨라. 목표는 매일 동전 네 개를 모두 왼쪽에서 오른쪽으로 옮기는 것이다. 그러면 매일 적어도 네 번은 자발적으로 피드백을 주게 된다. 그렇게 하다 보면 점점 피드백 습관을 들이게 되고, 주변 사람들에게도 그런 문화를 심어주게 되며, 동료들에게 주기적으로 더 많은 피드백을 받을 가능성도 커진다. 친절하고 규칙적인 피드백은 아주 뛰어난 성과를 올리는 팀들이 가진 특징 중 하나임을 잊지 말라.

친절 영웅 스토리

"누군가를 꼭 좋아하지 않아도 우리는 존중을 표할 수 있습니다."
피오나 도, 유스넷Youthnet CEO

영국 자선 분야 최초의 기술 스타트업 유스넷의 CEO인 피오나 도는 '가장 일하기 좋은 자선 단체' 상까지 수상할 만큼 자신의 회사에 독특한 조직 문화를 만들었다. 그녀는 낸시 클라인Nancy Kline의 선구적인 '생각하는 환경'Thinking Environment 이론(낸시 클라인은 미국의 교육 연구자로, 사람이 최고의 사고를 할 수 있도록 만들어주는 심리적·물리적 조건을 의미하는 '생각하는 환경'이라는 개념을 제시했다. 그녀는 경청과 평등, 다양성 같은 10가지 요소가 조화를 이룰 때 진정한 사고 환경이 만들어진다고 봤다.―옮긴이)에서 영향을 받아 자신의 리더십 스타일을 구축했으며 현재는 퍼실리테이터facilitator(회의나 워크숍 등에서 사람들이 최적의 결과를 낼 수 있게 도와주는 사람. '조력자'라고도 함―옮긴이)로서 이 접근 방식을 조직 현장에 적용하고 있다. 그녀는 내게 유스넷이 어떻게 '생각하는 환경'을 만들었는지, 그게 자신들의 조직 문화에 어떤 의미였는지에 대해 이렇게 말했다.

"우리는 모두 인간입니다. 그래서 대우를 잘해주면 생각을 더 잘합니다. 그러면 당연히 행동도 더 잘하게 되죠. 그래서 배려심 많고 인간 중심적이며 친절한 문화를 조성하려면 사람들을 잘 대우해주어야 합니다. 존중하는 마음을 갖고 말이죠. 사람들은 심리적 안정감을 느낄 때 행동을 더 잘하고 생각도 더 잘합니다. 덕분에 아주 생산적인 팀과 조직을 갖게 되죠. 누군가를 존중한다는 건 그들을 사랑한다거나 좋아한다는 말과 다릅니다. 누군가를 꼭 좋아하지 않아도 존중을 표할 수 있지요."

'사람들을 잘 대우한다'는 것이 사람들이 늘 원하는 걸 갖게 된다는 의미는 아니다. 사람들을 늘 부드럽게 대한다는 의미도 아니다. 실은 그 정반대일 수 있다. 사람들의 신뢰를 얻으려면, 리더가 말하는 가치와 실제 현장 행동 사이에 일관성, 공정성 그리고 조화가 있어야 하며 이 점을 모든 구성원이 눈으로 확인할 수 있어야 한다. 도는 이렇게 말을 잇는다.

"저는 늘 사람들에게 '우린 못되게 굴 필요가 없습니다'라고 말하곤 했습니다. 대신 아주 엄격해야 하죠. 만일 어떤 사람이 다른 사람을 조롱하고도 그냥 넘어간다면, 조직의 구성원들 입장에서 그건 공정한 게 아닙니다. 그런 걸 알고도 그냥 넘긴다면 모두들 이럴 겁니다. '리더십 같은 소리하고 앉아 있네!' 그건 친절한 리더가 되는 일의 또 다른 측면입니다. 내 경험상, 리더는 옳지 않은 일에는 필히 제재를 가해야 합니다. 기준을 높게 잡아야 하죠. 만일 뭔가가 중요하다고 말한다면, 실제로도 그걸 중요하게 여겨야 합니다."

자선 분야에서는 '좋은' 조직 문화에만 집중하면서 진정으로 '친절한' 진실들을 간과하는 경우가 많다. 그녀는 리더로서 명확성을 더해 조직 내에서 그런 일이 일어나지 않게 했다.

"유스넷은 결코 편한 조직이 아닙니다. 유스넷에 있는 건 정말 즐겁고, 구성원들도 다 좋은 사람들이지만 우리는 늘 '문제를 지적하라!'고 말하곤 했습니다. 그리고 실제로 지적을 했고요. 저는 프로젝트를 끝내기 위해 파트너들과 마무리 회의를 할 때 "프로젝트 자체는 정말 잘된 부분들이 많았습니다. 그러나 이건 정말 엉망이었습니다. 그리고 저것 또한 정말 엉망이었고요." 식으로 말하곤 했습니다. 그러면 사람들은 하늘이 무너지기라도 한 듯 힘들어했죠. 하지만 그 모든 피드백은 사실 더 잘하기 위한 거였어요. 그래서 뛰어나다는 게 꼭 '좋은' 사람이 되어야 한다는 의미는 아닙니다. 그건 사려 깊게 행동하고 도전적인 자세를 취해야 한다는 의미이며 아주 인간 중심적이어야 한다는 의미입니다."

KIND

"상대 말에 진심으로 귀 기울인다는 건
타인이 나를 변화시키는 것을 기꺼이 허용한다는 의미다.
타인이 나를 변화시키는 걸 기꺼이 받아들일 때,
우리 사이에는 싸움 같은 쌍방 독백보다
더 흥미로운 일이 벌어지게 된다."

— 알란 알다 Alan Alda, 영화배우, 시나리오 작가, 감독

Graham Allcott

원칙 3   주의 깊게 귀 기울여라

"앞으로 멋진 경력을 쌓을 거라 생각합니다만, 더 큰 성공을 거두려면 배워야 할 게 있습니다. 그게 뭔지 말씀드려도 될까요?"

나는 대영제국 훈작사 크리스토퍼 스펜스Christopher Spence를 만나러 갔다. 스펜스는 영국 비영리 단체 분야에서 가장 존경받는 인물 중 한 사람으로, 에이즈 관련 자선단체인 런던 라이트하우스London Lighthouse의 창업자이며 현재 볼런티어링 잉글랜드Volunteering England의 CEO로 일하고 있다. 그의 사무실 벽에는 그가 다이애나 왕세자비와 엘튼 존 그리고 다른 많은 주요 정치인과 함께 일하는 모습이 담긴 사진들이 걸려 있었다.

그는 내가 항상 갈망하던 위치까지 오른 인물이었고, 그래서 그와의 첫 미팅을 앞두고 나는 잔뜩 긴장했다. 당시 나는 스튜던트 볼런티어링 잉글랜드Student Volunteering England의 새로운 젊은 CEO였지만, 내가 더 긴장했던 이유는 그 직책을 수락하기 단 2주 전에 스펜스와 함께 일할 수 있는 자리를 제안받았다는 사실 때문이었다. 나는 그 자리를 거절하고 위험 부담이 더 큰 역할을 맡기로 했다. 내가 제대로만 한다면, 더 좋은 직책을 누리면서 더 큰 성장 기회도 가질 수 있는 자리를 선택한 것이다. 그런 히스토리가 있다 보니 나는 그 미팅을 약간 방어적인 입장에서 시작하고 있었다. 약 30분이 지나 미팅이 아주 잘 진행되고 있던 중에 그가 갑자기 얘기를 중단하더니 내게 조언을 해주겠다고 말했다.

"너무도 존경합니다. 어떤 조언이든 주시면 받겠습니다." 내가 대답했다.

"당신은 사람의 눈을 충분히 들여다보지 않아요. 이를테면 오늘도 그래요. 나랑 얘기하고 있으면서 눈은 천지사방을 보고 있군요. 사람들은 당신이 관심을 보이고 있다는 사실을 알 필요가 있어요. 당신이 귀 기울이고 있다는 걸 알 필요도 있고요."

이런 말을 하면서 스펜스는 앞으로 몸을 기울여 내 눈을 유심히 들여다보았는데, 그의 시선은 무서우면서 동시에 따뜻했다. 그는 이렇게 말을 이었다. "당신과 얘기를 나누고 있는 지금, 내 머릿속에 다른 생각은 전혀 없어요. 완전히 이 대화에만 집중하고 있으니까. 당신이 이런 걸 배운다면 사람들도 진심으로 당신 말에 귀 기울일 겁니다."

그 미팅 이후 완전히 새로운 세계가 열린 기분이었다. 묘한 분위기가 감돌았던 그 순간, 나는 개인적인 연결의 중요성을 배웠고 어떻게 하면 사람들에게 내가 자기 말에 귀 기울이고 있다는 확신을 심어줄 수 있는지 그 방법을 배웠다. 내 커리어를 통틀어 그 순간은 지금까지도 가장 기억에 남는, 그리고 가장 영향력 있는 순간들 중 하나로 남아 있다.

우리가 다른 인간에게 해줄 수 있는 가장 따뜻한 일 중 하나는 상대가 하는 말을 주의 깊게, 진심으로 귀 기울여 듣는 것이다. 우리는 상대가 하는 말뿐 아니라 그 말을 하는 방식과 미처 말로 하지 않은 이야기에도 관심을 보여야 한다. 그런 까닭에 경청은 단순한 행동이라기보다는 일종의 기술에 가깝다. 우리는 그 기술을 다듬어 발전시키고 수시로 연습해야 한다. 그럼 이제부터 임상 심리학자들과 경영 분야의 모범 사례들의 도움을 받아 보다 주의 깊게 듣는 방법에 대해 집중적으로 살펴보도록 하자.

가장 조용하지만 강력한 변화의 도구, 경청

흔히 시간이 우리가 가진 가장 소중한 자원이라고들 한다. 물론 시간이 소중한 자원인 건 맞지만 내 생각에 가장 소중한 건 따로 있다. 우리가 가진 가장 소중한 자원은 바로 '온전한 관심'이다. 관심은 깊은 인간관계에 꼭 필요한 연료다. 워낙 소중하기 때문에 우리가 반려자든 직원이든 친구든 누군가에게 온전히 관심을 기울일 때 엄청나게 강력한 힘을 발휘한다.

온전한 관심과 경청은 급격한 변화를 이루어낸다. 새로운 아이디어들을 떠오르게 하고, 우리 자신과 서로에 대해 생각하는 법을 바꾸며, 누군가가 힘든 감정들을 극복하는 데 도움을 주고, 사람들 간의 연결을 강화시켜준다.

사람들은 당신이 얼마나 주의 깊게 귀 기울여 듣는지를 쉽게 알아챈다. 주의 깊게 경청할 때 변화를 이끌어내는 기회뿐만 아니라 조직 내의 분위기를 바로잡을 기회 또한 찾아올 수 있다. 그래서 경청하는 법을 배우는 조직이 심리적 안정감을 조성하는 조직이다. 게다가 다른 조직보다 창의성, 명확한 사고, 높은 직원 참여도, 전략적 위험을 감수하는 능력, 더 높은 생산성과 같은 여러 이점을 누릴 수 있는 조직이기도 하다.

경청은 다양한 상황과 수준에서 이루어진다. 문화라는 거시적 수준에서부터 회의 같은 중간 규모의 수준 그리고 일대일 대화 같은 아주 미시적인 수준에 이르기까지 다양한 규모와 환경에서 생겨난다. 당신이 마지막으로 일대일 경청 기술들을 갈고 닦은 때는 언제였나? 대화가 워낙 일상적인 활동이다 보니 우리는 대화 과정에 대해 깊이 생각하지 않는 경향이 있다. 그러나 대화는 우리 삶에서 매일같이 일어나는 일인 동시에 올바른 대화와 올바른 경청은 인간관계의 질을 높이는 매우 중요한 요소다. 그런 의미에서 보면 대화야말로 우리 각자가 일상에서 가장 크게 개선할 수 있는 영역 중 하나라고 할 수 있다.

이번 장에서 우리는 올바른 대화를 위해 어떤 토대가 필요한지 알아보고, 대화에서 더 친절하게 귀 기울이는 사람이 되는 데 도움이 될 몇 가지 통찰들과 사례들을 살펴볼 것이다. 물론 경청해야 하는 사람 입장에서는 종종 불편하게 느껴지는 대화를 해야 한다는 점이 조금은 어려울 수 있다. 따라서 그렇게 어려운 상황에선 어떻게 대처하는 게 좋은지 살펴보며 이 장을 마무리할 것이다.

올바른 대화에 필요한 준비 운동

상대의 말을 경청하고 생산적인 대화를 나누는 것은 두 사람 모두가 그렇게 하기를 의식적으로 선택했을 때 가능한 일이다. 우리는 무지나 편의주의 혹은 딴짓에 빠지지 않고 경청을 우선시하며 호기심을 선택하겠다는 '의식적인 결정'을 내려야 한다. 그리고 일단 경청하기로 마음먹었다면, 깊이 있는 대화를 위해 필요한 다음과 같은 준비들도 함께 해야 한다.

가설 세우기

일대일 대화를 시작하기에 앞서 먼저 상대가 어떤 관점에서 출발했을지, 또 어떤 상황에 처해 있을지 그리고 그게 대화에서 어떤 식으로 드러날지를 생각해보라. 이와 관련해 심리학자들은 '가설 세우기'hypothesizing라는 개념을 이야기한다. 잠시 시간을 내 다른 사람들의 입장에 서보고, 그들이 그 상황 속에서 어떤 이야기를 하고 있는지 상상해보는 것이다. 그들은 어떻게 느끼고 있을까? 이 대화에서 어떤 일이 일어날 거라고 생각하고 있을까? 나에 대해서는 어떤 생각을 하고 있을까? 그들의 삶에는 지금 어떤 일이 일어나고 있을까?

가설 세우기는 공감 능력을 키우는 데 매우 중요한 요소다. 성별과 인종, 종교, 연령, 계층, 교육 수준 그리고 성적 취향 같은 다양한 요소들이 대화 경험에서 어떤 역할을 하는지 상상하는 데 도움이 되기 때문이다. 그 다양한 요소들이 우리가 대화하려는 사람의 관점과 감정에 어떤 영향을 미치는지 생각해보라. 상대의 말에 공감하며 경청하는 기술을 향상시키는 데 유용한 도구가 될 수 있을 것이다.

직장에서 업무를 하며 우리는 늘 가설을 세운다. 특정 소식이 사람들에게 어떻게 받아들여질지, 특정 인물에게 더 큰 압박을 가하면 어떤 일이 벌어질지, 어떤 변화가 일어남에 따라 의도한 결과가 나올지 혹은 그 반대일지 등에 대해 생각한다. 이러한 가설 세우기 과정은 공식적인 문서에서 표현되기도 하고 때로는 관리자와의 미팅 자리에서 자연스럽게 논의되기도 한다. 또 때론 이런 공식적인 상황 외에도 그저 운전을 하거나 산책을 하면서 스치듯 떠오르는 생각 속에서 이뤄지기도 한다. 가설을 세울 때 당신이 해야 할 질문들은 다음과 같다.

- 나와의 미팅이 그들에겐 어떻게 느껴질까?
- 그들이 이번 미팅 자리에 다른 어떤 걸 가져오게 될까?(스트레스, 협상 결렬, 이전의 경험들 등)
- 이번 미팅에서 힘든 부분은 무엇이라고 생각할까? 양측이 무얼 요구하게 될까?

천천히 익숙해지기

우리의 뇌 역시 일종의 근육이라는 사실을 아는가? 경청은 충분한 연습과 훈련을 통해 발전시킬 수 있는 기술이지만 다른 근육들과 마찬가지로 격렬한 활동을 시작하기에 앞서 워밍업을 해야 한다. 《생각할 시간》Time to Think의 저자 낸시 클라인은 '도착'arriving이라는 개념에 대해 이야기한다.[1] 사람은 회의실 같은 물리적인 공간에 앉아 있을 때 도착하는 게 아니라, 그들의 마음이 온전히 지금 이야기하는 사람과 주제에 도달했을 때 도착하는 것이라는 개념이다. 결국 두 번 도착하는 셈인 것이다. 만일 누군가가 빠른 속도로 이메일을 읽으며 '도착'한다거나 급박한 일을 처리하느라 당황한 상태로 '도착'한다면, 다른 데서 일어난 일을 마음에서 지우고 온전히 '도착'하는 데 몇 분이 걸릴 수도 있다.

우리는 모두 업무에 들어가기에 앞서 먼저 친밀감을 쌓고 예의 바른 대화를 하는 게 중요하다는 점을 알고 있지만, 그런 사실은 바쁜 일상 속에서 쉽게 무시되곤 한다. 누군가가 언제 '두 번째 도착'을 했는지 파악하는 것은 그 자체로 유용하며 친절한 경청을 위한 연습이 된다.

대화에 대해 대화하기

어떤 사람들은 줌Zoom 같은 화상 채팅이나 전화로 대화하는 것을 선호하고, 또 어떤 사람들은 케이크를 앞에 두고 서로 눈을 마주 보며 대화하는 것을 선호한다. 어떤 사람들은 직접적이고 솔직한 소통을 좋아하고, 또 어떤 사람들은 그날 오갈 대화의 내용을 미리 알고 싶어 한다. 그러므로 누군가가 어떤 형태의 소통을 좋아하는지 알고 싶다면 직접 물어보라. 조직 내에서 누군가와 관계를 시작할 때 "동료/관리자로서 내게 무얼 원하나요?" 또는 "관리하는 방식과 관련해 어떤 점이 불편한가요?" 식의 질문들을 던질 수 있다.

이런 종류의 대화를 정해진 구조 없이 나누는 데 자신이 없다면, DiSC나 마이어스-브릭스Myers-Briggs 유형 지표 같은 성격 프로파일링 도구들을 활용해보라. 이러한 도구들은 사람들에게 자신의 작업 스타일과 개인적인 선호도를 드러낼 수 있게 해주고, 서로 공유할 수 있는 어휘를 제공하며, 논의를 명확하게 시작하고 진행하고 끝낼 수 있게 도와준다. 다시 말해 심리적 안정감을 갖게 해준다.

성격 프로파일링 도구 외에 일상적인 업무에서 벗어난 환경에서 이루어지는 전략적 대화strategic conversations(단순한 정보 교환을 넘어 의도와 목적을 가지고 대화를 설계하고 이끌어가는 방식 — 옮긴이)나 워크숍도 유용할 수 있다. 과거를 되돌아보고 앞으로 필요한 일들에 집중하다 보면 지난 상처들을 치유하고 미래를 위한 교훈들을 얻을 수 있다.

대화를 위한 공간으로 꾸미기

잠시 시간을 내 대화를 나눌 공간에 대해 생각하고 또 그 공간을 귀 기울이기 좋은 환경으로 바꿔라. 이것이야말로 당신이 상대방에게 관심을 쏟을 준비가 되어 있음을 알려주는 가장 강력한 방법이다. 회의 시작 전에 몇 분 정도 시간을 내 의자들을 제대로 배치하고 참석자들이 집중하는 데 필요한 모든 걸 갖추어놓아라. 보고를 위한 회의를 앞두고 있다면 "리포트 사본은 회의실 안에 둘게요." 같은 말을 하는 사람이 되도록 하라. 테이블 위에 꽃을 좀 놓거나 커피와 비스킷을 준비하는 것처럼 간단한 일일 수도 있다. 그러나 당신이 상대방에 대해 깊은 관심을 갖고 있다고 생각하게 만드는 이런 사소한 행동들이 대화를 더 진지하게 받아들이고 더 깊이 생각하게 만드는 좋은 계기가 될 수 있다.

대화를 최대한 잘 활용하기

적극적으로 경청하기

심리학자 칼 로저스Carl Rogers는 '적극적 경청'active listening이란 개념을 제시한 바 있다. 적극적 경청이란 당신이 말하는 사람일 때보다는 듣는 사람 입장일 때 더 열심히 대화에 참여해야 한다는 생각에서 나온 말이다. 적극적 경청은 당신이 상대에게 관심이 있고 또 상대의 감정을 중요하게 여긴다는 점을 전달한다. 서로 의견이 다를 경우, 적극적 경청을 하기란 매우 힘들지만 그럼에도 상대의 생각을 이해하고 존중하는 자세를 가져야 한다.

로저스는 경청이 그 자체로 친절한 행동이며, 그 자체로 다른 사람에게 메시지를 전달한다고 말한다. "당신이 누군가를 존중한다는 걸 말로 보여주기는 아주 어렵습니다. 그러나 직접 행동으로 보여주면 그 메시지를 훨씬 더 잘 전달할 수 있게 됩니다. 그런 일을 가장 효과적으로 해내는 게 바로 경청입니다."[2]

'경청'과 '말할 때까지 기다리는 것'은 다르다. 여러 면에서 적극적인 경청은 그와 정반대다. '말할 때까지 기다리는 것'은 그저 자기 생각 속에만 갇혀 있는 것이다. 자신의 얘기에만 집중하고 있는 것이다. 그러다 보면 상대가 말하고 싶어 하는 대화 주제에서 점점 멀어지게 될 수도 있다. 대화 시 다음과 같은 말들을 조심하라.

- "나한테도 그런 일이 있었어."(이러면서 누가 더 흥미로운 이야기를 갖고 있나 경쟁하기 시작한다.)

- "디파! 디파를 정말 오랫동안 못 봤네! 그녀는 어떻게 지내?"(이러면서 대화가 샛길로 빠져 디파가 새로운 주제로 떠오르게 된다.)
- "그 말 하니 기억나는데……."(사실상 당신의 경험이 상대의 경험보다 더 흥미롭다고 말하는 셈이 된다.)
- "미안, 잠깐 핸드폰 좀 확인해야 해서."(가장 최악의 말이다.)

올바른 경청은 적극적인 경청이다. 상대가 한 말을 요약해 확인하고, 상대의 말에 관심을 기울이고 있음을 말이나 몸짓을 통해 상기시켜주어라. 주제를 바꾸려 들거나 의견을 내거나 당신이 느끼는 불편함을 피하려 하지 말라. 올바른 경청을 하려면 말 뒤에 감춰진 감정들을 인정하고 더 잘 이해하기 위한 질문들을 던져야 한다. 올바른 경청은 해결책을 내놓으려는 유혹을 참는 것이다. 물론 반론을 제시하거나 문제를 해결하고 싶은 유혹이 드는 건 자연스러운 반응이다. 간혹 그렇게 해도 좋을 때가 있긴 하지만, 보통 그런 때는 나중에 온다. 상대 말을 이해하려고 애쓰는 지금은 그럴 때가 아니다.

감정들을 인정하기

로저스는 모든 대화에서 귀 기울여야 할 두 가지 요소가 있다고 말한다. 정보와 감정이 바로 그것이다. 만일 어떤 직원이 당신에게 "보고서를 끝냈습니다."라고 말한다면 당신은 아마 "좋아요! 고마워요!"라고 답할 것이다. 그러나 그 직원이 "에휴, 드디어 보고서를 끝냈습니다."라고 말한다면 "좋아요! 고마워요!"라는 답은 정답에서 많이 벗어난 말일 수 있다. '드디어'라는 말에서 뭔가 감정이 실려 있다는 걸 알 수 있기 때문이다. 그 감정은 아마 안도감이나 경멸, 스트레스 또는 다른 그 무엇일 것이다. 적극적인 경청을 할 때는 정보를 파악하는 데 그치지 말고 감정까지 인정하면서 들으려 해야 한다. 말하는 상대의 감정을 인정한다는 건 당신이 그 사람의 감정에 공감하고 또 이해한다는 의미이기도 하다.

잠깐씩 찾아오는 침묵에 적응하기

다른 사람들의 말을 잘 경청하려면 먼저 자신의 말을 잘 경청해야 한다. 그 두 가지를 동시에 하기는 어렵다. 경청을 잘하려면 대화 도중 잠깐씩 찾아오는 침묵에 편안해져야 하는데, 상대가 말을 마쳤을 때 당신 스스로에게 이런저런 생각들을 취합할 여유를 줘야 하기 때문이다. 대화 도중 잠깐씩 찾아오는 침묵에 익숙해지려면 연습이 필요하다. 그건 여러 해 전 내가 크리스토퍼 스펜스와 미팅을 했을 때 그가 가르쳐준 것이기도 하다.

특히 직장 생활에서 오가는 대화에서 우리가 직면하는 문제들 중 하나는 대화가 늘 너무 빠른 속도로 진행된다는 것이다. 다른 해야 할 일들이 너무 많다 보니 마치 회의실 안에 가능한 한 대화를 빨리 끝내야 한다는 암묵적인 룰 같은 것이 존재하는 듯하다. 그러나 이해도를 높이려면 깊이와 인내심이 꼭 필요하다는 사실을 우리는 이미 잘 알고 있다. 대화 속도를 늦추고 잠시 침묵하면 보다 깊이 있는 경청이 가능해진다. 또한 그 결과 더 많은 감사와 연결 그리고 궁극적으로 더 깊은 이해도 가능해진다.

동등한 파트너십 가지기

모든 사람에게는 생각할 능력이 있다. 따라서 대화를 할 때는 늘 사회적 지위와 관계없이 양측이 동등한 사고 능력을 갖고 있다는 전제하에서 출발해야 한다. 하지만 편안함이나 심리적 안정감이 부족할 때 사람들은 제대로 사고하지 못하곤 한다. 명확한 힘의 역학관계가 존재하는 상황이나(예를 들어 회사의 CEO가 참석하는 회의) 사회적 지위, 인종, 성별, 성적 취향, 계층, 나이, 문화 등으로 불균형이나 편견이 존재할 수 있는 상황에서라면 특히 더 그렇다. 만일 당신이 상대보다 힘 있는 지위나 지배적인 지위에 있다고 생각된다면, 그런 사실을 염두에 두고 대화를 시작할 때부터 상대를 편안하게 만들어주는 게 중요하다.

이 부분을 절대 과소평가해선 안 된다. 직장 생활 초기에 훨씬 직급이 높은 상사의 사무실에 들어갔을 때 느꼈던 감정은 시간이 지나면서 잊어버리기 쉽다. 경력이 쌓이면서 그런 기억들은 대개 서서히 잊히게 마련이다. 그렇게 과거를 잊어버리고 어느 날 갑자기 당신이 그 고위직에 앉은 사람이 된다. 경력이 쌓이면 쌓일수록 이러한 망각이 당신의 맹점이 될 수도 있음을 기억해야 한다.

> **경청을 위한 연습: 상대의 말에 호기심을 갖는 법**

대화 중에 우리는 종종 스스로의 사고 패턴에 휩쓸리곤 한다. 그러니 앞으로 며칠간 깊이 있는 대화를 앞두고 스스로에게 다음과 같은 질문들을 던져보라. 대화 중 잠깐씩 말을 멈추고 머릿속에 이 질문들을 떠올릴 수 있는지 살펴보라. 상대가 말을 끝낸 뒤에 비로소 당신의 생각으로 되돌아가야 한다는 점을 잊지 말라.

- 내가 틀렸을까? 우리가 틀린 걸까?
- 가장 중요한 건 무엇인가?
- 무엇이 빠졌나?
- 어떻게 하면 이걸 다른 관점에서 볼 수 있을까?
- 그 말 아래에 깔려 있는 감정들은 무엇인가?
- 내가 아는 다른 사람들은 이 문제를 어떻게 생각할까?
- 이게 하나의 패턴인가?
- 우리의 말과 행동이 우리의 가치들과 어떻게 연결되는가?
- 지금 여기서 내가 듣지 못하거나 알지 못하는 다른 일이 일어나고 있는 건 아닐까?

이런 질문들은 머릿속에 있는 것보다 입 밖으로 나올 때 더 도움이 되기도 한다. 상대에게 직접 물어볼 때, 상대 말을 제대로 이해할 수 있는 법이다. 올바른 질문은 상대의 생각을 다듬거나 발전시키는 가이드 또는 매개체 역할을 한다는 점을 기억하라.

상대의 말을 끊지 않기

상대의 의중을 명확히 파악하기 위한 질문 등 목적이 분명한 몇 가지 예외 상황들을 제외하면 상대의 말은 절대 끊지 말아야 한다. 말 끊기의 부정적인 효과들은 여러 형태로 나타난다. 첫째, 상대에게 자기 생각을 설명하거나 감정을 표현할 충분한 여유를 주지 않는다는 신호를 보낸다. 그러면 상대는 당신이 지루해한다거나 자신의 말을 존중하지 않는다고 생각할 수도 있다. 수시로 말을 끊으면 상대가 맥이 빠져 아예 마음의 문을 닫아버릴 수도 있다.

둘째, 계속 말을 끊으면 대화가 최종 목적지에서 벗어나게 된다. 말하는 사람 입장에서 말이 자꾸 끊기면, 자신의 최종 목적지가 듣는 사람이 집착하는 몇 가지 작은 길들보다 덜 중요하게 느껴진다. 또한 대화중에 자꾸 다른 길로 돌아가라는 요구를 받는 기분이 들 수도 있다.

셋째, 말이 끊기면 생각의 흐름까지 끊기면서 보다 피상적인 대화로 이어질 수 있다. 대화에서 가장 좋은 부분들은 초반에 나오지 않는다. 좋은 커피가 그렇듯 좋은 대화도 잘 거른 뒤 깊은 맛이 나는 그 무언가로 만들어야 한다.

적절한 순간에 반추하기

상대의 의중을 파악하기 위한 질문을 던질 때 말고도 '절대 말을 끊지 말라'는 원칙의 또 다른 예외 상황이 있다. 바로 상대가 한 말을 반추할 때다. 상대가 한 얘기에서 가장 핵심적인 단어나 구절들을 되풀이하거나 '그거 정말 힘들었겠네' 또는 '어떤 기분이었을지 상상이 안 되네' 식으로 상대의 생각이나 감정을 인정하는 말을 하는 것이다. 상대가 방금 한 말을 반추하다 보면 상대가 지금 무슨 생각을 하고 어떤 감정을 느끼는지 알 수 있으며, 가끔은 상대의 생각과 감정이 다른 누군가에 의해 처음 말로 정리되기도 한다.

대화 상대의 입장에서는 마치 거울에 비친 자기 모습을 보는 듯 느껴지기도 하고, 이를 통해 자신의 생각을 명확히 하는 데 도움을 받기도 한다. 여러 해 동안 나의 비즈니스 코치였던 라시드 오군라루Rasheed Ogunlaru는 가끔 이 방법을 써서 내가 나의 생각들을 요약하고 상황을 보다 큰 그림으로 볼 수 있게 도와주곤 했다. 상대의 이야기를 요약할 때 사용한 잘 엄선된 단어나 구절은 이후에 같은 주제를 놓고 얘기를 나눌 때 대화의 지름길 역할을 하기도 한다.

비언어적 단서들 파악하기

우리의 몸짓은 우리가 아는 것보다 훨씬 더 많은 정보를 대화 상대에게 전달한다. 혹 주어진 상황에서 최대한 빨리 벗어나기 위해 팔짱을 끼고 있거나 정면을 보고 있거나 어깨를 돌리고 있지 않은가?

이 외에도 우리가 남기는 비언어적 단서들은 차고 넘친다. 얼굴을 만진다거나 머리카락을 만지작거린다거나 앞에 놓인 음료를 응시하는 등의 몸짓들을 주의 깊게 살펴보라. 휴대폰을 확인한다거나 서류를 뒤적이는 행동은 당신이 상대에게 온전히 마음을 열지 않았음을 명확히 보여주는 신호다. 반대로 상대가 당신에게 이런 신호들을 보낼 수도 있다. 상대의 불편함을 알아채고 잠시 대화를 중단하는 식의 대처가 중요하다. 상대가 깊은 대화를 할 준비가 되어 있지 않은 경우라면 당신 역시 제대로 귀 기울여 들을 수가 없기 때문이다.

빠진 내용을 귀 기울여 듣기

경영 사상가 피터 드러커Peter Drucker는 "소통에서 가장 중요한 건 말하지 않는 내용을 듣는 것이다."라고 말했다.[3] 누군가가 당신에게 이야기를 전부 하지 않는 데는 많은 이유가 있다. 당신의 반응이 걱정돼서일 수도 있고, 동료의 성과와 관련된 우려 사항들을 괜히 공유했다가 문제가 될까 봐 그러는 것일 수도 있다. 그것도 아니면 그저 일과 상관없는 개인적인 일들 때문에 노심초사하고 있는 것일 수도 있다. 이유가 무엇이든 당신이 잊지 말아야 할 가장 중요한 사실은 대화에서 늘 열린 마음과 호기심을 가져야 한다는 것이다. 시야를 넓혀 더 주의 깊게 듣기 위해 잊지 말아야 할 세 가지 요소를 소개하자면 다음과 같다.

- **상대가 말하는 사실뿐 아니라 감성도 인성하라.** 특히 그 감성이 내용과 직접적으로 연결되지 않았거나 '새어나오는' 것처럼 느껴질 때 더 그렇게 해야 한다.
- **많은 여유를 남겨라.** 서둘러 뒤로 돌아가 반응하려 하지 말라. 내 팟캐스트 인터뷰에서도 가장 좋은 부분들은 누군가에게 말할 여유를 줄 때 생겨나는 경우가 많다. 중요한 진실은 대개 소소한 여러 이야기들 뒤에 나오는 법이다.
- **질문을 할 땐 열린 질문들과 예리한 질문들을 섞어가며 하라.** 열린 질문들("지금 당신에게 무슨 일이 일어나고 있나요?" 같은)은 대화 상대에게 자기 생각을 탐구할 여유를 줄 뿐만 아니라 중요한 뭔가를 발견하게 하거나 적어도 그에 대한 힌트를 던져줄 수 있다. 직접적이고 예리한 질문들("새로운 역할에 관심이 있나요?" 같은)은 당신이 듣게 될 이야기에 관심을 갖고 확인 또는 부인하는 데 도움이 된다.

힘든 대화를 이끌어가는 경청의 기술

인생에서 가장 힘든 대화들은 종종 인간관계를 깊게 만들거나 더없이 큰 변화를 일으키는 대화들이다. 우리는 그 사실을 너무나 잘 알고 있어서 그런 대화 자체를 피하려 하는 경우가 많다.

당연한 말이지만 대부분의 사람은 강한 감정들이 오가는 상황에서 말하거나 듣는 걸 아주 불편해한다. 그건 갈등과 무력감, 의견 충돌 또는 어긋난 기대 같은 것들을 두려워하는 우리의 '도마뱀 뇌'와 깊은 관련이 있다. 좋은 소식이 있다면 이런 대화를 꼭 피할 필요는 없다는 것이다. 충분한 연습을 통해 이는 얼마든지 극복 가능하다. 대화가 안 풀릴 때 도움이 될 수 있는 몇 가지 도구들과 사고방식들을 소개하자면 다음과 같다.

감정을 담는 단단한 그릇 되기

누군가가 아주 감정적인 상태에 빠져 있을 때, 그들의 말에 귀 기울이는 것은 우는 아기를 안아주는 일과 비슷하다. 당신의 목표는 감정을 담는 그릇을 제공해, 상대가 감정을 마음껏 표현하고 나아가 편안한 상태가 될 수 있게 해주는 것이다. 만일 당신이 뛰어난 공감 능력을 가진 사람이라면 경청하는 동안 당신의 감정도 큰 영향을 받을 것이다. 그러므로 당신은 무엇보다 '단단한 그릇'이 되어야 한다.

상대방은 '도마뱀 뇌'에서 벗어나 다시 '논리적 뇌'~Logic Brain~로 돌아가기 위해 당신의 도움을 필요로 한다. 그런데 만일 당신이 상대의 얘기에 너무 감정적으로 반응한다면, 그 사람의 감정을 담는 그릇 역할을 하지 못하게 될 뿐만 아니라 상대방에게 당신의 감정까지 떠넘기게 될 수도 있다. 이는 결코 균형 잡기 쉽지 않은 문제다. 상대의 말에 공감을 표하고 상대의 상황과 감정을 헤아리려 관심을 보이는 태도도 중요하지만, 상대방이 계속 하고 싶은 말을 안심하고 할 수 있게 해주는 것 또한 중요하다.

책임을 추궁하지 않기

인간은 본래 이야기 지어내길 좋아한다. 그래서 종종 특정 인물이나 사건에 책임을 돌리고 싶다는 유혹에 빠지곤 한다. 그러나 실제 현실에서 일이 잘못되는 데에는 여러 가지 이유들이 있기 마련이다.

심리학에는 '체계적 관점'systemic field이라는 모델이 있다. 이 접근 방법은 힘든 대화를 해야 할 때 아주 유용한데, 설명할 수 없을 것 같던 결정이나 행동을 설명하는 데 도움이 되기 때문이다. 또한 체계적 관점을 취하면 덜 개인적이며 더 넓은 관점에서 문제를 바라보게 된다.

'체계적 관점' 모델의 가설에 따르면, 훗날 문제로 이어지는 대부분의 일은 다른 뭔가를 해결하려는 과정에서 생겨난다. 다른 부분에서 금전적으로 절약을 하려다 안전 문제가 발생하는 것, 효율적이고 디지털화된 해결책을 찾으려다 고객들의 사랑을 받던 서비스를 없애버리는 것 등이 그 예다. 현재 우리가 직면한 문제들은 실은 시스템 내 그 무언가 때문에 생겨났을 가능성이 훨씬 높다. 시스템 내의 결함들을 변화시키거나 해결할 방법을 찾으려면 무엇보다 먼저 그 결함들을 제대로 '이해' 해야만 한다. 주의 깊게 경청해야 하는 아주 중요한 이유가 바로 여기에 있다.

'경청하는 사람'이 된다는 것의 의미

대화를 할 때는 관심의 질이 듣기의 질을 결정하며, 듣기의 질이 상대방의 사고의 질을 결정한다. 그런 의미에서 경청은 수동적인 활동과는 거리가 멀다.

좋은 청자가 되는 것은 그 자체로 친절한 행동이다. 친절의 본질과 마찬가지로, 좋은 청자가 된다는 건 '명사'가 아니라 '동사'다. 그건 우연히 얻게 되는 자질이 아닌 매 순간 대화를 더 나은 방향으로 이끌어가기 위한 원칙과 기술 그리고 마음가짐들을 의도적으로 적용할 때 얻게 되는 것이다. 또한 좋은 청자가 되기 위해선 어느 정도 자신의 취약성을 드러낼 수밖에 없다. 왜냐하면 우리가 경청의 공간에 들어설 때 마음속으로 기꺼이 변화의 의지를 갖고 들어가야 하기 때문이다.

생각해봐야 할 질문들

- 당신의 삶에서 누가 당신의 말에 귀 기울여주고 당신의 가치를 인정해준다는 느낌을 주는가?
- 당신과 동료들은 별다른 주제 없이 편하게 이야기할 여유를 가지고 있는가? 그러한 여유 시간이 주기적으로 주어지는가? 만일 그렇지 않다면, 어떻게 그런 여유 시간을 만들 수 있을까?
- 당신과 대화를 할 상대의 입장에 서서 생각해보자. 그들은 당신이 자기 말에 귀를 기울여준다고 느낄까? 그렇지 않다면 어떤 점을 개선할 수 있을까?

친절 챌린지 5: 경청 파트너십

이번 주의 친절 챌린지는 경청에 대해 다시 생각해보는 것이다. 대화를 나눌 한 사람(친구나 동료)을 찾고 한 가지 주제(방금 전에 일어난 일이나 앞으로 일어날 일, 전략적인 일 등)를 선택하라. 그런 다음 함께 산책을 가라. 산책을 시작할 때, 서로 인사를 나누고 안부를 물은 뒤 한 사람은 말을 하고 다른 한 사람은 듣도록 하라. 5분에서 10분 동안 그렇게 한 뒤 서로 역할을 바꿔보라.

- 말하는 역할: 해당 주제에 대해 마음 편히 자유롭게 얘기해보라. 주제에서 벗어나지 말라. 사실에 대한 이야기뿐만 아니라 그 사실들에 대한 당신의 감정도 표현해보라. 필요할 때마다 잠시 침묵해도 좋다.
- 듣는 역할: 당신이 관심을 보이고 있다는 걸 보여주는 "음~" 같은 감탄사나 몸짓 외에는 아무것도 보태지 말라. 상대가 편히 얘기할 수 있는 여유를 갖게 해주어라.

대화를 마친 다음 서로의 역할에서 무얼 배웠는지에 대해 얘기해보라.

친절 영웅 스토리

"사람은 누군가 자신의 말을 귀 기울여 들어줄 때
스스로 가치 있다고 느낀다."

레이철 포드 Rachel Forde, UM 런던 UM London CEO

레이철 포드는 창의적인 미디어 에이전시인 UM 런던의 CEO로, 지난 20여 년간 고객 성장을 이끌어왔으며, 세계 최대의 미디어 에이전시들에서 조직 문화를 구축하는 일에 전념해왔다. 그녀의 리더십 아래 UM 런던은 연간 30퍼센트라는 인상적인 매출 성장을 이뤘다. 동시에 회사 내 남녀 임금 격차를 절반으로 줄였고, 이사회의 남녀 비율 또한 남성 85퍼센트에서 50대 50으로 바꿔 놓았다.

그녀는 리더로서 자신이 갖고 있는 가장 중요한 특성은 공감 능력이라면서 이렇게 말했다. "최근 성공한 리더들과 그렇지 못한 리더들을 보면 비즈니스에서 가장 중요한 건 친절이라는 생각이 듭니다. 과거에는 친절이 부드러운 기술 정도로 여겨졌지만, 지금은 달라요. 사람들은 친절이 공감 능력과 신뢰 그리고 충성도를 높여주는 중요한 요소임을 이해합니다. 어려운 점은 매일 수많은 메일이 쏟아져 들어오고 꼬리에 꼬리를 물고 회의가 열리는 상황에서 일부러 시간을 내 귀 기울여 듣는 시간을 가져야 한다는 것이죠. 그리고 그걸 조직 문화의 DNA로 만들어야 합니다."

UM 런던에서 포드는 '리더십 위원회'Leadership Council라는 이사회 산하 기구를 만들었다. 직원들에게는 자유롭게 자기 목소리를 낼 기회를 주고, 임원들은 직원들의 말을 경청하도록 만들어진 열린 토론의 장이었다. 이후 위원회 밑으로 여러 하위 집단과 커뮤니티들이 생겨났다. 그리고 UM의 구성원들은 서로의 의견을 경청하면서 각자의 독특한 관점을 이해할 수 있게 되었다. 현재 UM 런던에는 업무와 관련된 커뮤니티 외에도 육아 커뮤니티, LGBTQ 커뮤니티 같은 다양한 커뮤니티들이 조직되어 운영되고 있다.

포드는 이렇게 말한다. "우리 조직에는 다른 여러 커뮤니티들, 즉 귀 기울여 듣는 커뮤니티들이 있습니다. 하지만 이것이 단순히 해야 할 일 목록에 체크하는 일처럼 되어선 안 됩니다. 사람들에게 '이것에 대해 어떤 얘기를 하고 싶은가요?' 또는 '어떻게 참여하고 싶은가요?' 같은 질문들을 던지는 걸로 시작되어야 합니다. 이 집단들 안에선 다양성이 인정되고 소속감이 중시되어야 하며, 모든 사람이 존중받는다고 느끼고 또 자기 생각을 얘기하고 이해받을 수 있어야 합니다."

포드는 경청을 아주 인상적인 성장을 이루는 한 방법으로 활용하고 있다. "예를 들어 우리 회사엔 '속도 커뮤니티' 같은 아주 실용적인 팀들도 있는데 그곳에선 다음과 같은 질문들에 집중합니다. '어떻게 하면 일 처리 속도를 높일 수 있을까?', '어떻게 하면 중요하지 않은 업무들을 없앨 수 있을까?', '어떻게 하면 하루에 더 많은 시간을 효과적으로 쓸 수 있을까?', '무엇이 이 일을 진행하는 데 방해가 되고 있을까?' 등등. 모든 것에 대한 우리의 모토는 '어떻게 하면 더 잘할 수 있을까?'이며, 그걸 알아내는 유일한 방법은 귀 기울여 듣는 것뿐입니다."

코로나 팬데믹이 끝난 뒤 포드는 '마이코치'$_{MyCoach}$라는 회사 차원의 운동에 착수했다. 그 결과 회사 내 직급과 관계없이 전 직원에게 세 시간짜리 코칭 프로그램에 참여할 기회가 제공됐다. 그녀는 또 회사 업무를 일시 중단시켜 모든 직원이 무조건 5일간의 휴식과 회복 시간을 갖게 했다. 다음은 그녀의 말이다. "직원들에게 이렇게 말했습니다. '봐요, 정말 스트레스 쌓이는 시기였어요. 잠시 시간을 내 쉬세요.' 그런 다음 코칭 프로그램을 시작하며 이렇게 말했어요. '이 시간은 여러분의 시간이니, 직장 일이든 가정 일이든 그 어떤 일이든 다 얘기하세요.' 저는 직원들이 세 시간짜리 코칭 프로그램에 참여한 뒤 '사실 저는 더 이상 미디어 업계에서 일하고 싶지 않아요'라는 결론을 내릴 수도 있다는 걸 알고 있었습니다. 그럼에도 당신은 대담해질 필요가 있습니다. 당신이 궁극적으로 원하는 건 행복한 마음으로 회사 일에 동참하는 직원들이라는 걸 인정할 만큼요. 모든 일은 사람을 중심으로 이루어져야 합니다. 이처럼 '사람 먼저' 렌즈를 착용하면 결과는 알아서 따라옵니다. 그리고 그 덕에 모든 결정을 내릴 때 더 많은 정보와 영향력이 주어지게 되죠."

"성공한 기업의 비결은
사람들에게 자신이 개별적인 존재라고 느낄 자유를 주면서
동시에 자신이 더 큰 무언가의 일부라는
소속감을 느낄 수 있게 해주는 데 있다."

– 재닛 레이턴Janet Leighton, 팀슨의 행복 책임자

Graham Allcott

원칙 4) 항상 사람이 먼저, 일은 그다음이다

삶이 안정되어 있을 때는 직장에서 높은 성과를 내는 게 훨씬 더 쉽다. 건강, 안정적이고 편안한 가정, 친구들과 가족 그리고 중요한 인간관계 등은 모두 성공에 꼭 필요한 요소들이다. 우리의 개인적인 안정은 조직에도 이익인데, 그건 우리가 목표에 대해 생각할 여유와 시간과 에너지를 더 많이 쏟을 수 있음을 의미하기 때문이다. 그런데 만약 그렇지 않다면 어찌 해야 할까? 만일 한 동료가 병이나 이혼 또는 사별 같은 힘든 일을 겪고 있는 중이라면 어떨까? 그때야말로 당신의 친절이 힘을 발휘할 수 있는 좋은 기회다.

누군가가 삶의 힘든 시기를 보내는 상황에서도 여전히 최고의 성과를 유지해야 한다고 보는 건 비현실적인 기대다. 사람은 기계가 아니기 때문이다. 그러므로 우리는 그런 순간들을 일에 막대한 지장을 주는 순간으로 볼 게 아니라(물론 누군가의 부재는 혼란을 야기할 수도 있지만), 그 사람에게 그가 얼마나 소중하며 또 얼마나 많은 지지와 배려를 받고 있는지 보여줄 수 있는 절호의 기회로 봐야 한다.

이 장은 사람에 대한 접근 방식을 집중적으로 다룬 세 개의 장 중 첫 번째 장이다. '항상 사람이 먼저, 일은 그다음이다'는 내가 개인적으로 여러 해 동안 되뇌어온 모토였다. 이 접근 방식은 우리 싱크 프로덕티브에서 직원들이 처한 개인적인 어려움에 대처하는 실질적인 접근 방식이 되었으며, 몇몇 고객사들은 우리의 방식을 자기들 회사에 채택하기도 했다. 이 접근 방식은 단순히 개인적인 위기 관리에 도움을 주는 것을 넘어 인간의 존엄성, 일과 삶 간의 균형 그리고 직원 관계 및 비즈니스 파트너십에서의 상호 헌신의 중요성을 강조하는 역할까지 하고 있다.

'항상 사람이 먼저, 일은 그다음이다'의 유래

2000년대 초에 제이미 올리버Jamie Oliver는 자신의 사회적 기업 레스토랑인 피프틴Fifteen을 설립했다. 설립 취지는 집안도 어렵고 일 경험도 거의 없는 젊은이들을 모아 그들에게 투자를 해 요리사나 식당 종업원 등으로 일할 수 있게 해주자는 것이었다. 이 레스토랑의 설립 과정은 영상으로 기록되어 〈제이미스 키친〉Jamie's Kitchen이라는 제목의 다큐멘터리로 방영되기도 했다. 그 다큐멘터리에서 나의 사람 관리 방식에 큰 영향을 준 장면이 하나 나왔다. 올리버의 교육생들 중 하나가 애인과 다툰 뒤 눈물을 흘리며 출근을 했다. 그녀는 누가 봐도 감정적으로 아주 취약한 상태여서, 분주한 주방 안에서 이런저런 일들을 하기엔 조금 버거워 보였다. 올리버는 잠시 그녀와 이야기를 한 뒤 가볍게 포옹을 해주고는 그녀를 집으로 돌려보냈다. 그는 그 순간 그녀에게 필요한 건 참고 버티는 게 아니라 한 발 뒤로 물러서는 것임을 잘 알고 있었다. 올리버는 주방 일을 이끌어가야 하는 상황에서 일손이 하나 부족해진다는 걸 알았다. 하지만 후끈후끈한 주방 안에서 스트레스를 받으며 하루를 보내면 그 교육생의 정신 건강에 좋지 않을 뿐더러 잘못하면 더 큰 문제들이 일어날 수도 있다는 걸 본능적으로 알았던 것이다.

'항상 사람이 먼저, 일은 그다음'이라는 원칙은 사람들이 위기에 처했을 때 내 나름대로 친절하고 배려심 깊은 접근 방식을 취하고자 하는 생각에서 생겨났다. 그 기본 개념은 간단하다. 당신이 아무리 바쁘고 또 고객들의 요구가 아무리 많다 해도, 누군가에게서 '연락'을 받게 되면 최우선으로 생각해야 하는 건 늘 사람이라는 황금률을 지켜야 한다는 것이다.

여기서 말하는 '연락'이 뭔지 잘 알 거라 생각한다. 여러 해 동안 나는 그런 연락을 자주 받아왔다. 어떨 때는 말 그대로 전화로 그런 연락이 오기도 하고, 또 어떨 때는 회의실이나 카페에서 직접 마주 보고 나누는 대화 형태로 오기도 하며, 또 어떨 때는 문자 메시지나 메신저로 오기도 한다. 그 모든 연락에는 공통적으로 심각한 메시지가 담겨 있다. 가까운 사람의 사망, 중대한 사고, 무서운 질병의 진단, 항공편 취소로 고립되는 일 등이다.

그런 '연락'이 있을 경우, 항상 '사람 먼저'가 출발점이 되어야 한다. 그 결과가 어떻든 조직이 필요로 하는 일들은 그 뒤로 밀려야 한다. 사실 조직의 일에 가장 신경을 쓰는 사람은 그런 '연락'을 하는 당사자다. 자기 때문에 조직에 평지풍파가 일어나거나 혼란이 생기기를 원하는 사람은 없다. 이러한 '연락'이 왔을 때 우리가 보여야 할 적절한 반응은 그 사람의 도마뱀 뇌를 진정시키고 두려움과 죄책감을 덜어주는 것이다. 그 사람은 아마 '연락'을 하면서 과할 정도로 부정적인 자기 내화를 했을 게 분명하므로, 그런 자기 대화가 잘못됐음을 우리가 입증해 보여줘야 한다.

한 동료가 내게 임신했다는 말을 꺼냈던 일이 기억난다. 몇 주 전에 우리는 그녀에게 새로운 역할을 맡기기로 했다. 그러니까 많은 책임이 따르는 중요한 자리에 승진시키기로 합의했었다. 그런데 그 새로운 역할을 맡자마자 임신 소식이 나온 것이다. 우리는 그녀에게 출산휴가를 내주면서 당분간 그녀의 역할을 대체할 방법을 찾았으며, 그녀가 휴가 후에 다시 복귀할 수 있게 조치했다. 훨씬 나중에 안 일이지만, 우리가 많은 대화를 통해 '항상 사람이 먼저, 일은 그다음'이라는 원칙이 우리의 접근 방식임을 수없이 강조했음에도 그녀는 그 원칙이 자신에게는 적용되지 않을 거라는(아니면 적어도 이번엔 적용되지 않을 거라는) 불안감에 시달렸다고 한다. 그 일을 통해 나는 늘 어느 정도의 불안감과 개인적인 위험을 가정해야 한다는 사실을 배웠다. 당신의 정책이나 명성이 어떻든 간에 그런 일들은 삶에서 아주 중요한 순간들이니까.

만일 누군가가 오랫동안 조직에서 헌신적으로 일해왔다면, '항상 사람이 먼저, 일은 그다음' 원칙은 그 사람에게 아마 다음과 같은 말을 할 것이다. "당신이 우리에게 헌신해주었으니 이젠 우리가 당신에게 헌신할 차례입니다." 이는 결국 그 직원이 필요로 하는 것에서 출발한다는 의미다. 그 사람이 필요로 하는 게 설사 회사 정책이 허용하는 범위 밖에 있다 하더라도, 인사팀에 가서 문제를 해결할 다른 방법을 찾든지(아니면 인사팀에 가지 않고 그냥 다른 방법을 찾든지) 해야 한다. 나는 기업 오너 입장에서 여러 차례 내 사비를 털어 사람들을 도와준 적이 있다. 그건 보람 있는 지출이었다. 그런 '연락'을 받는 순간은 대개 인생에서 아주 큰 '간극'의 순간이기 때문이다. 바로 그때가 상대가 당신을 가장 필요로 하는 순간이자, 당신이 친절을 베풀 수 있는 더없이 좋은 기회다. 특히 당신이 압박감이 큰 상황에서 친절을 베풀 수 있다면 그건 아주 오랫동안 기억될 것이다.

'항상'에 담긴 의미

'항상 사람이 먼저, 일은 그다음'이라는 원칙에서 가장 중요한 단어는 '항상'이다. 이는 예외가 없다는 뜻이다. 아무리 바쁘더라도 그리고 아무리 그날 그 사람이 꼭 필요하다고 생각되더라도, 두 사람 다 한 발씩 물러설 필요가 있다. 그러면 양쪽 모두가 원하는 걸 얻을 것이며, 해결책을 찾아낼 수 있을 것이고, 팀은 단합될 것이다. 물론 그 당시에는 불가능하거나 스트레스 넘치는 일로 보일 수도 있다. 누군가에게 문제가 생겨 자리를 비워야 한다는 소식을 접할 때는 대개 아직 해결되지 않은 일들이 산적해 정신없을 때다. 하지만 내가 여러 해 동안 경험해오고 배운 바에 따르면, 당신은 결국 해결책을 찾아내게 된다.

통제와 권한이 아닌 '사람'을 맨 앞에 두어라

'항상 사람이 먼저, 일은 그다음' 원칙이 적용되는 순간에는 짧으면서도 많은 의미를 담은 말들이 따르는 경우가 많다. 예를 들어 "필요한 만큼 쉬어요."라는 말은 사랑에서 우러나오는 말이다. 상대에게 시간을 주고 자신을 돌볼 여유를 주겠다는 뜻이다. 또 일에 대한 상대의 헌신을 믿고 팀원들과의 인간관계도 믿는다고 선언함으로써 상대에 대한 신뢰를 표명하는 것이다.

"필요한 만큼 쉬어요."에는 또 다른 의미도 담겨 있다. 그러니까 "당신이 필요한 만큼 오래 쉰다 해도, 나는 이 상황을 해결할 방법을 찾을 수 있습니다."라는 의미도 담긴 것이다. 이런 일에는 금전적인 문제들이 따르는 경우가 많고 그래서 많은 시간을 희생해야 할 수도 있다. 프로젝트가 계속 진행되지 못해 기한을 연장하는 등 아주 현실적인 대가가 뒤따를 수도 있다. 그럼에도 당신은 "준비가 되면 말해주세요.", "우리는 당신을 믿습니다."와 같은 말을 해줘야 한다. 바로 그렇게 할 때 한동안 직장을 떠나야 하는 사람에게 자율성과 동시에 책임감을 부여할 수 있다. 바로 이것이 통제와 권한보다 사람을 중시하는 말의 역할이다.

어려운 일은 누구에게나 언제든 일어날 수 있다

'항상'이라는 단어는 다른 이들에게 '언제든' 어려운 일이 생길 수 있다는 사실을 상기시켜준다. 당신 팀에는 늘 지원을 필요로 하는 누군가가 있다. 예전에 우리 회사에서 '항상 사람이 먼저, 일은 그다음'이란 모토를 틈나는 대로 되뇌던 때가 기억난다. 회사 일도 잘 풀리지 않는데 팀에 트라우마를 안겨줄 만한 중요한 일들이 계속 터져서 회사에 저주가 내린 것 아니냐는 농담을 할 정도로 많은 일이 일어났던 시기였다. 모든 사람에게 육아 문제, 건강 문제, 수술, 가족의 사망, 각종 사고, 연인과의 이별, 천장 붕괴 사건 등등 온갖 문제가 다 일어났던 것이다. 당시 직원들은 대부분이 젊고 건강하고 활동적인 사람들이었지만, 그런 안 좋은 일들이 계속 일어나다 보니 스트레스를 무척 심하게 받았다. 그때 우리가 바란 건 단 하나, 모든 사람이 행복하면서 동시에 안전한 것, 즉 '평범한' 시간이 이어지는 것이었다. 그러다 어느 순간 삶에서 고통은 필연적인 일이라는 깨달음이 왔다. 고통과 불운은 피할 수 없는 현실이다. 모두에게 아무 문제가 없는 이상적인 상황은 말 그대로 이상적이며 아주 드물게 찾아온다.

업무를 계획할 때 '누구에게든 어려운 일은 항상 일어난다'는 사실을 기억해두면 도움이 된다. 우리는 모든 사람이 항상 최상의 상태로 자기 능력을 발휘해줄 거라고 가정하지만 현실은 그렇지 않다. 또한 이러한 생각은 사람들이 말없이 견뎌내고 있을지도 모를 어려운 일들을 알아차리는 데 도움이 된다. 또한 '간극'을 찾아내 누군가가 위기 상황에 내몰리기 전에 도움을 줄 수 있게도 해준다. 하지만 '누구에게든 어려운 일은 항상 일어난다'는 사실을 깨닫기란 쉽지 않다. 하루하루가 그야말로 정신없이 바쁘게 돌아가는 근무 환경에선 특히 더 그렇다.

수석 엔지니어 필Phil은 영국 자동차 제조업체 재규어 랜드로버Jaguar Land Rover의 대규모 전기 자동차 프로젝트에 참여해 일하면서 많은 스트레스를 받던 때의 이야기를 내게 들려준 적이 있다. 그는 매주 상사들에게 자기 팀의 작업 진행 상황을 보고해야 했다. 부담감이 말도 못하게 컸다. 회사의 미래를 전기 자동차에 걸었는데, 자동차 시장에 미칠 영향도 아주 컸다.

하루는 그의 직속 부하 직원이 현황 보고를 해왔는데, 그 내용이 상사들의 눈에는 불만족스러울 게 뻔했다. 게다가 프로젝트 진행은 더디고 모든 게 제대로 굴러가고 있는 것 같지도 않았다. 필은 우리가 스트레스를 받는 상황에서 흔히 하는 방식으로 행동하기 시작했다. 서둘러 '분노의 이메일'을 쓰기 시작한 것이다. 그런데 그 이메일을 보내기 직전 다른 일이 터졌다. 급한 일을 처리하고 다시 자리로 돌아와 자기가 쓴 이메일 초안을 읽어본 그는 그것이 자기가 쓴 게 아닌 누군가에게서 받은 말도 안 되는 내용의 이메일처럼 느껴졌다. 그는 곧바로 모든 내용을 지우고 대신 한 줄짜리 간단한 이메일을 보냈다. "○○ 씨, 괜찮아요?" 그 짧은 이메일 덕에 스트레스에 대한 대화가 시작될 수 있었다. 그 부하 직원은 지원이 절실한 상황이었다. 필은 일정을 재조정하고 업무를 재분배했다. 그러자 모든 게 제대로, 더 빨리 돌아가기 시작했다. "만일 내가 처음에 쓴 이메일을 그냥 보냈다면 인간관계에 많은 타격이 생겼을 겁니다. 아마 돌아올 수 없는 강을 건너고 프로젝트 진행에 치명적인 타격을 입혔을 거예요."

팀의 업무를 계획할 때 우리가 할 일은 충분한 여유와 유연성을 두는 것이다. 거의 항상 자리를 비워야 할 누군가가 생긴다고 예상하는 게 타당하다. 누군가가 개인적인 문제로 자리를 비우면, 그 빈자리를 채우는 건 나머지 사람들의 몫이다. 그게 세상 이치다. 그러다 당신에게도 어려운 일이 닥치고 또 그렇게 '돌고 도는' 것이다. 이 또한 세상 이치다. 당신이 부서진 지붕을 수리하거나 마음의 고통을 치유하거나 가정의 위기를 극복하는 동안 다른 사람들이 당신을 대신해줄 거라는 기대가 있기 때문에, 죄책감 없이 잠시 자리를 비울 수 있는 것이다. 직장 안에서 모두가 당신 편이라는 사실을 기억하면 당신은 그 순간 가장 중요한 일에 집중할 수 있게 된다.

버티는 건 정답이 아니다

질병과 정신 건강 그리고 다른 개인적인 문제들과 관련해 우리가 종종 듣는 조언은 '일단 계속 버티라는 것'이다. '꿋꿋이 버텨라'라든지 '침착하게 밀고 나가라' 같은 말은 어느 문화권에서나 널리 퍼져 있다. 그런 말은 과거 전쟁 중엔 훌륭한 선전 도구였을지도 모른다. 하지만 오늘날 비즈니스는 전쟁이 아니며 우리가 계속 버틸 이유는 없다는 사실을 기억해야 한다.

이 같은 진실에는 아주 슬픈 사실이 있다. 우리는 자신을 유용하다거나 필요하다거나 심지어 '없어선 안 될 존재'로 느끼는 것이 자아에 좋은 영향을 미친다고 생각한다. 이러한 생각은 조직 내에서 자신의 가치를 정하고, 나아가 자존감으로 이어지기도 한다. 〈월스트리트 저널〉이 일론 머스크에게 "그 어떤 조직의 수장이 되는 데 나는 관심이 없다."라고 선언해놓고 왜 그리 오래 테슬라의 CEO로 남아 있냐고 묻자 그는 이렇게 답했다. "솔직히 말해서 내가 해야 해요. 안 그러면 테슬라는 끝

장날 거예요."[1] 감정적인 측면에서 볼 때 슈퍼히어로 같은 그의 이런 얘기는 관련된 모든 사람에게 설득력 있게 들리지만(머스크의 입장에선 목적과 의미를 제공하고, 주변 사람들 입장에선 모든 답을 알고 있는 '마법사 같은 어른'이 함께한다는 생각이 들 수 있다), 다른 측면에서 보면 잘못된 경영 방식으로 생각될 수도 있다. 그렇지 않은가? 어떤 회사가 한 사람이 빠졌다고 파산하게 될 정도라면, 이는 후속 계획이 없거나 위험 관리를 제대로 하지 못하고 있다는 의미다.

이 같은 머스크식 판타지는 우리 모두의 머릿속에서 펼쳐지고 있다. 우리는 자신이 없어선 안 될 존재라고 느끼고 싶어 한다. 나는 회사를 처음 설립했을 때부터 내가 잠시 자리를 비울 자유를 누릴 수 있는 조직을 만들기 위해 많은 노력을 기울였다. 몇 년 전 1년간 안식년 휴가를 보내면서 나는 한 번도 업무 이메일을 확인하지 않았다. 그런데도 회사는 성장했다! 물론 이런 일을 겪으면 자신이 생각했던 것만큼 특별하지도 않고 없어선 안 될 존재도 아니라는 사실에 왠지 서글프기도 할 것이다. 그러나 반대로 이야기하면, 이는 그만큼 우리가 일에서 의미와 목적을 찾는다는 의미이기도 하다. 우리가 왜 일의 중요성을 그렇게 부풀리는지, 왜 우리 자신이 일에 꼭 필요한 존재라는 걸 그렇게 부풀리는지 이해하기란 어렵지 않다.

그래서 '항상 사람이 먼저, 일은 그다음' 원칙은 사람들이 자신이 하는 '일'에 신경 쓰고 있다는, 어쩌면 너무 많이 신경 쓰고 있다는 가정에서 시작된다. 사람들은 자신이 조직에 필요한 존재라고 느끼고 싶어 하며 그래서 어쩔 수 없이 자리를 비워야 할 때 큰 고통과 심지어 슬픔까지 느끼는 것이다.

우리는 모두 연결되어야 하는 존재다

> "나는 '친절'을 뛰어난 리더십과 연관 짓는다. 학계에서 함께 일했던 사람들을 되돌아보면, 큰 성공을 거둔 사람들은 대개 정말 공감 능력이 뛰어나고 친절한 사람들이었다."
>
> — 칼 뉴포트Cal Newport 박사, 《딥 워크》 저자

'항상 사람이 먼저, 일은 그다음'이라는 말은 '나는 존엄성을 택한다'는 말과 같다. 그렇다. 우리 모두는 특별한 존재이며 자신만의 특이함, 즉 서로 다른 기술과 관심사, 특성과 결점들을 갖고 있다. 또한 모두에게 존중받고 가치 있게 여겨지고 사랑받고 신뢰받길 바란다. 상대에게 믿음을 주고 싶다는(그래서 투자를 받고 싶다는) 갈망도 갖고 있다. 그리고 공동체 의식은 물론이고 주변 사람들과 연결된 느낌을 받고 싶어 하기도 한다. 이런 연결의 순간들은 놀랄 만큼 짧을 수 있지만 사람들에게 지대한 영향을 미친다.

콜린 베넷Colin Bennet은 영국 축구 리그의 개발 관리자다. 그는 내게 이런 이야기를 들려주었다. "개인적으로 영 좋지 못한 상태로 연말을 맞았는데, 마침 필요성도 별로 못 느끼는 조직 전체가 참여하는 온라인 회의가 열렸습니다. 나는 그 회의에 마지못해 참석했지요. 그때 다른 팀에서 온 두 동료가 말했습니다. '와우, 콜린 자네도 있었구만. 자네를 만나다니 정말 반가워!'(그런 비슷한 말을 했죠.) 그 말을 듣자마자 금세 기분이 좋아졌습니다. 내가 다른 사람들이 환영하고 원하고 필요로 하는 사람이 된 느낌이었죠. 회의 이후에 두 사람에게 연락해 아까의 말이 얼마

나 내게 큰 위안이 됐는지 모른다고 말했더니 깜짝 놀라더군요. 자기들은 그냥 다른 사람들이 자신에게 해주길 바라는 대로 행동했을 뿐이라면서요. 그러니까 다른 숨겨진 의도 같은 건 없었고, 그저 늘 하던 대로 친절을 베풀었을 뿐이라는 얘기였습니다."

인간들 vs. 행동하는 인간들

싱크 프로덕티브를 설립할 때, 나는 강력한 협력 정신을 토대로 한 공동체를 건설하고자 의식적인 노력을 기울였다. 그러자 어느 순간 'TP(저자가 설립한 회사 이름인 Think Productive의 줄임말—옮긴이) 가족' 또는 '아냐, 우리는 지금 TP 방식으로 하고 있어' 또는 '그 결정은 TP답지 않았어' 같은 말들이 들려오기 시작했다. 그런 상황이 되자 'TP 방식'이 무엇을 의미하는지 나 혼자가 아닌 다 함께 이를 정의할 필요가 있겠다는 생각이 들었다. 그렇게 시간을 들여 우리는 조직 내에서 모범으로 삼고 권장해야 할 여러 가지 특성들을 'TP 방식'이라고 정의 내리게 되었다. 경청, 정직함, 명확성, 투명성, 공감 능력 그리고 가장 중요한 친절함까지 말이다.

그래서 우리는 최선을 다해 구성원들의 이야기를 귀 기울여 들으려 한다. 또 격주로 일대일 미팅을 갖고, 직원들의 생일뿐 아니라 직원 한 명이 2년간 우여곡절 끝에 바라던 집으로 이사했을 때처럼 다른 중요한 일들이 있을 때도 축하를 아끼지 않는다. 우리는 사람들에게 각종 걱정거리나 문제를 내려놓을 수 있는 여지를 준다. 또한 가치를 주기는커녕 더 많은 스트레스를 주는 일이나 과정을 없애고 바꾸기 위해 적극적인 노력을 기울인다. 그리고 사람들에게 지금 기분이 어떤지 또 무슨 일이 일어나고 있는지 얘기해보라고 항상 권한다.

직장 내에서 친절 문화를 조성한다는 것은 다양한 생각이 존재하는 공동체, 차이를 존중하는 공동체를 만든다는 의미지만 동시에 비슷한 생각을 가진 사람들이 모여 여러 가치들을 공유하는 공동체를 만든다는 의미이기도 하다. 이렇게 멋진 공동체를 만들 수 있는데 뭣 때문에 팀을 만들겠는가?

> **'항상 사람이 먼저'를 위한 연습: 서로를 알아가는 시간 갖기**
>
> 다음 팀 회의를 할 때(기왕이면 같은 방에서 하되, 그게 어렵다면 온라인상에서 해도 좋다) 서로 '그냥 함께 있는' 시간을 조금 보내도록 해보자. 회의를 하려면 꼭 안건이 있어야 한다는 압박감에서 벗어나 개인적으로 서로를 좀 더 알아가는 시간을 갖는 것이다. 만일 당신이 회의를 주재한다면, 모두가 고루 이야기를 할 수 있게 시간 배분을 잘하도록 하라. 회의를 잘 진행하고 싶다면 특정한 형식이나 논의할 질문들을 미리 정해두는 게 도움이 된다(안 그러면 분위기가 좀 어색해질 수 있다). 시작할 때 도움이 되는 몇 가지 질문을 소개하자면 다음과 같다.
>
> - 지금 여기 말고 다른 어느 곳이든 갈 수 있다면 어디에 가고 싶나?
> - 종이 한 장을 꺼내 당신의 개인적인 심벌을 그려보라. 방패를 하나 그린 뒤 그 방패의 네 부분에 당신에게 큰 의미가 있는 걸 그려보라. 사람이든 취미든 장소든 가치든 그 무엇을 그려도 좋다.
> - 당신이 가장 자랑스럽게 생각하는 건 무엇인가?

- 내년의 희망과 두려움은 무엇인가?
- 돌아가며 한 사람씩 왼쪽에 앉은 사람에 대해 존경하거나 높이 평가하는 일 한 가지를 말해보라(이 질문은 모두가 서로를 아주 잘 아는 팀에서 할 수 있다).

나는 이와 같은 소소한 순간들의 연결과 친절을 통해 팀원들에게 빠른 속도로 동기부여가 되고 신뢰와 연결감이 형성될 수 있길 바란다.

'일보다 사람 먼저' 원칙을 지키는 사소한 방법들

'일보다 사람 먼저' 원칙을 지킬 수 있는 첫 번째 방법은 이 장 서두에서 얘기한 대로 사람의 가치를 있는 그대로 받아들이는 것이다. 그러니까 '항상'이라는 말에 예외를 두지 말고 누구든 어려움을 겪을 수 있다는 사실을 잊지 말아야 한다. 그 외에도 직장에서 사람들에게 더 큰 존엄성과 소속감을 줄 수 있는 다음과 같은 방법들이 있다.

생일을 비롯한 중요한 일들을 축하해주어라

여러 면에서 가장 쉬운 하나의 방법은 사람들의 생일을 기억하고 축하해주는 것이다. 이와 동시에 모두가 다 케이크나 맥주 또는 카드를 좋아하지는 않는다는 점을 기억하는 게 좋다. 뒤에 나올 여섯 번째 원칙에서 다시 보겠지만, 사람들을 '그들이 원하는 방식으로 대하는 것'이 중요하다. 따라서 그 점에 조금 더 신경을 쓰면 큰 차이를 만들 수 있다. 누군가가 집을 처음 샀거나 개를 처음 입양했거나 힘든 시기를 막 헤쳐 나왔을 때, 당신이 그리고 조직 구성원들이 그 사람의 말에 귀 기울이고 있다는 걸 알려주도록 하라.

사람들의 위대함을 설명하게 하라

사람들이 자기 일에서 존엄성과 소속감을 느끼는 가장 좋은 방법 중 하나는 그 일에 대해 다른 사람들에게 설명하는 것이다. 자기 일을 자기가 직접 설명함으로써(특히 이사회나 고위 경영진같이 계층 구조의 위쪽에 있는 사람들을 향해) 사람들은 자신감을 기르고 각자의 독특한 기여를 확인하는 좋은 기회를 얻을 수 있다. 또한 이 과정을 통해 바쁜 일상에서 한 걸음 물러나 '내 일이 조직에 어떤 기여를 하지?', '우리는 무얼 성취하고 있지?', '이게 어떻게 유용하지?' 같은 질문들을 던져볼 수도 있다.

당신이 아닌 다른 사람들의 흐름에 맞춰라

사람들을 관리하는 문제에 관한 한, 관리자는 모든 '답'을 알아야 한다고 여겨지곤 하지만 사실 가장 뛰어난 리더십은 좋은 '질문'을 하는 데서 나온다. 의사결정을 공유하고 사람들에게 언제, 어디서, 어떻게 일할 건지에 대해 더 많은 통제권을 주는 것이야말로 더 큰 신뢰를 보여주는 방법이다. 때론 누구의 방해도 받지 않고 제대로 일할 수 있게 해주는 것이 가장 친절하고 생산적인 방법이다.

어색함을 줄여줄 정기적인 미팅을 만들어라

싱크 프로덕티브의 임원 회의에는 항상 '개인적인 공유'personal download 라고 부르는 특별한 안건이 오른다. 이를 통해 우리는 구성원들이 정기적으로 서로의 인간적인 경험을 나누고 다시 연결될 수 있는 시간을 마련한다. 우리 회사는 일대일 직원 미팅에서도 '지금 당신의 삶에서 무슨 일이 일어나고 있나요?'라는 질문을 자주 하곤 한다. 개인적인 어려움을 털어놓는 게 어색할 수 있지만, 매달 그런 순간을 갖게 되면 사람들은 그렇게 해도 절대 손해 보지 않음을 확신하게 된다. 지난 몇 년간 우리 직원들은 그런 순간들을 통해 인생이 바뀔 만큼 중요한 소식들을 직접 전해주었다. 그 덕에 로봇 같은 얼굴을 하고 직장에 나오지 않아도 된다는 생각을 자연스럽게 받아들일 수 있게 되었다.

신뢰를 악용하는 사람들에게 현명하게 대처하는 법

내가 '항상 사람이 먼저, 일은 그다음'을 원칙으로 삼고 있다고 말하면 가끔 "정말요? 항상요? 모든 사람에게요?"라는 반박이 이어지곤 한다. 여기서 한 가지 짚고 넘어가야 할 사실은 이 원칙이 상호 신뢰를 기본 전제로 하고 있다는 점이다. 그러니까 누군가가 최대한 생산적으로 일하겠다는 의도로 헌신하고 있음을 확신해야 한다는 얘기다. 그러려면 사람들에게 어느 정도의 정직성과 성실성이 있다고 믿어야 하며, 결핍적 사고방식이 아닌 풍요적 사고방식을 갖고 사람들에게 최악보다는 최선을 기대하는 삶을 살아야 한다.

극도의 불만을 표출하는 직원들을 상대해야 하거나 거듭해서 신뢰가 깨져서 조직을 다른 방식으로 운영해야 할 때도 있을까? 물론이다. 그러나 솔직히 말해, 그간 내가 함께 일했던 모든 사람 중에서 그래야 했던 경우는 딱 한 번뿐이었다. 그 당시 나는 누군가가 나의 이런 근무 방식을 악용한다고 느꼈다. 자신에게 제공되는 많은 시간과 여유는 실컷 누리려 하면서 그에 대한 보답으로 다른 사람들을 돕는 일엔 전혀 나서려 하지 않는 것이다.

그 사람은 성과도 안 좋았고 특별히 일에 전념하지도 않았다. 나는 결국 그 직원과 두어 차례 대화를 나눴고, 그는 이후 새로운 직장으로 옮겼다. 그러는 사이 그 직원이 받지 말았어야 할 병가 급여를 지불해주기도 했다. 그러나 그게 사람을 중시하는 친절한 조직 문화를 위해 치러야 하는 대가라면, 나는 지나칠 정도로 관대한 조치라 하더라도 기꺼이 취할 것이다. 팀 사기와 직원 참여도 그리고 성과 측면에서 다른 모든 사람에게 돌아가는 혜택이 분명하기 때문이다. 이는 가끔 지불해야 하는 추가 병가 급여보다 훨씬 더 가치가 있다.

결국 모든 것은 결핍이 아닌 풍요에서 출발한다는 개념으로 되돌아간다. 사람들이 당신을 신뢰해주길 바란다면 먼저 그들을 신뢰하라. 사람들이 스스로를 가치 있는 존재라고 느끼는 문화를 만들고 싶다면 먼저 그들을 사람으로 귀하게 여겨라. 사람들이 자신의 일을 진지하게 받아들이길 바란다면 먼저 그들의 삶을 진지하게 받아들여라.

'친절'은 직장에서 인간성의 중요함에 대해 깨닫게 해준다. 사람을 우선시하고 그들의 존엄성을 모든 일의 중심에 놓아라. 이를 통해 신뢰와 심리적 안정감이 생겨나고 이것이 결국 좋은 성과로 이어지는 모습을 확인하게 될 것이다.

> **생각해봐야 할 질문들**

- 당신의 조직에서 누군가가 위기에 처하면 어떤 일이 일어나는가?
- 어떻게 하면 사람들이 직장에서 안전하고 가치 있다고 느끼고, 있는 그대로의 자신을 드러낼 수 있을까?
- '항상 사람이 먼저, 일은 그다음'이라는 생각을 방해하거나 지지하지 않는 사람이 있는가? 그들은 누구인가? 그들이 근거로 드는 내러티브는 무엇인가?

> **친절 챌린지 6: 존중하는 마음으로 대하기**

이번 주에는 팀원들 고유의 인간성을 존중해주는 행동들에 집중해주기 바란다. 팀원들의 일 자체를 도우라는 말이 아니라 그들을 인간적으로 대하라는 얘기다. 몇 주 전에는 알아채지 못했을 수도 있는 '간극'이 발견될 만한 곳에 특히 관심을 쏟도록 하라. 친절을 베풀다 보면 그 어느 때보다 더 많은 사실들을 알게 될 것이다. 몇 가지 아이디어를 제공하자면 다음과 같다.

- 누군가가 뭔가에 노심초사하는 것처럼 보인다면(계속 전화 통화를 하거나 멍하니 앉아 있거나 지쳐 보이는 등) 무슨 문제가 있는지 물어보라.
- 만일 아직 하고 있지 않다면, 일대일 회의 시간이나 점심 시간에 사람들의 삶, 정신 건강, 일반적인 복지 문제 등을 집중적으로 논의하는 시간을 정기적으로 가져라.
- 팀원들과 함께 '항상 사람이 먼저, 일은 그다음' 원칙에 대해 이야기하

라. 그들은 이 접근 방식에 대해 어떤 생각들을 하고 있나? 이를 계기로 팀원들과 신뢰와 헌신 그리고 동기부여에 대한 얘기도 나눠라. 이때 또 무엇을 개선할 수 있을까?

- 존엄성과 개성을 강화해줄 수 있는 소소하지만 규칙적인 의식들을 생각하고 실행하라. 사람들의 생일과 약혼, 이사 같은 긍정적이고 중요한 행사들을 축하해주도록 하라. 팀원들이 서로가 삶의 목격자가 될 수 있는 공간을 만들어라.

- 그 원칙을 팀원들뿐 아니라 당신의 삶에도 제대로 적용하라. 언제 휴식을 취해야 할까? 우리의 첫 번째 원칙을 기억하라. 친절은 당신으로부터 시작된다.

친절 영웅 스토리

"전 압니다. 친절의 파급 효과는 분명히 있다는 걸요."
에밀리 창Emily Chang, 맥켄 월드그룹McCann Worldgroup CEO

에밀리 창은 상하이에 본사를 둔 직원 수 400명이 넘는 마케팅 대행사 맥켄 월드그룹의 CEO다. 그녀는 애플과 스타벅스 그리고 인터콘티넨탈 호텔 그룹에서 고위직으로 일한 바 있다. 에밀리 창은 믿을 수 없을 만큼 우아하고 친절한 리더로, '항상 사람이 먼저, 일은 그다음'이라는 모토를 행동으로 옮기고 있다.

그녀는 자신의 개인적인 삶을 직장에서 어떤 종류의 사람이 될 수 있는지를 보여주는 기표로 사용한다. 그녀의 책 《여분의 방》The Spare Room은 그녀가 길에서 만난 집 없는 한 어린 소녀에게 자신의 집 빈방을 내어준 이야기를 담고 있다. 그 경험을 통해 그녀는 이런 나눔이 앞으로도 계속 반복될 수 있음을 깨닫는다.[2] 그렇게 창은 지금까지 17명의 어린아이들을 자기 집 빈방에서 돌봐왔다. 그녀에게 '빈방'은 단순한 공간 이상의 의미, 즉 '당신이 세상에 내어줄 수 있는 것은 무엇인가?'라는 질문에 대한 대답이었던 것이다.

자신의 이야기를 통해 사람을 이끄는 리더인 그녀는 인간미가 넘치며, 주변 사람들에게서 충성심과 최고의 성과를 이끌어낸다. 그녀는 내게 자기 직속 부하에 대한 이야기를 들려주었다. 그 직원은 미국에서 상하이로 이직해온 사람으로 아내와 두 아이를 미국에 남겨둔 채 자신만 상하이에서 지내고 있는 상태였다. 그는 가족을 보러 가고 싶었지만 그럴 만한 돈도 없고 연차 휴가도 없어 현실적으로 그럴 수가 없었다. 상황을 알게 된 창은 당사자도 모르게 예산을 마련해주었고, 그 직원은 가족들을 만나러 갈 수 있었다. 또 나중에는 가족들도 그를 만나러 올 수 있게 배려해주었다.

창에게 어떤 일을 계기로 친절한 행동을 하게 됐는지 묻자, 그녀는 자신의 상사였던 케네스 맥퍼슨Kenneth McPherson 인터콘티넨탈 호텔 그룹 유럽, 중동, 아프리카 지역 CEO의 이야기를 들려주었다. "당시 나는 어린 소년을 입양하려고 무진 애를 쓰고 있었고, 그러다 보니 직장 밖에서 에너지를 많이 소진했어요. 어느 날 맥퍼슨이 사무실에서 잠깐 보자고 해서 가봤더니 인사팀 책임자와 함께 앉아 있더군요. 그는 왠지 긴장돼 보였습니다. 나는 그 회의가 어떤 회의인지 전혀 몰랐고, 그래서 갑자기 너무 긴장됐습니다."

창은 이렇게 말을 이었다. "그가 테이블 위로 종이 한 장을 건넸어요. 그러면서 '이걸 읽어봐요'라고 하더군요. 종이를 펼쳤더니 '우리 인터콘티넨탈 호텔 그룹은 당신에게 입양비를 지원하고자 합니다'라고 써 있었죠. 그걸 읽으면서 눈물이 났습니다. 우는 저를 보고 그가 이렇게 말했습니다. '당신이 그 아이에게 하는 걸 보고 너무 큰 감동을 받았습니다. 그래서 인사팀에 부탁했는데 우리 회사엔 사람들을 돕는, 특히 외국 직원들의 현지 중국 아이 입양을 돕는 정책이 없다는 걸 알게 됐어요. 그래서 당신의 입양비를 지원하기 위해 이 작은 징표를 주려 해요.'"

창은 계속 말했다. "그 덕에 나는 새로 입양한 아이가 집에 정착할 수 있게 시간을 좀 벌 수 있었고, 내가 하고 있는 일이 전통적인 출산 과정 같다는 느낌을 받게 됐습니다. 단 한 번의 그 친절한 행동이 두고두고 기억에 남았는데, 그건 그게 워낙 개인적인 일인 데다 CEO의 직무 범위를 넘어선 일이었기 때문입니다. 그게 바로 깊은 충성심과 친밀감을 갖게 하는 일이죠. 충성심이라는 말은 오늘날 절대 가볍게 쓸 수 있는 말이 아니에요. 만일 케네스 맥퍼슨이 도움을 청한다면, 나는 만사 제쳐놓고 뭐든 그가 필요로 하는 일을 할 겁니다. 그에게 믿을 수 없을 만큼 큰 감동을 받았으니까요."

창의 타고난 따뜻함과 사람들에 대한 사랑은 전염성이 있어서 그녀와 줌 통화만 해도 쉽게 전염이 된다. 그녀는 팀 내 다른 사람들에게 본보기를 보이며 자신의 따뜻함을 회사 구성원 모두에게 전하고 있다. "일전에 비서의 책상을 보는데 위에 칠면조 사진이 잔뜩 붙어 있는 거예요. 중국에선 추수감사절이 대대적으로 기념되는 휴일이 아닌데 말이죠. 그래서 물었어요. '이 칠면조들은 다 뭐예요?' 그녀가 이렇게 대답하더군요. '아, 매월 갖는 회식 날이 다가오는데, 그때 칠면조 모양의 종이에 다른 누군가에게 고마웠던 점을 적으면 좋겠다고 생각되어서요.' 나는 그 아이디어가 마음에 들었고, 그녀가 그런 아이디어를 떠올린 뒤 따로 물어보지 않고 자유롭게 실행에 옮길 수 있었다는 점도 마음에 들었어요."

창은 자신이 받은 친절을 다시 나눔으로써 다른 사람들에게도 영향을 줄 수 있는 문화를 만들고 있다. 다음은 그녀의 말이다. "나는 호텔에 머물 때마다 그렇게 합니다. 호텔 편지지를 이용해 누군가에게 손편지를 쓰는 거죠. 최근에는 다른 사람들도 그렇게 하기 시작했어요. 한 동료와 진로 변경을 계획 중인 팀원에 대해 얘기를 나눈 적이 있는데요, 그 동료가 이러더군요. '진심으로 그녀의 행운을 빌어요. 난 이게 그녀에게도 좋은 일이고, 우리 회사에도 좋은 일이라고 생각해요.' 그러고 나서 내게 살짝 미소를 지으며 말하더군요. '내가 뭘 했는지 알아요? 그녀에게 손편지를 써줬어요! 당신이 호텔에서 내게 써줬던 손편지를 책상에 붙여놨었는데, 그걸 보니 그녀에게도 손편지를 써주고 싶더라고요. 당신을 위해 아주 잘한 결정이라 생각하며 행운을 빈다고요.' 그 젊은 직원은 아마 자기 상사가 써준 손편지를 고이 간직할 거예요. 맞아요, 나는 친절이 그렇게 확산된다고 생각해요. 파급 효과가 있는 거죠. 어쩌면 두세 명을 거치는 동안에도 파급 효과가 전혀 나타나지 않는 경우도 많을 거예요. 하지만 전 압니다. 친절의 파급 효과는 분명히 있다는 걸요."

"우리는 감사와 겸손에 대해 배웠습니다.
우리에게 영감을 준 선생님부터
늘 학교를 깨끗하게 유지해준 청소부에 이르기까지
너무도 많은 사람이 우리의 성공에 힘을 보탰습니다.
우리는 또 모든 사람의 기여를 소중히 여기고
모든 사람을 존중의 마음을 갖고 대하라고 배웠습니다."

— 미셸 오바마Michelle Obama, 제44대 미 대통령 영부인

Graham Allcott

원칙 5 겸손하라

낸드 키쇼어 초더하리는 인도의 대표적인 수공예 양탄자 수출업체 자이푸르 러그즈의 창업자다. 1978년에 설립된 자이푸르 러그즈는 현재 4만 명에 이르는 양탄자 직조공 망을 갖추고 40개국에 고객을 두고 있는 수백만 달러의 가치를 지닌 기업이다.

인도에는 많은 섬유 회사들이 있지만 초더하리의 사업 스토리와 운영 모델은 그 중심에 친절과 겸손이 자리 잡고 있다는 점에서 특히 더 독특하다. 그는 직조공들의 노동력을 착취하여 이익을 얻는 기존 섬유 회사들이 만들어낸 관행을 뒤엎고 직조공들을 우선순위에 두는 운영 방식으로 세계적인 성공을 거뒀다. 그는 사업을 '자아실현의 한 형태'이자 '빈곤을 완화하는 수단'으로 보았고, 남들과 다른 이런 특별한 관점을 바탕으로 자신이 속한 산업의 비즈니스 모델을 완전히 바꿔놓았다.

겸손한 성품과 사회적 책임의식을 가진 그를 사람들은 종종 '사업계의 간디'라 부르기도 한다. 그의 사업 철학은 다음과 같은 한 문장으로 정리할 수 있다.

"당신의 사업에서 그 무엇보다 선함과 공정함 그리고 특히 사랑을 중시하라. 그러면 이익은 저절로 따라올 것이다."

진정한 겸손은 자석 같은 특성을 가지고 있다. 그래서 겸손한 사람들은 놀라운 방식으로 항상 자신이 원하는 결과들을 얻는다. 《긍정 심리학 저널》Journal of Positive Psychology에 발표된 한 연구에 따르면, 겸손과 돕는 마음 간에는 상관관계가 있으며 그런 이유로 직장에서 상사가 우리에게 도움을 주려 한다고 느낄 때 동기부여가 크게 되어 업무 성과도 더 높아진다고 한다.[1]

겸손은 종종 오만이나 자기도취의 반대 개념으로 정의된다. 겸손한 사람은 비교적 현실적이고 소박한 태도를 가지며 자신의 강점과 약점을 적절히 이해하는 사람으로 여겨진다. 기존의 사회와 직장 문화에서는 자신을 과대 포장하거나 지배적인 모습을 보이는 사람들이 보상을 받아온 터라 우리는 누군가가 자신의 권력이나 이점을 내세우지 않고 다른 사람들을 돋보이게 하면 그 행동 자체에서 깊은 감동을 받는다. 해리 트루먼 미국 대통령은 겸손을 다음과 같은 한마디로 잘 표현했다. "공이 누구한테 돌아가든 신경 쓰지 않는다면 무엇이든 이룰 수 있다."[2]

이 장에서 우리는 겸손에 대해 살펴볼 것이다. 오늘날 겸손이 왜 장려되고 확산되어야 할 특성인지 그리고 주인공이 아니면서도 스포트라이트를 받는 방법에는 무엇이 있는지를 살펴볼 것이다. 그리고 보다 더 겸손해질 수 있는 가장 좋은 방법은 직접 겸손을 실천하는 것이므로 당신이 할 수 있는 역할 내에서 겸손을 표현할 수 있는 몇 가지 말들에 대해서도 소개할 예정이다.

겸손은 언제나 결실을 맺는다

겸손은 많은 사업을 성공으로 이끈 기업가 마이클 노턴Michael Norton이 지난 30년간 실천해온 것이다. 노턴은 사회생활 초기에 상업 은행과 출판 분야에서 일했지만, 그의 영향력이 가장 눈에 띄게 드러난 분야는 자원봉사 분야였다. 그간 그가 설립한 자원봉사 단체는 체인지메이커스Changemakers, UnLtd, 마이뱅크MyBnk 같은 대형 자선단체들을 비롯해 무려 수십 개에 이른다. 이렇게 많은 단체를 설립할 수 있었던 비결은 무엇일까? 바로 실현하고 싶은 일들을 시작하고 그 일들을 지원하되, 공이 누구한테 있는지는 개의치 않는 데 있다. 그는 많은 학교를 위해 금융 관련 교육 프로그램을 개발한 일과 그게 어떻게 상을 수상한 자선단체 '마이뱅크'로 발전되었는지에 대해 이렇게 말했다.

"나는 약간의 종잣돈을 마련한 뒤 그 일을 시작했습니다. 그러다 릴리 라페나Lily Lapenna(마이뱅크의 공동 창업자 — 옮긴이)를 만났죠. 그녀는 자기 아이디어를 번창할 수 있는 사회적 기업으로 발전시켰고, 경영공학 석사 학위를 받은 뒤 그 기업을 한 단계 더 발전시켰습니다. 당신이 길을 터주면 거기에서 마법이 일어나는 겁니다."

겸손이 전혀 예상치 못한 상황이나 사람에게서 발견될 때 특히 더 강력하다. 광고 대행사 GTB의 동남아시아 지역 크리에이티브 디렉터인 폴 그럽Paul Grubb은 세계에서 가장 유명한 TV 광고 작가 중 한 명인 존 웹스터John Webster와 함께 일했던 일에 대해 이렇게 말했다.

"그와 술 한 잔을 함께 하며 앉아 있다 보면 그는 자신이 막 끝낸 작업에 대해 얘기하며 이렇게 묻곤 했습니다. '난 정말 잘 모르겠고 자네 의견이 듣고 싶네. 이게 괜찮을까?' 당시 나는 20대였죠. 그래서 그건 마치 제임스 카메론 감독이 내게 다음 카메라 샷 구성은 어떻게 하는 게 좋겠냐고 묻는 것 같았습니다. 그의 겸손에서 나는 많은 영감을 얻었습니다."

겸손은 관대함과 자신감의 조합

겸손을 다음 두 가지 특징을 토대로 생각해보자.

- 자기 능력에 대한 자신감
- 관대함

진정한 겸손은 자신의 힘과 능력에 대한 인식에서 시작된다. 겸손은 매우 의식적인 결정이다. 누군가를 지배하려 하지 않고 그 사람의 필요를 최우선시하며 친절하게 대하는 접근 방식을 취하는 것이다. 그리고 그 출발점은 자신감과 관대함의 조합이다. 겸손은 풍요적 사고방식에서 비롯되며 슈퍼스타나 '사업 악당'이 되는 것이 성공에 이르는 가장 빠른 길이라는 생각을 단호히 거부한다.

"실패할 땐 고개를 들고, 성공할 땐 고개를 숙여라."

— 제리 사인펠트Jerry Seinfeld, 스탠드업 코미디언

Graham Allcott

● **겸손이 좋은 이유**

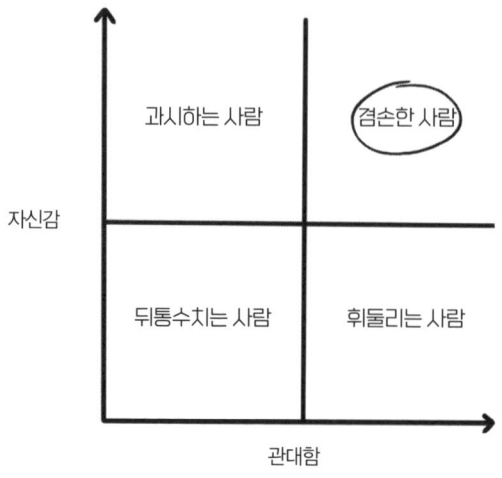

관대함이 부족하거나 스스로 자기 능력에 대한 자신감이 없을 때 우리는 다른 결과에 도달하게 된다. 자신감이 없을 때 아주 관대한 사람들은 남들에게 휘둘리기 쉽다. 그들은 자신의 능력이나 기여도를 인정하는 방식으로 소통하지 못하거나 자신의 관대함을 악용하는 사람들을 제어하지 못해 결국 이용당하게 된다.

반면 관대함이 없을 땐 지나친 자신감과 자기 보호로 잘난 척하는 사람이 되기 쉽다. 이 세상에 완전히 자기 혼자만의 힘으로 명성을 쌓거나 물질적 성공을 거둔 사람은 거의 없다. 성공에 있어 누군가의 개인적 능력이나 노력도 중요한 요소지만 훌륭한 팀과 운, 특권, 멘토링 같은 다른 많은 요소들 또한 매우 중요하다. 잘난 척하는 사람은 관대하지 못해서 자신이 받은 이러한 '도움'들을 다른 사람과 나누려 하지 않는다.

자기 능력에 대한 자신감도, 관대함도 없는 사람들은 궁극의 자기보호 방식으로 뒤통수치기를 선택한다. 그래서 사람들이 서로를 깎아내리기 바쁜, 갈등이 심한 조직 문화에서는 내분을 해결하거나 합의점을 찾는 데 너무 많은 시간을 허비한다.

친절이 그랬듯 겸손 또한 당신으로부터 그리고 자기 인식과 스스로에 대한 자신감으로부터 시작된다. 자기 인식은 당신의 행동이 주변 사람들에게 어떤 영향을 주는지를 알게 해주고, 스스로에 대한 자신감은 자신의 능력을 제대로 평가해 팀에 가치를 추가하고 있다는 확신을 갖게 해준다.

건강한 수준의 겸손을 갖춘 팀은 높은 성과를 낸다. 반면에 관대함이나 자신감이 부족한 팀은 업무의 필요보다 개인의 필요를 더 우선시하는 유해한 조직 문화를 형성한다. 겸손은 자신감과 관대함의 적절한 조화 위에서만 생겨날 수 있음을 기억해야 한다.

겸손함을 타고나는 사람은 없다

"더 많은 친절을 베풀수록 나는 더 많은 친절을 경험한다. 누군가가 친절한 일을 하면 나는 늘 '고마워요. 친절하시네요'라고 말한다. 그렇게 친절을 알아차리고 고맙다는 말을 함으로써 상대에게 경의를 표하고 다른 사람에게도 친절을 더 권하게 되는 것이다."

— 수지 힐스Susie Hills, 카인드페스트Kindfest 창업자

어떤 사람들은 겸손이 타고나는 성격 같은 것이라고 생각한다. 그러나 세상만사가 다 그렇듯 겸손 또한 연습을 통해 충분히 배울 수 있는 '능력'이다. 당신은 다른 사람들에게 더 관대해질 수 있고 스포트라이트를 받고 싶다는 자연스러운 욕구를 억제할 수도 있다. 어떤 경우든 핵심은 꾸준한 연습이다.

뒤에서 겸손한 태도를 습관화하는 데 도움이 될 몇 가지 표현들을 살펴볼 예정이다. 그것들을 소리 내 읽고, 자신의 반응과 기분을 체크해보라. 그 대화 연습은 새로운 옷을 입어보는 것과 비슷하다. 어떤 옷이 '더 당신답게' 느껴지고 어떤 옷이 당신에게 큰 변화를 안겨줄 대담한 패션처럼 느껴지는가?

줄리 너니Julie Nerney는 영국에서 활동 중인 인물로, 정부기관에서 중요한 역할들을 맡았고 대기업들을 되살리는 일을 했으며 런던 올림픽에서 교통 전략을 감독하는 등의 일을 해왔다. 나는 그녀에게 겸손이 배울 수 있는 특징이라고 생각하느냐고 물었다. 너니는 자기 인식이 핵심이라고 대답했다. 그녀는 솔직한 피드백을 구하는 것에 편안해지고, 여러 성격 검사 도구들을 통해 자신을 정확히 파악하고, 좋은 코치를 찾는 것을 중요한 자기 인식 수단으로 보았다. 그녀는 이렇게 말했다.

"이런 통찰들이 얼마나 가치 있는지 생각할 때마다 정말 놀라워요. 우리의 자아 인식은 너무도 부정확합니다. 자아 인식에는 시간과 노력이 필요하고, 거기에 도달하려는 진정한 헌신이 있어야 해요. 자기 인식이 깊어질수록 자신이 얼마나 모르는 게 많은지 깨닫게 되고 그렇게 겸손을 더 잘 받아들이게 됩니다."

별이 되기보다 스포트라이트가 되라

진정한 겸손은 다른 사람들을 지원하고 돋보이게 하려는 욕구와 팀워크 및 운, 특권 등이 성공에 미치는 영향을 어떻게 인식하느냐에서 나온다. 겸손은 종종 다른 사람들에게 휘둘리고 소위 물러터진 행동으로 오해받기도 하지만 사실은 그 반대다. 다른 사람들의 말에 휘둘리는 건 자신감이 부족하거나 위축감을 느끼기 때문이다. 겸손은 그와 반대로 어느 정도의 자신감을 필요로 한다. 너무 바빠 늘 다른 사람들을 돋보이게 하는 일을 할 수는 없다 해도, 결국 당신의 재능은 인정받게 되리라는 걸 알아야 한다.

내 친구이자 싱크 프로덕티브의 동료인 그레이스 마셜은 이를 '스스로 별이 되기보다 스포트라이트가 되라'는 말로 설명한다. 나는 그 말이 너무 마음에 든다. 별을 빛나게 만들고 있을 뿐 아니라, 당신 스스로 더 찬란해지고 있기 때문이다.

권위는 낮추고 힘은 높이고

당신은 직장에 첫 출근한 날을 기억하는가? 내가 나의 모교이자 첫 정규 직장인 버밍엄 대학교에 처음 출근했을 때 상사인 맥스 맥러플린Max McLoughlin은 아주 친절하게 내가 알아야 할 모든 사항들을 세세히 설명해주었다. 그 친절이야말로 내가 경험한 가장 조용하면서도 강력한 친절이었다. 맥스는 중요 항목들이 열거된 워드 문서를 출력해놓았는데, 그

안에는 안전 및 계약 정보에서부터 첫 프로젝트에 대한 제안과 인사해야 할 사람들의 이름 등 다양한 정보가 담겨 있었다. 마지막 중요 항목에는 "나는 당신을 해치지 않습니다."라는 말이 적혀 있었다.

그 항목에 이르렀을 때, 맥스는 5분 정도 대화할 수 있다면서 내가 팀에 합류해 기쁘다는 말을 반복했다. 그러면서 어떤 질문이든 좋으니 다 물어보라고 했으며 필요한 일이 있으면 자신이 언제든 돕겠다고 말했다. 맥스는 자신의 권위를 행사하거나 자신의 위대한 비전 같은 걸 강조하며 자기 얘기를 늘어놓을 수도 있었겠지만, 신뢰와 겸손의 힘을 빌려 그렇게 하지 않았다.

신뢰와 겸손이라는 두 단어는 내게 너무도 깊은 인상을 남겼다. 나는 이후 3년간 그 두 단어를 마음에 새긴 채 맥스와 함께 일했는데, 그의 말대로 관리자로서 그의 힘은 사람들과 잘 소통하고 사람들을 솔직하게 대하며 지원하는 데에서 나왔다. 나는 그를 위해 믿을 수 없을 만큼 열심히 일했다. 상사를 두려워해서가 아니라 진정으로 그렇게 하고 싶었기 때문이다. 이후 신뢰와 겸손이라는 두 단어는 나뿐만 아니라 다른 많은 사람에게도 전파되어 그들에게도 똑같은 영향을 미쳤다.

타인의 삶을 알아봐주는 목격자가 되라

스스로 별이 되지 않고 스포트라이트가 되는 좋은 방법은 기꺼이 목격자의 역할을 하는 것이다. 목격하기는 누군가에게 '자신의 삶'이라는 영화가 얼마나 멋진지를 보여줄 수 있는 기술이다.

목격하기는 섬세함을 필요로 하는 일이기에 당연히 공감 능력과 친절을 바탕으로 한다. 그리고 당연히 연습도 필요하다. 목격하기는 지원하는 역할을 즐기는 것이지 문제를 해결하거나 자신의 이야기를 타인의 이야기와 비교하는 것과 거리가 멀다. 그렇게 하고 싶다는 유혹이 들겠지만 말이다.

목격하기는 답이나 결말을 필요로 하지 않는다. 미래가 아니라 '지금 이 순간'과 관련된 것이기 때문이다. 또한 꼭 크고 거창한 일들만 목격해야 하는 건 아니다. 슈퍼마켓에서 계산원과 주고받는 말 몇 마디, '잘 봤어요' 혹은 '잘했어요' 또는 '일이 마무리돼서 좋겠군요' 같은 소소한 이메일들도 목격하기에 포함된다.

나는 내 친구 아부두 와이스와 살람Abudu Waiswa Sallam과 함께 노팅엄 트렌트 대학교 석사 졸업식에 갔던 날 목격하기에 대해 많은 걸 배웠다. 우간다 사람인 아부두는 그 누구의 도움도 없이 자신의 지독한 노력(그리고 매력적인 성격)만으로 밑바닥에서부터 올라와 성공을 거둔 친구였다. 당시 그는 어떤 콘퍼런스에 참석하기 위해 영국에 있었는데, 우간다에 있는 가족들 중 아무도 졸업식에 참석할 수 없어 혼자 가게 되었다. 하지만 증인이 되어줄 사람이 아무도 없다면 졸업장을 받는 게 무슨 소용이란 말인가? 그래서 내가 졸업식에 같이 가기로 했다.

우간다인들은 아주 높은 패션 기준을 가지고 있어서 먼지나 진흙 때문에 금방 지저분해질 걸 뻔히 알면서도 신발을 닦는 데 많은 시간을 보내는 듯했다. 그날 아침 우리는 일찍 일어났고, 나는 스리피스 정장에 넥타이를 매고 방을 나섰다. 아부두는 그날 내가 정장 입은 모습을 처음 보았다. 그때 기쁨에 가득 찬 아부두의 얼굴 표정을 나는 평생 잊지 못할 것이다. "오, 이런! 너 정말 멋지다!"

우리는 기차를 타고 노팅엄까지 갔다 오는 몇 시간 동안 세상을 논했다. 나는 아부두에게 와가마마(일본식 체인 레스토랑— 옮긴이) 식사를 대접하며 축하했고, 졸업식에서 그가 호명되었을 땐 민망할 만큼 큰 소리를 내며 응원했다. 물론 함께 졸업 사진도 몇 장 찍었는데, 내가 그의 명예 의붓아버지라는 농담을 던지며 크게 웃었던 기억이 난다. 나는 그날 내 졸업식 날보다 더 즐거웠다. 다른 사람을 위해 목격자가 된다는 건 내가 그 사람에게 줄 수 있는 정말 멋진 선물이다.

겸손한 태도를 위한 연습: 자아 점검하기

자아는 스스로에 대해 가지는 감각이다. 자신감과 자존감은 용기를 내 뭔가 새로운 시도를 하거나 위험을 무릅쓰고 잘못된 일에 대해 의견을 밝힐 때 도움을 준다. 그런 경우 우리는 '겸손한 자아를 갖고 있다'고 말할 수 있다.

조용한 자신감은 자아가 방해를 받지 않으면서 원하는 결과를 이끌어내는 마음 상태를 말한다. 반면에 자신감이 지나쳐 자만심으로 넘어가거나, 자신이 얼마나 앞서고 있는지 또는 자신이 어떻게 보이는지에 대해 지나치게 걱정을 하게 될 경우, '큰 자아', '연약한 자아' 또는 심지어 '과시'라는 불편한 영역으로 들어가게 된다.

아래에 나오는 몇 가지 자아 점검 질문들을 살펴보자. 어떤 질문에 끌리고 어떤 질문에 거부감을 느끼는가? 그 스펙트럼 양 끝에서 강한 반응을 일으키는 질문들이 당신이 시간을 써서 생각해야 할 질문들일 가능성이 크다.

- 지난 한 주 동안, 다른 누군가의 의견을 듣기보다 당신이 옳다는 것에 더 집중했던 때를 생각해낼 수 있는가?

- 현재 당신이 하고 있는 일을 생각해보라. 그건 누구를 위한 일인가?
- 기여를 하는 것과 이기는 것 중 무엇에 더 관심이 있는가? 만일 이기는 데 더 관심이 있다면 그 게임은 어떤 게임인가?
- 이번 주에 관심과 지원이 더 필요한 사람은 누구인가?
- 어떻게 하면 별이 아닌 스포트라이트가 될 수 있을까? 그 결과는 무엇일까? 그리고 그에 따른 이점들은?

자, 다음 일주일 동안 해야 할 시급한 일들이 있는가?

당신의 겸손을 드러내주는 표현들

"오늘날 세계가 안고 있는 문제의 근본 원인은 어리석은 사람들은 자신만만하고 지혜로운 사람들은 의심에 차 있다는 것이다."

– 버트런드 러셀Bertrand Russell, 철학자

다음은 겸손한 태도를 습관화하는 데 도움이 될 표현들이다. 다른 사람들에게 여유를 주고 우리 일에서 자기만족보다 더 중요한 것이 있음을 세상에 보여줄 수 있는 표현이다.

"잘 모르겠어요."

우리는 똑똑한 사람처럼 보이고 싶다는 욕구 때문에 조언 구하는 걸

불편해한다. '잘 모르겠어요'가 자신의 약점을 시인하는 말이라고 느껴지기 때문이다. 그러나 실은 그 반대다. 이 말에는 불확실한 것들에 대한 편안함은 물론 자신감 또한 담겨 있다. 그래서 대부분의 경우 '잘 모르겠어요'라는 말은 오히려 신선하게 들린다. 그런 말을 듣는 일이 흔치 않다 보니, 당신이 존경하는 누군가가 더 많은 정보와 신뢰할 수 있는 전문 지식을 요구하는 말을 들으면 오히려 반갑게 느껴진다. 그럴 때면 우리는 자만심이 의사결정을 완전히 망쳐버릴 수도 있다는 사실을 깨달으며 자연스럽게 자만심을 내려놓게 된다.

"우리 대체 어디서 막힌 거야?"

이 질문은 가장 강력한 질문으로, 특히 조직 내에서 정기적으로 이 질문을 던지는 습관을 들일 때 효과적이다. 또 이 질문은 하는 일이 막혀 지지부진해지는 건 개인적인 실패가 아니라 일을 하다 보면 생기는 자연스러운 현상임을 인정하는 말로, 심리적 안정감도 준다. 모두에게 어려운 상황에 대한 이야기를 편하게 털어놓을 수 있게 해줌으로써 함께 해결책을 찾을 수 있게 만들어준다. 많은 사람이 함께하면 어려운 일도 쉬워지는 법이다.

허세를 부리면 마치 뭐든 다 아는 사람처럼 비춰질 수 있다. 잠깐 동안은 말이다. 그러나 그런 사람들은 대개 문제 해결 과정을 분명히 밝히지 않고 숨기는 데 능하거나 그저 불확실성 안에 안주하고 싶은 것일 뿐이다. 지지부진한 상태에서 벗어날 안전한 공간을 만드는 것만으로도 이미 반쯤은 문제가 해결되고 있다는 의미다. 내일이면 또다시 지지부진해지겠지만.

"내가 실수했네요."

직장에서 우리는 다른 그 무엇보다 내가 생산적이고 성실하며 신뢰할 만한 사람이라고 느끼고 싶어 한다. 나아가 가치를 인정받는 사람이라고 느끼고 싶어 한다. 그런 까닭에 뭔가를 잘못했을 때 그걸 인정하는 일이 그렇게나 힘든 것이다. 기업가정신의 황금률 중 하나는 '실패란 없고 오직 피드백만 있다'는 것이다. 실수와 잘못된 조치들은 새로운 것을 생겨나게 하고 변화를 이끄는 과정의 일부다. 실수를 숨기려 하면 다른 사람들이 그 실수로부터 배울 기회를 원천봉쇄하게 되며, 결국 실수를 그대로 따라 하는 잘못된 문화가 강화될 뿐이다. 사람들이 실수로부터 배우길 원한다면, 당신이 솔선수범해 스스로의 취약한 면을 드러내고 배움과 변화에 마음을 열어야 한다.

"무엇에 감사해야 할까요?"

감사하는 연습을 하면 여러 면에서 겸손한 태도를 쌓는 데 도움이 된다. 연구 결과에 따르면 자기 자신에게 꾸준히 "무엇에 감사해야 할까?"라는 질문을 던지다 보면 뇌에서 옥시토신이 분비되고 행복 화학물질들이 늘어난다고 한다(제1부에서 살펴본 것처럼 이는 신뢰를 쌓는 데도 도움이 된다). 이 간단한 자기 친절 행동을 통해 공감 능력이 커지고 스트레스 수준이 낮아진다.

개인적으로 감사를 표현하는 것을 넘어 한 집단이 감사에 대해 얘기하기 시작하면 그야말로 마법 같은 일이 일어난다. 그 마법은 회의가 끝날 무렵 가치 있다고 느낀 뭔가를 공유해달라고 요청하는 방식으로 일어날 수도 있고, 거기서 한 발 더 나아가 회의 자리에 모인 사람들끼리 돌아가며 감사의 마음을 공유하는 방식으로 일어날 수도 있다. 그걸 통해 신뢰가 쌓이고 더 깊고 솔직한 대화가 가능해진다. 자신이 잘한 일에 대해 칭찬 듣는 걸 싫어할 사람이 어디 있겠는가?

"그리 말해주다니 정말 친절하시네요."

칭찬을 받아들이는 게 어려울 때가 있었는가? 때로 우리는 자만감에 빠질지 모른다는 두려움 때문에 우리의 성공을 과소평가하기도 한다. 최근 내 팟캐스트 방송에서 한 게스트와 인터뷰 이후 마이크를 끈 상태에서 잠시 대화를 나눴다. 그 게스트는 아주 흡입력 있었고 자유롭게 흘러가는 인터뷰였던 것 같다면서 내 인터뷰 실력에 대해 엄청난 칭찬을 해주었다. 그에 대한 내 즉각적인 반응은 이런 식이었다. "오, 별거 아니에요." "물론 책을 읽었죠. 제가 할 수 있는 최소한의 것이었어요." "그게, 처음 시작할 땐 형편없었는데 이제 거의 200회가 되어가니 이젠 잘해야죠……."

내 대답을 들은 게스트는 갑자기 자신이 의견을 좀 줘도 괜찮겠냐고 물었다. 그러곤 내가 지나치게 겸손하다고 지적하며 칭찬을 받아들일 필요가 있다고 말했다. 누군가가 당신한테 잘했다고 말할 땐 그 사람 스스로 취약한 면을 드러내는 것이며, 내가 거기에 맞춰 같이 취약한 면을 드러내지 않는다면 그건 상대에 대한 결례라는 얘기였다. 그때 이후로 이젠 비슷한 칭찬을 들으면 가능한 한 그 칭찬을 받아들이려 한다. "그리 말해주시다니 정말 친절하시네요." 또는 "감사합니다. 그 말이 제겐 많은 의미가 있습니다."라고 말하는 것이 "그 말씀은 이러저러한 이유로 옳지 않아요."라고 말하는 것보다는 훨씬 나은 출발점이다.

"좋은 지적이네요."

이는 집단 역동성 측면에서 아주 중요한 말이다. 그 누구도 자신이 틀렸다고 지적당하거나 도전받는 걸 좋아하지 않는다. 그러나 때론 건강한 의견 충돌이 있어야 더 나은 곳으로 갈 수 있다. 그리고 사실 가끔은 그런 의견 충돌이 유일한 해결책일 때도 있다. 예전에 내가 내린 결정에 반대하는 한 동료에게서 이메일을 받은 적이 있다. 내 결정이 자신의 일에 타격을 준다는 내용이었고 화가 난 나는 즉각 방어적인 자세를 취했다. 처음엔 본능적으로 반박하고 싶은 마음이 들었지만, 몇 번 심호흡을 하고 나니 어쩌면 그녀가 옳을 수도 있겠다는 생각이 들었다. 그래서 답장 메일을 쓸 때 내 입장을 정당화하려 하지 않고 의도적으로 "좋은 지적이네요."라는 말로 시작했다.

"좋은 지적이네요."라는 표현은 방어적인 태도를 취하기 쉬운 상황에서 따뜻함과 연결되는 느낌을 줄 뿐 아니라 미래를 위해 그리고 다른 사람들을 위해 분위기를 다잡는 역할도 한다. 이 표현 뒤에는 대개 "내가 틀렸다면 들을게요", "다른 의견을 받아들일 준비가 돼 있어요.", "함께 아이디어를 철저히 검토해봐야겠어요." 같은 표현이 이어진다.

또한 이런 표현은 건강한 의견 충돌에 대처하는 가장 친절한 방법 중 하나로, 모두에게 안정된 심리 상태를 만들어주어 의견 대립 상황에서는 하기 힘든 변화를 가져올 수 있는 이야기를 할 수 있게 해준다.

"내가 이해할 수 있게 도와주시겠어요?"

가끔 우리는 오도가도 못하는 상황에 처하곤 한다. 때론 긴장이 쉬 풀리지 않고 작은 의견 충돌이 전쟁처럼 느껴지기도 한다. 문제를 적절히 해결하지 못한 상태에서 그런 순간이 계속되면 결국 최악의 결말을 맞게 된다. 곪아 터져버리는 것이다. 그럴 때 무거운 분위기를 깨고 더 건강한 의견 충돌로 되돌아가는 한 가지 방법은 상대방에게 그쪽 관점에서 볼 수 있게 도와달라고 요청하는 것이다. "당신 생각을 이해할 수 있게 도와줘."라는 말은 "지금 중요한 건 내가 싸움에서 이기는 게 아니라 당신을 이해하는 것이다."라는 메시지를 전달하는 아주 좋은 표현이다. 이 말은 관대하고 친절하며 가끔은 극도로 하기 힘든 말이다. 그러나 그만큼 중요하다. 이 표현과 관련하여 주의해야 할 점은 이 표현이 수동 공격적인 방식(적개심이나 불만을 간접적으로 표현하는 행동, 은근히 비꼬는 말 등이 여기에 속한다. — 옮긴이)으로 사용되지 않도록 해야 한다는 것이다.

"이것에 대해 생각해봤고, 마음을 바꿨어요."

"나는 최소 세 번 나의 주장을 반박하기 전까지는 결코 어떤 주제를 제대로 다뤘다고 생각하지 않는다."

– 존 러스킨John Ruskin, 빅토리아 시대 철학자

사람은 누구나 결단력 있는 걸 좋아한다. 그런데 당신이 내린 결정이 금세 잘못된 결정처럼 느껴지기 시작한다면 어떻게 해야 할까? 다른 여러 중요한 표현들과 마찬가지로, 그럴 때 가장 좋은 방법은 역시 가장 하기 힘든 일이지만 인정하는 것이다. 어떤 문제가 다가오는 걸 보지 못했다거나 적절한 데이터가 확보되기도 전에 행동했다는 걸 인정하는 것이다.

특히 정치적인 결정들에 관한 한 우리는 '유턴', 즉 입장을 뒤집는 일을 완전히 부정적으로 보곤 하지만 현실의 삶에서는 종종 마음을 바꿀 수 있는 자유와 여유가 필요한 법이다. 뭔가를 완전히 잘못했고 그걸 깨닫기 시작했을 때 우리의 자아와 자존심이 우리의 앞길을 가로막을 수도 있다. 순전히 체면을 구길까 봐 잘못된 결정을 끝까지 고수하는 것이 야말로 바보 같은 짓이다. 장기적으로 보면, 잘못된 결정에 매달리는 것보다는 자기 생각의 한계를 인정할 만큼 겸손하고 또 피해를 줄일 만큼 친절해 보이는 게 훨씬 더 낫다.

"어떻게 하면 더 나아질 수 있을까?"

일본 단어 중 '카이젠'かいぜん, 改善은 '지속적인 개선'을 의미한다. 카이젠 철학은 공장 조립라인(규칙적인 피드백 문화를 장려해 작업 과정을 계속 조정하고 효율성을 높이는 데 활용)에서부터 심리치료와 인생 코칭(우리 모

두가 더 많은 걸 배워야 한다는 사실을 인정하는 데 활용)에 이르기까지 다양한 분야에 적용되어왔다.

우리는 늘 변화해야 하는 존재이며, 개선할 기회들을 찾아야 하고, 피드백을 주고받아야 할 의무가 있다는 사실을 받아들이자. 이 같은 접근 방식을 통해 우리 자신을 하나의 완성된 작품이 아닌 끝없이 발전하는 존재로 생각할 수 있을 때, 경청과 겸손의 토대가 마련된다. 회의가 끝날 때 또는 일상적인 대화를 하거나 지시를 받는 상황에서 더 나아지는 걸 논의 주제로 삼는다면 보다 안전하고 편안한 방식으로 더 대담한 피드백을 주고받을 수 있을 것이다.

조용하지만 누구보다 눈에 띄는 사람이 되라

'문제'는 종종 다른 어딘가에, 아니 더 정확히 말하면 다른 누군가의 오만한 자아에 있을 수도 있다. 그런 상황에서는 그 사람처럼 요란하게 허풍을 떨어 관심받고 싶다는 유혹에 빠지기 쉽다. 그러나 실은 그 반대되는 접근법이 더 효과적이다.

회사에 들어가기 전, 나는 집단 문제 해결 과제가 포함된 면접을 앞두고 이와 관련된 코칭을 받은 적이 있다. 당시 내 코치였던 아넷은 내가 같이 일해본 리더들 가운데 가장 조용하면서도 자신감 넘치고 친절한 사람이었다. 그녀는 내게 이런 조언을 해주었다. "심사위원들이 과제를 내줄 거예요. 그러면 방 안에서 가장 자아가 센 사람들이 서로 위쪽으로 올라가려고 안간힘을 쓸 거예요. 거기에 끼지 말아요. 한 발 물러나 떠들게 내버려두고 그들이 잠잠해질 때 나서는 거예요. 심사위원들이 찾는 사람은 문제를 듣고 요약하고 합의점을 만들어낼 수 있는 사람이죠. 그들이 제풀에 지쳐 떨어지게 놔두고, 정작 조용히 모든 걸 통제하고 있는 사람은 당신이라는 걸 보여주세요."

나는 아넷의 조언을 따랐고 취업이 됐다. 그리고 20년이 지난 지금까지 그녀의 말을 마음속 깊이 간직하고 있다.

생각해봐야 할 질문들

- 사회생활을 하다가 당신이 자아에 지배당했던 때를 떠올릴 수 있는가?
- 앞서 살펴본 '겸손한 표현들' 중 가장 많은 연습이 필요하다고 생각되는 표현은 무엇인가?
- 당신 주변 사람들 중 누가 시끄러운 자아보다 겸손과 조용한 친절을 더 소중히 여기는가?

친절 챌린지 7: 메타 명상

이번 주의 챌린지는 자애 명상 형태를 띤다. 나는 스리랑카의 버스 정류장에서 한 불교 승려를 만난 뒤 메타 명상법을 배웠다. 나는 종교적인 사람이 아니었지만 그 명상이 강력한 기술이라는 걸 알게 됐고, 그의 사원에서 보낸 시간들은 내게 마법 같은 경험이었다.

메타 명상은 조용히 앉아 자기 자신으로부터 시작해 다른 사람들과 사물들로 관심을 옮겨가는 불교에서 행하는 기도이자 수행의 일종이다. 많은 연구에 따르면, 메타 명상을 하면 불안과 스트레스가 줄고 만성 요통이 완화되며 심지어 수명까지 연장된다고 한다.[3] 매일 몇 분씩 메타 명상을 연습해보자.

명상하는 법은 별로 어렵지 않다. 먼저 편한 자세로 앉아(어떤 방식이든 당신에게 좋으면 된다) 눈을 감는다. 혹은 촛불이나 바깥쪽 나무에 시선을 집중한다. 방을 완전한 침묵으로 두거나 필요하다면 명상 음악을 틀어도 된다. 그런 뒤 유튜브나 앱을 이용해 안내 음성이 딸린 메타 명상 프로그램을 틀고 이를 그대로 따라해본다.

- **당신을 생각하기**

'내가 행복하기를. 내가 건강하기를. 내가 평화롭기를. 내가 안전하기를. 내가 편안하기를.'(정확한 문구는 신경 쓸 필요 없으며, 내키는 대로 바꿔도 좋다.)

- **사랑하는 사람들을 생각하기**

'[누군가]가 행복하기를. [누군가]가 건강하기를. [누군가]가 평화롭기를. [누군가]가 안전하기를. [누군가]가 편안하기를.'

그런 다음 같은 과정을 되풀이해 당신 삶의 다른 영역들(이웃, 친구, 동물, 환경, 동료, 고통받는 사람들, 나를 괴롭힌 사람들)로 옮겨가 보라. 얼마나 많이 건너뛰었든 또는 어떻게 거기까지 도달했든, 사람들 목록의 마지막 단계에 집중하라.

메타 명상을 매일 몇 분씩 해보라. 명상이 끝날 때 어떤 느낌인지 그리고 명상 과정에서 어떤 감정들이 느껴지는지 살펴보라. 행복과 평화와 감사함은 물론 분노와 좌절 때론 상실감이 들 수도 있다.

친절 영웅 스토리

"직조공들이 행복하면, 그들은 좋은 일을 할 겁니다.
좋은 일은 사업에도 좋죠."

낸드 키쇼어 초더하리, 자이푸르 러그즈 창업자

초더하리는 부모의 반대에도 불구하고 창업가가 되는 길을 택했다. 중산층 가정에서 자란 그는 안정적인 은행원이 되기를 거부하고, 약간의 대출을 받아 자기 사업을 시작했다. 당시 아홉 명의 직조공들이 그를 도와 첫 양탄자를 만들 준비가 되어 있는 상태였다.

직조업은 인도 카스트 제도에서 가장 아래쪽에 놓인 이른바 '불가촉 천민'의 직업이었다. 그러다 보니 직조공의 대부분은 중간 상인과 양탄자를 판매하는 기업 오너에게서 착취를 당하기 일쑤였다. 그 결과 직업적 발전은 고사하고 직업적 표현조차 허용되지 않는 열악한 노동 환경이 만들어졌다. 직조공의 대부분은 여성들이었다. 그들은 아이들을 조부모나 이웃에게 맡기고 집에서 수 킬로미터 떨어진 곳까지 가서 저임금의 부당한 대우를 받으며 끔찍한 작업 환경 속에서 장시간의 교대 근무를 해야 했다.

자이푸르 러그즈는 그런 관행을 완전히 뒤엎었다. 사업 초기 초더하리는 자신이 고용한 첫 번째 직조공들과 대화를 나누며 그들의 개인적인 삶과 고민 그리고 포부를 이해하려 했다. 그는 어떻게 하면 자기 직원들에게 좋은 근무 환경과 높은 직업 만족도를 보장해줄 수 있을까에 집중했다. 그건 인도의 뿌리 깊은 카스트 제도 아래 만들어진 고정관념에 정면으로 도전한다는 의미였다.

모든 걸 뒤바꾼 아이디어는 믿을 수 없을 만큼 간단했다. 직조공들이 집에서 수 킬로미터 떨어진 곳에서 풀타임 근무를 하지 않고 대신 집 가까운 장소에서 또는 집에서 유연하게 일할 수 있다면 어떨까? 그는 그렇게 대규모 공장 모델을 포기했다. 대신 기업 소유주인 자신이 필요로 하는 것이 아닌 직조공들이 필요로 하는 것에 초점을 맞춘 분산형 모델을 도입했다. 그는 더 많은 직조기들에 투자했으며, 그것을 직원들이 살고 있는 마을과 집에 배포했다. 그리고 직조공들에게 직조기를 관리하도록 하고, 유연하게 일하며, 다른 사람들을 훈련시키고, 새로운 양탄자 디자인에 대한 창의적인 아이디어를 제안하도록 했다. 자기 직원들을 전폭적으로 신뢰한 것이다.

사람들은 그가 너무 큰 위험을 무릅쓰고 있다고 느꼈지만, 그런 장인 중심 모델이야말로 오늘날 자이푸르 러그즈가 성공을 거둔 비결이었다. 사업 규모가 커졌음에도 불구하고, 초더하리는 여전히 일반 직조공들의 말을 귀 기울여 듣고 그들의 아이디어를 적극 반영한다. "직조공들이 행복하면, 그들은 좋은 일을 할 겁니다. 좋은 일은 사업에도 좋죠." 그가 내게 한 말이다. 초더하리는 워낙 겸손해 존경받는 인물이 되었을 뿐 아니라 아주 부유해졌다.

KIND

"내가 한 말을 모두 이해했다면,
당신은 나나 다름없다."

— 마일스 데이비스Miles Davis, 재즈 트럼펫 연주자

Graham Allcott

원칙 6 **'그들'이 원하는 대로 그들을 대접하라**

우리는 흔히 "내가 대접받고 싶은 대로 다른 사람들을 대접해야 한다."라고 말하곤 한다. 이 황금률은 기본적인 존중을 받고자 하는 열망을 잘 드러내준다. 하지만 진정한 친절은 내가 아닌 '그들'이 원하는 방식으로 그들을 대하는 것이다. 이는 우리의 의도와 영향이 서로 맞아떨어짐을 의미한다. 사람들을 그들이 원하는 방식으로 대한다는 건 양쪽 모두가 친절해진다는 것이니까.

우리는 의도한 친절이 의도한 방식으로 받아들여지지 않으면 어쩌나 하는 걱정을 놀랄 만큼 많이 한다. BBC와 서식스 대학교가 2022년에 발표한 '친절 테스트' 연구에 따르면, 친절을 베풀지 못하게 가로막는 가장 결정적인 생각은 바로 '나의 친절을 상대방이 오해할지도 몰라서'라는 것이었다(약 65.9퍼센트가 이와 같이 응답했다).[1] 우리는 우리의 의도가 선하며 친절에 따른 결과가 혼란이나 더 나쁜 일이 아닌 행복을 가져다주는 일이길 바라는 것이다.

넘겨짚지 말고 그냥 물어보라

물론 친절한 행동을 할 때는 약간의 믿음이, 때론 무조건적인 믿음이 필요하기도 하다. 누군가를 얼마나 잘 아는지에 따라 그 사람이 무엇을 고맙게 여길지, 무엇을 재밌다고 생각할지, 그 사람이 받아들일 수 있는 건설적인 비판이나 진실은 무엇일지 등을 추측할 수 있다. 그리고 그런 위험들을 감수할 때 우리는 친절한 행동을 할 확률이 더 높아지며 그만한 보람을 맛보게 된다. 그리고 다행스럽게도 친절과 사람들에 대한 이해는 선순환을 하는 특징이 있어서 친절은 베풀면 베풀수록 점점 더 쉬워진다.

그렇다면 우리가 목표를 이뤘다는 걸, 즉 나의 의도가 제대로 전달됐고 양쪽 모두에게 친절했다는 걸 어떻게 알 수 있을까? 이를 확인하는 궁극적인 방법은 '데이터를 수집하는 것'이다. 상대에게 당신의 행동이 긍정적인 영향을 주었는지 직접적으로 물어볼 수도 있고, 상대의 뺨을 타고 흐르는 기쁨의 눈물을 보고 목표를 이뤘음을 확인할 수도 있다. 그리고 상대방에 대해 많은 걸 알수록 일반적으로 실수할 가능성이 줄어든다.

우리는 누군가를 위해 아주 친절한 행동이라 생각하고 어떤 행동을 하지만, 정작 상대는 그 행동을 마음에 들어하지 않거나 오히려 화를 내

● 양쪽 모두에게 친절한 행동을 하라

거나 제대로 이해하지 못하기도 한다. 그러므로 내 행동의 의도가 그대로 전달됐는지 또 그게 상대방에게도 친절한 행동이었는지 하는 질문을 던지는 것은 '간극'을 알아차려야 하는 순간에 아주 유용하다.

지금도 기억나는데, 내가 관리자로 처음 맡은 일 중 하나는 영국을 찾아온 '에디'라는 사람을 맞이하는 것이었다. 에디는 1년간의 파견 근무를 위해 뉴욕에서 오는 길이었다. 때는 2002년이었고 거짓말처럼 9.11 테러 1주기를 앞두고 있었다. 당시 그를 내 사무실로 불러 얘기를 나눴었는데, 나는 9월 11일이라는 날짜가 그를 짓누를 수도 있으리라고 생각했다. 하지만 나는 그에 대해 충분히 알지 못했고 그의 친구들이나 친척들이 그날 희생되었는지조차 몰랐다. 그래서 그냥 이렇게 물었다. "이 1주기를 기리기 위해 함께 뭔가를 하고 싶으세요, 아니면 그냥 좀 쉬고 싶으세요?" 에디는 물어봐줘서 고맙다면서 그날은 평소처럼 그냥 일하며 지내고 싶다고 했다. 나는 직원들과 함께 그날을 추모하는 상상을 했지만 결국 그에게 필요했던 건 평범한 일상이었다.

호기심을 갖고 타인을 이해하는 법

인간관계에서 가장 분명한 사실 하나는 어떤 사람을 단순히 흑백으로 이루어진 문자나 화상 채팅 속의 이미지로 보지 않고 한 명의 인간으로 볼 때 비로소 공감대가 형성될 수 있다는 점이다. 팬데믹 이전, 사람들이 모두 한 공간에 모여서 일하고 탕비실에서의 스몰토크가 자연스럽던 시기에는 이런 걱정을 할 필요가 없었다. 그러나 오늘날 혼합 근무 및 유연 근무 문화 속에서는 '일이 유일한 목적이 아닌 순간'들을 만들어내기 위해 좀 더 의식적인 노력을 기울여야 한다. 그렇게 하기 위한 몇 가지 방법들을 소개하자면 다음과 같다.

- 즐겨 보는 TV 프로그램에 대해 이야기를 나누는 왓츠앱 또는 슬랙Slack 그룹을 만든다.
- 월드컵 축구 같은 큰 이벤트가 있을 때 사무실 안에서 내기를 하거나 함께 즐길 수 있는 자리를 마련한다.
- 회의를 시작할 때 이번 주 주말 계획 같은 개인적인 얘기를 조금 나눈다.
- 직원들에게 생일날 하루 또는 반나절 휴가를 주고 그 시간을 즐기는 모습이 담긴 사진을 공유해달라고 한다.
- 누군가가 자녀나 배우자의 생일이 다음 주 화요일이라고 언급하면, 휴대전화에 알람 설정을 해두고 그날 짧은 메시지를 보내준다.

분위기를 부드럽게 만들어주는 이런 소소한 일들이 종종 누군가의 감정에 제대로 연결되는 5분간의 대화로 발전한다는 점을 기억하라.

이타심은 사실 이기심에서 비롯된다

"나는 사랑이라는 단어가 정말 많은 오해를 받고 있다고 생각한다. 우리는 사랑을 너무 좁게 생각한다. 로맨틱한 사랑으로만 연결지어 누군가를 아름답고 인상적이라 여기며 경탄해 마지않는다. 그러나 그건 진정한 사랑이 아니다. 다시 말해 또 다른 버전의 사랑도 있다. 그 사랑에서는 다른 사람에게 진정한 관대함을 보여준다. 그래서 누군가 나쁜 행동을 하는 것을 보면 제일 먼저 이런 생각을 한다. 저 사람은 어쩌다 저렇게 됐을까? 저 사람 안의 어린아이는 어찌 된 걸까? 지금은 비틀려 화를 내는 저 사람도 한때는 연약한 아기였는데. 저 사람에게 무슨 일이 있었던 걸까?"

— 알랭 드 보통, 《불안》 저자

물론 당신의 의도가 자기중심적이거나 수동 공격적인 성향을 띠고 있다면, 그 행동은 양쪽 모두에게 친절한 행동이라고 할 수 없다. 우리 행동의 밑바탕에는 사랑하는 마음이 깔려 있어야 한다. 사랑과 마음은 일과 관련해 자주 거론되는 요소들은 아니지만, 직장에서 인간의 행동 배경을 이해하는 데 꼭 필요한 요소들이다.

기업가는 자신의 열정을 좇고 자신이 좋아하는 뭔가를 하기 위해 또는 인류에게 영향을 줄 비전을 좇기 위해 자기 사업을 시작한다. 우리는 직장 안에서는 상호의존적인 인간관계를 발전시키면서 우리에게 충성심과 관심을 보여주는 사람들에게 같은 충성심과 관심을 보여주려 한다. 또한 고객들에게 봉사할 때는 그들이 필요로 하는 것들에 관심을 쏟아 그들에게 놀라움과 기쁨을 주려 한다. 그렇다면 우리는 왜 이토록 타인에게 기쁨을 주고 긍정적인 영향을 끼치려 하는 걸까?

환대에 관하여 아마 그 풍족함과 세심한 배려 측면에서 아랍에미리트UAE를 능가하는 곳은 거의 없을 것이다. 두바이나 아부다비의 호텔에 머문 적이 있거나 거기에서 열리는 콘퍼런스에 참석한 적이 있다면, 어딜 가든 따뜻한 환대를 경험했을 것이다. 물론 관광 산업이 발달한 나라라서 그렇다고 볼 수도 있지만 아랍에미리트가 그렇게 관대하고 화려한 접대 문화를 가지게 된 데는 또 다른 이유가 있다. 이야기는 두바이가 아직 작은 어항이었고 시민들은 유목 생활을 하는 베두인족이었던 수 세기 전으로 거슬러 올라간다.

베두인족은 수 세기 동안 아라비아반도 전역을 돌아다녔다. 그리고 그 과정에서 다른 여행자 무리가 자신들의 캠프에 찾아오면 극진히 환대를 해줘야 한다는 믿음을 갖게 됐다. 그것은 우호적인 태도를 통해 유대감을 쌓으려는 이타적인 동기에서 비롯된 행동이었지만, 아주 현실적인 또 다른 이유도 존재했다. 사막에는 늘 물과 음식이 부족했기 때문에 베두인족은 상호의존의 중요성을 너무나 잘 알고 있었다. 이번 주에는 자원이 풍부해 잘 먹고 잘 지낼 수 있을지 몰라도, 그다음 주엔 물과 음식을 찾아 헤매야 하는 신세가 될 수도 있었던 것이다. 내가 먼저 지금 그들을 환대해주어야 나중에 내가 도움이 필요할 때 그들에게 같은 환대를 받을 수 있는 법이다. 여러 면에서 우리가 하는 많은 이타적인 행동들은 사실 이기적인 행동이기도 하며, 이는 우리 세계가 맞닥뜨리고 있는 진정한 상호의존성이 무엇인지 잘 보여준다.

관대한 사고방식을 가져라

> "내가 진정 바라는 것은 사람들이 내가 단순히 이름뿐인 리더가 아님을 이해해주는 것이다. 또한 내가 그들에게 진정으로 관심이 있다는 걸 이해해주었으면 한다. 식상한 얘기처럼 들릴 수도 있지만 내가 바라는 건 사람들이 매사에 가장 나은 버전의 자기 모습으로, 그리고 가장 자신감 넘치는 버전의 모습으로 임하는 것이다."
>
> - 저스틴 플라시드Justin Placide, 영국 에너지·산업 전략부 부책임자

'친절을 실천하기 위한 여덟 가지 원칙' 중 첫 번째 원칙을 다시 떠올려보자. '친절은 당신으로부터 시작된다'였다. 다시 한번 강조하지만 자기 친절이 없다면 다른 사람들에게도 친절을 베풀 수 없다. 자기 친절의 핵심은 풍요적 사고방식에서 비롯되는 관대함을 선택하는 것이다.

젊은 시절 나는 한 요리사와 데이트를 했는데 그녀는 최저 임금을 겨우 넘는 돈을 벌었다. 매월 말이 되면 남는 돈이 전혀 없었다. 그런데도 그녀는 주머니에 동전이 남으면 도움이 필요한 사람을 찾아 늘 그 동전들을 내주었다. 그녀는 종종 무일푼 상태로 지내곤 했지만 그럼에도 불

구하고 늘 살아남았다.

어린 시절 부모님이 늘 궁핍해 돈 걱정을 하며 지냈던 나는 그녀의 모습을 보며 풍요적 사고방식을 배우게 됐다. 세상은 넉넉함으로 가득 차 있으며 힘든 시기를 보내고 있을지라도 관대함을 가지고 베풀 수 있다는 사실을 알게 된 것이다. 다시 강조하지만, 이런 식의 사고방식은 필요할 때 당신 또한 넉넉히 도움받을 수 있는 세상을 만들어준다.

당신의 말은 '좋은' 말인가, '친절한' 말인가?

당신은 팀원들의 차이와 다양성을 진심으로 존중해줄 수 있어야 한다. 이는 '정치적 올바름 political correctness(차별적인 언어 사용이나 행동을 피하는 것—옮긴이)이 도를 넘었다'거나 '표현의 자유를 억압한다'는 이유로 불필요하게 정치화되곤 하는 문제다. 영국 코미디언 스튜어트 리 Stewart Lee는 정치적 올바름에 대해 '형식적으로 포용적 언어 inclusive language(성차별 등을 피하기 위한 언어—옮긴이)를 지향하지만 종종 서툰 협상'이라면서 '온갖 문제들을 안고 있지만 그래도 이전보다 나은 방식임은 분명하다'고 덧붙였다. 친절은 포용적으로 느껴지고 편견을 피하는 언어를 사용하는 데 전념하는 것이다. 하지만 동시에 모두에게 실수할 수 있는 여지를 열어주어 실수 때문에 비난받거나 퇴출당하지 않게 하는 것이기도 하다. 어느 누구도 완벽한 사람은 없기 때문이다.

마찬가지로 특정 집단에 대해 부정적인 이미지를 불러일으키거나 불쾌감을 주는 단어나 표현들을 당연히 피해야 하지만, 이 문제에서도 다양한 측면과 어색한 측면이 존재한다. 2017년, 영국 국회의원 앤 마리 모리스Anne Marie Morris가 토론 도중 'nigger in the woodpile'이란 표현을 사용했다. 그 표현에는 'nigger' 즉, '검둥이'란 단어가 포함됐기 때문에 그녀는 당연히 그 표현이 구시대적이고 대단히 부적절한 표현이라는 걸 알았어야 했다(그녀는 그 표현을 사용한 이유로 당에서 정직 처분을 받았다). 반면에 '브레인스토밍'brainstorming이라는 단어는 뇌전증 환자들에게 불쾌감을 줄 수 있다는 이유로 오랜 세월 '생각 샤워'thought showers 같은 표현으로 대체하려는 시도가 있었다.

이처럼 때로는 누군가의 감정이 상하지 않게 배려하는 것과 그들을 대신하여 불쾌해하는 것 사이에는 아주 미묘한 측면이 있다. 뇌전증 협회의 설문조사에 따르면, 대부분의 뇌전증 환자들은 '브레인스토밍'이라는 단어에 불쾌감을 느끼지 않는다고 한다.[2] '브레인스토밍'이라는 단어를 대체하려는 시도는 '좋은' 행동이지만 '친절한' 행동은 아닌 것의 좋은 예다. 의도는 친절했더라도 양쪽 모두에게 친절하진 못했던 것이다.

말로 먹고사는 사람인 내 입장에서 언어의 끊임없는 진화는 정말 매력적이다. 하지만 그 진화가 늘 순탄하지만은 않다. 더 친절한 언어를 추구했지만 그 결과가 기대에 미치지 못하거나 사람들의 무심함, 소홀함, 혹은 인식 부족으로 늘 잘못을 저지를 수 있다고 가정해야 한다. 우리 모두가 서툴게나마 더 나은 뭔가로 나아가는 과정에서 결국 중요한 것은 인내와 친절이다.

많은 사람이(나 자신을 포함해) 이런 실수들을 하게 될까 봐 노심초사하곤 한다. 그 누구도 사소한 단어로 의도치 않게 다른 사람들에게 상처 주고 싶어 하지 않는다. 내 경험상, 대화 도중 특정 용어에 대해 확신이 없거나 누군가를 어떤 대명사로 불러야 할지 확신이 없다면 문제의 진실을 무시한 채 대화를 이어가기보다는 겸손한 태도로 문제의 진실을 직시하는 것이 진짜 친절한 행동이다(물론 조금 두렵고 불편할 순 있지만). 나는 가끔은 용기를 내 이렇게 말하곤 한다. "제가 지금 뭔가 잘못된 얘기를 하고 있는 것 같아 걱정인데, 좀 도와주실래요?" 그리고 필요하다면 이런 말도 덧붙인다. "제가 잘못됐다면 바로잡아주세요." 또는 "참고 기다려주셔서 감사합니다." 이는 배우는 일에 전념하면서 동시에 진실과 품위도 지키는 방법이다.

소소한 디테일들 기억하기

수개월간 보지 못한 동료나 관리자가 당신 아이의 이름을 대며 안부를 묻거나 올 초에 이야기했던 휴가 계획을 기억한다면, 그 사람이야말로 기억할 만한 동료나 관리자일 것이다. 나도 그런 사람이 되길 희망하지만 큰 문제가 하나 있다. 내 기억력이 아주 꽝이라는 점이다. 그런데 작가이자 기업가인 내 친구 조디 쿡이 그 문제를 해결할 멋진 방법을 알려주었다. 바로 '개인 CRM'personal CRM(고객 관계 관리) 시스템을 이용하는 것이다. 그녀는 누군가와의 줌 미팅이나 점심 식사를 마치면 자신에게 음성 메모를 보내는데, 거기에는 '미래의 조디'가 기억해야 할 내용이 요약되어 있다. 그런 다음 나중에 다시 그 사람을 만나게 될 때 그 음성 메모를 빠르게 다시 들으며 그 미팅에 대비한다. 이렇게 사람들에 대한 소소한 디테일들을 기억해두면 그 사람들도 당신을 기억하게 된다.

진정성을 가지고 리드하라

당신의 의도가 정말 친절했는지를 확인하는 가장 좋은 방법은 높은 기준에서 출발하는 것이다. 진정성을 가지고 있다면 우리는 정말 친절한 사람이 될 수 있다. 비록 그 결과가 기대에 못 미친다 해도, 누군가가 우리의 진정성을 알아준다면 신뢰를 잃을 가능성은 적다.

1990년대에 존 메이저John Major 정부는 보수당 국회의원 몇 명이 부유층을 대신해 정부 정책에 영향을 미칠 질문을 하는 대가로 돈을 받았다는 스캔들에 휘말렸다. 이에 메이저 총리는 1994년 공직 윤리 기준 위원회Committee on Standards in Public Life를 설치하고 마이클 놀란 경Lord Michael Nolan을 위원장으로 앉혔다. 그 위원회는 보고서를 통해 오늘날 흔히 '놀란 원칙'Nolan Principles으로 알려진 국회의원이 지켜야 할 필수 윤리 기준 일곱 가지를 내놓았다. 그 원칙들은 이후 공직자들의 역할을 명확하고 구체적으로 설명하기 위한 기본 틀로 자리 잡았고 현재 영국의 지방 정부 기관들 및 자선단체들 그리고 일부 기업들에서 활용되고 있다. 그 일곱 가지 원칙은 다음과 같다.

- **이타성:** 오로지 공익을 위해 움직인다.
- **진정성:** 모든 국회의원은 자신의 업무에 부적절한 영향을 줄 수 있는 사람이나 조직에 과도하게 의존하는 상황을 피해야 한다. 또한

자기 자신이나 가족 또는 친구들을 위해 금전적 이익이나 물질적 이익을 취하는 행동을 해선 안 된다.
- **객관성**: 그 어떤 차별이나 편견 없이 공정하고 공평한 결정을 내려야 한다.
- **책임감**: 모든 결정에 대해 대중에게 책임을 지고 필요한 감시를 완전히 받아들여야 한다.
- **개방성**: 투명한 방식으로 행동하고 결정을 내려야 한다. 그리고 명확하고 합법적인 이유가 없는 한 정보를 숨겨선 안 된다.
- **정직성**: 진실을 말해야 한다.
- **리더십**: 이런 원칙들을 다른 사람들에게 적극적으로 권하고 존중심을 가지고 다른 사람들을 대해야 한다.

이 원칙들 중 몇 개는 오늘날의 관점에서 조금 뒤처진 원칙으로 보이기도 한다. 특정 기업의 오너나 정치인들이 이 원칙들을 제대로 지키지 않는 데다가, 도덕적 기준 없이 뭐든 하고 싶은 대로 하는 사람들이 명백한 잘못을 저지르고도 빠져나가는 모습들을 너무나 많이 봐왔기 때문이다.

우리는 누구나 한 번쯤 거짓말쟁이들과 함께 일했거나 거짓말쟁이들을 알고 지낸 경험이 있다. 거짓말은 영원할 수 없어서 거짓말을 한 사람은 시간의 차이가 있을 뿐 결국 몰락의 길을 걷는다. 그만큼 평판 내지 명성은 값을 매길 수 없을 정도로 중요한 것이다. 그래서 자신의 경력과 삶을 돌아볼 때 우리가 가장 중요하게 던져야 할 질문 중 하나는 "나는 진정성을 갖고 행동했는가?"여야 한다.

명확히 말해 진정성과 배려심이 있다는 건 종종 단기적으로 금전적 이익을 바라지 않는다는 것을 의미한다. 또한 스스로 자랑스러워할 만한 방식으로 행동하고, 주변 사람들을 위해 행동하며, 우리 모두 소중히 여기는 인간적 가치들을 지킨다는 의미이기도 하다. 우리는 피 튀기는 경쟁의 세상에서 살지, 친절한 세계에서 살지 선택해야 하며, 매일의 행동을 통해 그 선택을 실행에 옮기고 있다.

진정성 없이 움직이는 사람들은 사회 경력이 짧을 수밖에 없다. 진정성이 없으면 사람들에게 신뢰를 얻기 점점 더 어려워지는 데다 거래 관계를 유지하는 것 또한 어려워지기 때문이다. 팀슨의 CEO인 제임스 팀슨은 내게 이런 말을 했다. "단기적으로는 악당 짓을 하는 게 도움이 됩니다. 단기적으로 당신은 영웅이 되고 주주들은 당신을 사랑할 겁니다. 그러나 장기적으로 보면 그건 망한 겁니다." 진정성이 부족한 친절한 리더는 존재할 수 없다. 신뢰와 심리적 안정감은 기본적인 수준의 진정성 위에서 생겨나는 법이기 때문이다.

> **생각해봐야 할 질문들**

- 어떻게 하면 팀원들이 서로에 대해 더 많은 호기심을 가질 수 있을까?
- 내가 직장에서 사랑하는 것은 무엇인가?('회계팀의 잘생긴 남자' 같은 대답은 하지 말라.) 나는 왜 내가 하는 일을 좋아하는가?
- 나는 누구에게서 돌봄의 유대감 같은 것을 느끼는가?
- 팀원 중에 정말 애정이 안 가는 사람이 있는가? 어떻게 하면 특별히 좋아하지 않아도 그에게 사랑과 관심을 보일 수 있을까?

친절 챌린지 8: 감사 편지 쓰기

앞서 원칙 4의 친절 영웅 스토리에서 에밀리 창이 그랬던 것처럼, 동료에게 손편지를 써보라(아니면 자신에게 더 맞는 방식으로 헌신적인 내용의 이메일을 작성해보라). 손편지에 적합한 추천 주제들은 다음과 같다.

- _____ 작업에 대해 진심으로 감사 드립니다.
- 지난 몇 달간 당신이 기울인 노력은 놀라웠습니다. 특히 _____ 에 깊은 인상을 받았습니다.
- _____에 신경 써주셔서 고맙습니다.
- 지금 _____ 때문에 고군분투 중이라고 알고 있습니다.

친절 영웅 스토리

"제 목표는 그들이 나를 끝내 미워하지 않는 게 아니라,
나를 알아가면서 덜 미워하고 결국 이해하게 만드는 것이었습니다."

브라이언 체스키Brian Chesky, 에어비앤비Airbnb CEO

브라이언 체스키와 그의 동료들은 주위의 극심한 회의론에도 불구하고 에어비앤비를 창업했다. 친구들과 가족들 그리고 잠재 투자자들조차 그들의 아이디어를 터무니없다고 생각했다. 대체 누가 올 줄 알고 낯선 사람을 집에 들이고 방을 내준단 말인가? 그 누가 호텔이 아닌 생판 모르는 사람의 집에서 자는 걸 선호한단 말인가?

그러나 체스키와 공동 창업자들은 인간적인 접촉을 기반으로 사업을 구축했으며, 그 과정에서 인간의 타고난 선함을 믿었다. 낯선 이의 집 빈방에 머무는 경험은 호텔에서 머무는 것보다 덜 위생적이었지만 더 친밀한 경험이었다(그리고 대규모 콘퍼런스나 행사로 모든 호텔이 만실인 도시에서 특히 유용했다). 그렇게 사업이 커가면서 에어비앤비 이용자들과 그 팬들은 사람 간의 연결이 주는 독특한 경험을 즐기게 되었다. 체스키는 개방적이고 친근한 리더십 스타일로 기술 업계의 '좋은 사람들' 중 한 명이라는 명성을 얻게 됐다.

지난 10년간 에어비앤비가 거둔 인상적인 성장은 '네트워크 효과'를 기반으로 한 것이다. 한 도시에서 에어비앤비가 크게 성장하면, 숙박객들이 자신이

사는 곳으로 돌아가 친구들에게 그때의 경험을 이야기하다가 결국 자기가 다음 에어비앤비 호스트가 되었다. 그러한 네트워크 효과 덕에 에어비앤비는 당대의 유니콘 기업(기업 가치 10억 달러가 넘는 비상장 스타트업―옮긴이) 중 하나로 도약하게 됐지만 동시에 커다란 문제에 직면했다. 에어비앤비 호스팅의 수익성이 워낙 좋다 보니 사람들이 기존 거주용 또는 장기 임대용 주택을 매입해 에어비앤비 전용 렌탈 숙소로 전환했고, 그 바람에 현지 주민들이 주택 시장에서 밀려나게 된 것이다. 결국 일부 도시들의 지방 정부는 이를 우려해 에어비앤비를 전면 금지시키기로 했다.

그렇게 체스키는 파리와 바르셀로나, 런던 같은 도시들과 심각한 법정 다툼에 돌입했다. 그 도시들에서 규제 문제를 어떻게 해결하려 했는지 묻자 그는 이렇게 답했다.

"처음에는 본능적으로 싸우려 했습니다. 2010년에는 정치적인 집회를 갖기도 했죠. 뉴욕시 시청으로 가서 사람들에게 피켓을 나눠주고 목소리를 높였습니다. 그러다가 그게 우리에게 정말 적합한 접근 방식이 아니라는 걸 깨달았죠. 에어비앤비는 근본적으로 인간이 선하다는 걸 믿고 그러한 생각을 기반으로 세워진 회사입니다. 그런 회사가 싸움을 브랜드로 삼아선 안 되잖아요. 그래서 우리는 '도시들의 파트너가 되어야겠다'고 생각했어요. 도시들을 상대로 우리가 그들을 사랑한다는 걸 알리고 싶었어요. 그래서 친절로 다가가기로 결정했습니다. 도시들을 상대로 우리가 파트너가 되고 싶어 한다는 걸 보여주기로 한 거죠.

저는 원래 사람들이 나를 좋아하지 않으면 절대 얘기를 하지 말자 주의였는데, 누군가가 이런 말을 해주더군요. "가까이서 보면 미워하기 어려워요." 그래서 저는 저를 미워하는 모든 사람을 만나겠다는 결정을 내렸습니다. 그리고 목표는 그들이 나를 끝내 미워하지 않는 게 아니라, 일단 나를 알아가면서 덜 미워하게 만드는 것이었습니다. 그러다 보면 결국 나를 이해하게 될 거라고 생각했죠. 그건 완전히 반직관적인 행동이었습니다. 예전 같으면 설득하지 못할 만남은 피하는 게 상책이라고 생각했을 거예요. 충돌을 피하고 싶었으니까요. 그러나 우리 회사는 기본적으로 이런 관점을 갖고 있었습니다. 세상의 모든 사람은 연결되어야 하며, 특히 우리에게 반감이 많은 사람들일수록 더 자주 만나서 얘기를 나눠야 한다고 말이죠. 우리에 대한 반감은 오해 때문에 생겨난 거라고 생각했으니까요.

그래서 우리는 '경청' 투어를 하기로 결정했습니다. 수없이 많은 힘든 만남을 가졌고, 그렇게 몇 달 후에는 에어비앤비에 대한 독설이 상당히 줄어들게 되었습니다. 사람들이 갑자기 저희를 이해하게 된 겁니다. 그건 정말 큰 도움이 되었어요."[3]

체스키의 개방적이고 진심 어린 처신 덕에 그의 회사는 최근 몇 년간 지방의회 의원들의 아주 격한 반발 속에서도 안정적으로 운영될 수 있었다. 그리고 물론 이는 뛰어난 비즈니스 전략이기도 했다. CEO가 변호사들을 앞세워 법정에서 싸우게 하고 자신은 벙커 안에 숨어 있는 것보다 훨씬 비용이 적게 들기 때문이다.

"느긋해져라. 대부분의 일은 별 차이가 없다.
바쁘다는 것은 게으름의 한 형태다.
생각을 게을리하면서 무분별하게 행동하는 것이다."

– 팀 페리스Tim Ferriss, 《나는 4시간만 일한다》 저자

Graham Allcott

원칙 7 **느긋해져라**

우리는 문제를 해결함으로써 느긋해지는 것이 아니라, 느긋해질 때 문제를 해결할 수 있다.

　지금까지 각 장의 끝에 있는 친절 챌린지들을 해왔다면, 아마 그 과정 중 어느 시점에선가 속도나 바쁨 그리고 그것들이 친절에 미치는 영향에 대해 생각해본 적이 있을 것이다. 예전에는 아마 거의 생각도 못한 부분이겠지만, 일단 친절에 대해 또는 '덜 바쁘게 사는 것'에 대해 생각하는 시간을 갖다 보면 그 둘 사이에 존재하는 공생관계가 갑자기 눈에 들어오기 마련이다. 그래서 이 장에서는 '느린 사고방식'slow mindset에 대해 그리고 그런 사고방식이 친절해지려는 노력에 어떤 도움을 주는지에 대해 살펴보려 한다. 물론 느긋해지고 보다 많은 친절을 베풀 여유를 만드는 데 도움이 될 현실적인 방법들에 대해서도 살펴볼 것이다.

친절을 베푸는 데는 시간이 필요하다

우리는 바쁠 때 주변 사람들에게 충분히 관심을 기울이지 못한다. '간극'이 나타날 때 그걸 알아차리지 못해 친절해질 수 있는 온갖 종류의 기회를 놓쳐버린다. 또한 주변에서 일어나는 일들을 처리할 시간과 정신적 여유를 갖지 못한다. 우리 스스로 친절을 베풀 여유를 만들지 못할 뿐 아니라, 풍요로움을 느끼지 못하고 대신 온갖 종류의 결핍적 사고방식을 강화하는 위험마저 감수하게 된다.

《스타일리스트》Stylist의 편집장 리사 스모사르스키는 빠른 속도가 가져오는 부정적 영향에 대해 이렇게 말했다. "누군가에게 어떤 압박이 가해지면 제일 먼저 사라지는 게 친절이라고 느껴질 때가 많습니다. 요즘 많은 사람이 과도한 업무 부담 때문에 높은 수준의 탈진 상태를 경험하고 있습니다. 그래서 다른 사람들을 우선시한다거나 여유를 갖는 게 힘든 것 같아요. 지난 여러 해 동안 저는 친절을 베푸는 데도 시간이 필요하다는 걸 배웠습니다."

그렇다. 친절을 베푸는 데는 시간이 필요하다. BBC의 '친절 테스트' 연구에 따르면 참가자의 57.5퍼센트가 자신이 더 친절해지지 못하는 이유는 시간이 충분치 않기 때문이라고 답했다.[1] 또한 친절을 베푸는 데는 연결과 여유, 공감 능력 그리고 풍요적 사고방식도 필요하다. 그러나 이 모든 것은 오늘날 다람쥐 쳇바퀴 돌듯 바쁜 일상 속에서 우리 마음 속 저 뒤편으로 밀려나버리고 말았다.

"친절의 수익률ROI은 어떤가?"라는 질문이 어쩌면 이상하게 들릴 수도 있다. 하지만 시간을 내서 좀 느긋해지고 계속 친절을 권하다 보면 신뢰와 심리적 안정감이 생겨나 앞으로 나아갈 힘을 얻게 되는 등 수익률이 기하급수적으로 늘어남을 알게 될 것이다.

모든 일을 '적절한 속도'로 한다는 것의 의미

캐나다 기자 칼 오노레는 어느 날 자기 아이들에게 속독으로《백설공주》를 읽어주다가 한 가지 깨달음을 얻게 됐다. 나는 왜 아이들에게 천천히 이야기를 읽어주며 그 순간을 음미하지 못하고, 왜 삶을 있는 그대로 즐기지 못하고 허겁지겁 보내고 있는 걸까? 그 깨달음 덕에 그는《느림의 찬양》In Praise of Slowness을 쓰게 됐으며, 그 결과 정신없이 휘몰아치는 현대 사회의 속도에 저항하는 전 세계적인 운동인 '느리게 살기 운동'Slow Movement이 탄생했다.[2] 느림을 주제로 한 그의 2005년 테드 강연은 전 세계 수천만 명의 사람이 시청했다.[3] 그러나 칼 오노레는 속도를 늦춘다는 것이 모든 일을 느리게 한다는 의미는 아니라는 점을 분명히 했다.

"'빠른 속도로 나아가는' 것을 지향하는 우리 문화에서 '느림'이란 게 으르거나 비생산적인 것, 즉 늦잠을 자거나 아무것도 하지 않는 것으로 여겨집니다. 그러나 느림은 모든 일을 느리게 한다는 뜻이 아닙니다. 모든 일을 '적절한 속도로' 한다는 뜻이죠. 음악가들은 '템포 구스토'tempo gusto라는 말을 쓰는데, 각 곡에 맞는 적절한 속도를 의미합니다. 느림이 지향하는 것도 바로 그런 것이죠. 때론 빠르게, 때론 느리게 그리고 그 사이에 전부 다른 속도와 리듬이 있을 뿐입니다. 그래서 제 입장에서 '느림'은 하나의 사고방식입니다. 양보다는 질을 중시하고, 모든 걸 '가능한 한 빨리'가 아니라 '가능한 한 잘해내자'는 사고방식 말입니다. 이는 아주 단순한 아이디어지만 속도에 중독된 세상에서는 아주 강력한 아이디어이기도 합니다."

이 같은 '느린 사고방식'을 채택할 경우, 우리는 속도를 늦출 때의 이점들은 물론 그것이 친절한 행동에 미치는 효과가 얼마나 큰지도 알 수 있게 된다.

- 속도를 늦추면 더 깊이 듣고 공감할 수 있다. 시간을 내 보다 완전한 소통을 할 때 다른 누군가의 입장에 서보는 게 더 쉬워진다.
- 속도를 늦추면 친절을 베풀 기회가 보인다. 이는 우리의 감정과 우리가 필요로 하는 것들을 파악할 때 특히 더 중요하다.
- 속도를 늦추면 우리의 행동이 미치는 영향에 대해 생각해볼 시간이 생긴다. 그래서 '상대 입장에선 어떤 느낌일까'를 상상해볼 수 있다.
- 마지막으로 속도를 늦추면 목적지로 급히 가려 하기보다는 여행 그 자체를 음미할 수 있다. 바로 그것이 자기 친절을 베푸는 행동이다.

불편함의 쓸모

우리가 과거 그 어느 때보다 더 빨리 움직이고 있다고 느끼는 데는 이유가 있다. 오늘날은 '극도의 편함' hyper-convenience 에 대한 약속이 매력적으로 다가오기 때문이다. 세상 사람들은 흔히 삶이 더 나아질 것이며, 또 기다림이나 불편함이 모두 사라질 것이라고 말한다. 그렇게 보다 순탄하고 편한 삶이 가능해질 것이라고 쉽게 믿는다. 하지만 칼 오노레는 그건 잘못됐을 뿐만 아니라 바람직하지도 않은 약속이라면서 이렇게 말한다.

"그 모든 게 아주 세련되고 현대적이며 재미있는 얘기로 들립니다. 그러나 실상은 아주 공허하고 피상적인 얘기일 뿐이에요. 오직 '마찰의 순간'만이 우리에게 진정한 삶을 안겨줄 수 있습니다. 마찰은 불꽃과 열 그리고 빛을 만들어냅니다. 그리고 그런 불편한 상황에서 우리 자신을 발견할 수 있습니다. 그럴 때 우리는 배우고 성장하는 것이죠. 와이파이는 마찰 없이 잘 작동되는 게 좋지만 대화는 그렇지 않아요. 우리의 대화는 불꽃이 튀고 가끔 안전지대를 살짝 벗어날 필요도 있습니다."

'느린 사고방식'을 삶에 도입하는 방법

머리로 아는 것과 몸으로 행하는 것은 다르다. 속도를 늦추고 나와 주변 사람들에게 친절을 베풀 수 있는 사람이 되기 위해 '느린 사고방식'을 가지려면 어떻게 해야 할까? 언젠가 한 번쯤은 동료나 지인에게 요즘 너무 바쁘다고 설명하면서 "2주 후면 대부분 마무리될 거야."라고 말한 적이 있을 것이다. 그러나 실제 그 2주 후가 다가오면 우리는 더 많은 일들에 '예스'라고 답해 일정표의 소중한 공간들을 계속해서 많은 약속으로 채워넣는다. 세상이 마법을 부리듯 우리를 위해 속도를 늦춰주길 기다리는 걸로는 충분치 못하다. 진정 속도를 늦추고 싶다면, '노'

라고 말해 약속을 줄이거나 생활 방식에 눈에 띄는 변화를 주어야 한다. 그리고 그렇게 하려면 '여유를 만드는' 다양한 방법들을 생각해내야 한다. 다시 말해 일정표에 빈 공간들을 만들고 마음에 여유를 만들며 하고 싶은 일들이 성장할 수 있는 여백을 만드는 것이다. 진정 새로운 뭔가를 시작하고 싶을 때 그 첫 단계는 먼저 다른 뭔가를 멈춰야 하는 것인 경우가 많다. 일상에 여유를 만들고 느린 사고방식을 유지하기 위해 내가 즐겨 쓰는 방법들을 소개하자면 다음과 같다.

모든 일에 여유 시간 추가하기

당신의 일정표에 매일같이 이메일 회신하기, 예상치 못한 긴급 상황들 처리하기, 밥 먹기, 마주치는 누군가와 대화하기 같은 것들이 적혀 있는가? 아마 그렇지는 않을 것이다. 그래서 그날 '해야 할 일' 목록을 볼 때면 여유 시간이 일곱 시간은 될 거라는 생각이 든다. 앞서 열거한 자잘한 일들을 일정에 추가하면 실제 여유 시간은 네 시간 정도밖에 안 되는데 말이다.

마찬가지로 온종일 이어지는 회의에 필요한 안건들을 짤 때 우리는 대개 예상되는 논의들만 일정에 넣을 뿐 예상치 못하게 등장하는 대화들에 필요한 시간은 남겨두지 않는다. 이러한 '계획 오류'planning fallac 편향에 빠져 늘 처리할 수 있는 일의 양은 과대평가하고, 예상치 못한 갑작스런 일이나 일상적인 유지 업무들에 소요되는 시간은 과소평가하곤 한다. 그러므로 우리는 이를 항상 염두에 두고 모든 일에 '여유 시간'을 추가해야 한다.

계획 수립과 관련된 우리 자신의 모순된 면을 깨닫는 것이야말로 속도를 늦추기 위한 첫 단계다. 프리랜서로 일하던 시절에 나는 예상 소요 일수를 토대로 특정 프로젝트 제안서를 제출하곤 했었다. 처음 몇 번 제안서를 제출했을 때는 늘 예상 소요 일수를 너무 과소평가했다. 그래서 프로젝트를 끝내기 위해 무료로 며칠씩 일을 더 해야 해 괜한 분노에 휩싸이곤 했었다. 그러던 중 한 동료 프리랜서가 내게 인생이 뒤바뀔 만한 조언을 해주었다. "얼마나 많은 일수가 필요한지 계산한 다음, 그 숫자를 두 배로 늘려 제안서를 작성해봐요." 그렇다. 우리는 이런 일들을 종종 과소평가하는데, 단순히 조금 과소평가하는 정도가 아니라 처음 생각한 시간의 두 배나 필요할 만큼 크게 과소평가한다.

서두르는 느낌 없이 하루를 여유롭게 보내고 싶다면 우리가 하는 모든 일에 그 같은 사고방식을 적용해보도록 하라. 내가 회의들을 주재할 때 즐겨 쓰는 방법은 하루 일과의 끝 무렵에 미리 '비밀 시간'을 포함시켜놓는 것이다. 예를 들면 5분밖에 안 걸릴 일에 20~30분을 할애해놓는다. 그 비밀 시간은 순전히 나 자신을 위한 시간으로, 만일 다른 일들 중 하나가 늦어지거나 예상치 못한 문제가 발생했을 때를 대비한 여유 시간이라고 할 수 있다.

여유 시간은 시간과 관련된 결정을 내릴 때마다 고려해볼 가치가 있다. 나는 한때 모든 약속에 지각을 하는 사람이었지만 이제는 이동 계획을 짤 때 아예 여유 시간을 20분 더 추가한다. 머릿속으로는 약속 장소에서 할 일도 없이 20분간 앉아 있는 모습이 상상되지만, 실제로는 그 20분이 대개 예기치 못한 일을 처리하는 데 날아가 결국 기적처럼 제시간에 도착하게 된다.

여유 시간을 추가할 때의 장점은 더 느긋하고 더 자신감 넘치며 현재에 더 집중할 수 있게 해준다는 점이다. 약속에 늦지 않을 거라는 걸 아는 데서 오는 자신감과 그 확신 덕에 서두르지 않고 여유를 가지며 더 많은 친절을 베풀 수 있게 되는 것이다. 또한 여유 시간을 추가함으로써 더 결단력 있게 행동할 수 있고 과도한 일정에 쫓기지 않게 된다.

'깊은 작업'을 위한 시간 확보하기

휴대폰은 우리에게 생기는 모든 틈새 시간을 메워준다. 20년 전만 해도 기차에 앉아 물끄러미 창밖을 내다보며 몽상에 잠기는 일이 흔했지만 요즘에는 그런 틈새 시간들에 팟캐스트를 듣거나 메시지를 보내거나 게임을 한다. 물론 슈퍼마켓 계산대에서 줄을 서서 기다리는 동안 뭔가 재미있는 즐길 거리가 생긴 건 좋은 일이지만, 그런 틈새 시간들 그리고 따분한 시간에 우리 뇌는 종종 보다 큰 도전 과제를 해결하기 위해 움직이고는 한다. 그 이유로 조용히 사색하는 시간은 극히 가치 있는 시간이며, 그 시간을 잃어버렸을 때 치러야 하는 대가를 결코 과소평가해선 안 된다. 어디 그뿐인가. 다른 사람들과의 연결에 과도하게 중독되면 집중력이 떨어진다. 또는 작가이자 학자인 칼 뉴포트 박사가 말한 이른바 '깊은 작업'deep work에 필요한 여유를 갖지 못하게 된다.

나는 매일 아침 내 일정표에 '깊은 작업'을 위한 시간을 따로 잡아둔다. 아무런 방해를 받지 않고 조용히 복잡하면서도 질 높은 작업에 집중할 시간을 갖는 것이다. 나는 아침에 업무 효율성이 가장 높은 사람이라 그렇게 하면 에너지가 가장 왕성한 시간에 업무를 진행할 수 있다. 또한 깊은 작업을 마치고 다시 이메일과 메시지 확인 업무를 시작할 때 그런 메시지들이 내 소중한 시간을 '훔쳐간다'는 불안감을 덜 느끼게 된다. 깊은 작업 시간은 내 일을 위해 따로 마련해둔 시간이므로 나머지 시간에 내가 해야 할 일은 다른 사람들이 그들의 일을 잘할 수 있게 돕는 것이라는 생각이 들기 때문이다. 그러한 심리적 전환을 통해 현재에 더 집중하고 더 느긋해지며 다른 사람들과의 소통에서 덜 자기중심적인(그리고 더 관대한) 태도를 취하게 된다.

매일 얼마나 많은 '깊은 작업' 시간이 필요한지는 대개 당신이 맡은 역할에 따라 달라진다. 내가 권하는 한 가지 방법은 프리덤Freedom 같은 앱을 사용해 집중력을 흐트러뜨리는 웹사이트나 앱 또는 소셜 미디어를 아예 차단해버리는 것이다. 만일 당신이 휴대폰에 너무 빠져 있다고 느낀다면(솔직히 현대 사회의 거의 모든 사람에게 해당되는 말이지만), 하루 중 언제 어떤 일에 관심을 쏟고 또 쏟으면 안 되는지를 의도적으로 관리하는 편이 큰 도움이 될 것이다.

산책할 시간 만들기

걷기가 정신 건강에 좋다는 건 우리 모두 잘 알고 있는데, 우리는 왜 스트레스가 심한 순간에 직면했을 때 '산책할 시간이 없다'고 하는 걸까? 나는 바쁘고 머리가 복잡할 때 공원을 잠깐 산책하고 돌아온 뒤 그 시간을 후회한 적이 한 번도 없다.

걷기를 하면 현재에 더 집중할 수 있고 시야도 더 넓어지며 우리 몸과 다시 연결되고, 그 결과 스트레스도 줄어든다. 나는 걷기를 할 때 보통

걸음 속도를 늦추려 한다. 잠시 걸음을 멈추고 벤치에 앉아 있거나 야생 블랙베리를 따면서 기분이 좋아지는 걸 느낀다. 걷기는 쉽게 말해 뇌가 리셋되는 시간이다.

나무와 풀이 우거진 곳에서 걸으면 더 좋다. '삼림욕'이라는 말에서 잘 드러나듯 수천 년간 인류는 나무가 우거진 자연 속에 있는 것이 우리의 호흡에도 도움이 되고 정신 건강에도 좋다는 사실을 잘 알고 있었다. 걷기는 속도를 늦추는 좋은 방법으로, 걷는 동안 우리 마음은 주변 사람들로 향하게 된다. 누가 도움을 필요로 하는지, 제대로 진행되지 못하고 있는 일은 무엇인지 그리고 앞으로 나아가려면 어떻게 해야 하는지 등에 대해 생각하는 것이다. 걷는 시간을 내는 데 죄책감이 들 때, 나는 규칙적인 걷기가 모든 창의적인 사람과 리더의 직무기술서에 포함되어야 한다는 걸 떠올리곤 한다.

잠시 숨을 고르며 멈추기

내 친구 샐리-앤 에어리는 영국 해군 사령관이 된 최초의 워킹맘이다. 그녀는 리더십에 대한 독특한 관점으로 유명한데, 결단력을 아주 중시하면서도 마음챙김 명상과 생각의 실행 그리고 현재에 집중하는 것이 바로 그것이다. 그녀는 잠시 시간을 내 숨을 고르고 자신의 몸과 마음을 연결하며 명확한 의도를 세우는 '멈춤의 힘'을 부하들에게 가르친다. 우리는 이러한 멈춤을 통해 우리의 의도와 다시 맞춰지며, 속도의 늦춤을 통해 충동적이거나 반응적인 행동을 줄일 수 있다. 그 외에도 멈춤의 힘을 통해 속도를 늦추고 더 친절해질 수 있는 방법들은 얼마든지 많다.

준비에 필요한 시간들을 마련하라

회의를 앞두고 자료를 볼 시간이 없었다거나 대화를 앞두고 누군가가 요청한 의견이나 제안에 준비할 시간이 없었던 경험은 누구에게나 있을 것이다. 우리는 준비 부족을 인정하기보다는 종종 전문적이지 못해 보일까 두려워 회의 내내 고개를 끄덕이거나 직감에 따라 대충 상황을 모면하려고 한다. 이는 자기 보호 본능에서 비롯된 행동이지만 사실상 아주 무례하며 불친절한 행동이다.

준비는 업무에 꼭 필요한 부분이지만 보상이 주어지는 부분이 아니다. 그러다 보니 한창 진행 중인 일보다는 훨씬 덜 흥미로운 일로 여겨지며 그래서 별생각을 하지 않고 있다가 뒤늦게 시간이 부족했다는 걸 깨닫곤 한다. 그러므로 속도를 조금 늦춰 준비에 필요한 시간들을 마련해보자. 함께 일하는 사람들에게 더 많은 관심을 기울이게 되는 추가적인 이점도 얻을 수 있다.

내가 한 일과 해야 할 일 리뷰하기

나는 원래부터 조직적인 사람이 전혀 아니었다. 늘 뭔가를 미리 준비한다는 건 내겐 다소 지루한 일이었다. 하지만 회사를 운영하면서 지난 몇 년간 내가 해야 했던 가장 중요한 업무가 있으니 바로 '리뷰'였다. 나는 지금까지도 매주 다음과 같은 체크리스트를 통해 한 일과 해야 할 일을 점검한다.

- 지난주에 어떤 회의들을 했나? 각 회의에서 필요한 후속 조치들은 무엇이었나?
- 하루하루, 약속 하나하나를 확인하건대 앞으로 2~3주 동안 어떤 일들이 일어날까?
- 어떤 여행 계획을 세워야 할까?
- 어떤 프로젝트들이 기다리고 있는가? 어떤 프로젝트가 예상보다 뒤처졌나? 어떤 조치들을 취해야 할까?
- 언제 달리기를 할 것인가?
- 모두들 어찌 지내고 있는가?

두 시간 정도 깊이 생각하고 반성하고 계획함으로써 나는 내가 모든 걸 통제하고 있다는 느낌을 받는다. 업무가 과중할 순 있지만 거기에 압도당하지는 않는 것이다. 이 시간을 통해 얻을 수 있는 이점은 뭔가에 반응하여 움직이기보다는 훨씬 더 주도적으로 움직이고, '아무 생각 없이 바쁜' 모드에 빠져 허우적대는 걸 예방할 수 있다는 것이다. 또한 이 시간을 통해 내가 정확히 얼마나 많은 일을 하고 있는지 확인하고 필요할 때 속도를 늦추기도 한다.

나는 이렇게 매일 아침 늘 소소하게 같은 일을 하는 것으로 하루를 시작한다(이메일을 열어보기 전에 하는 게 이상적이지만, 늘 이메일에 구미가 당기긴 한다). 이 같은 체크리스트 및 아침 의식을 통해 일을 제대로 진행하고, 스트레스를 받지 않아 더 친절해질 뿐 아니라, 그간 내가 이룬 것들을 되돌아보는 시간을 가질 수도 있다. 이는 평소엔 잘하지 않는 일로 자기 자신에게 친절을 베푸는 의식이라 할 수 있다.

큰 차이를 만드는 소소한 확인들

"빨리 가고 싶다면 혼자 가고, 멀리 가고 싶다면 함께 가라."
– 아프리카 속담

속도를 늦추고 미래에 대해 생각할 시간을 가질 때, 우리는 주변 사람들에게 어떤 일이 일어나게 될지에 대해서도 생각한다. 그런 생각이 들 때는 곧바로 행동으로 옮겨라. 뭔가 거창한 행동일 필요는 없다. 복도에서 어떤 동료를 봤을 때 잊지 않고 "다음 주 행사 준비는 잘 돼가요?"라고 물어본다거나 그냥 "당신 생각을 하고 있어요. 화이팅하세요!"라는 짧은 메시지를 보내는 것처럼 간단한 일이어도 된다.

이 같은 소소한 확인들이 큰 차이를 만든다. 내 경험상 이런 확인들은 깊은 대화로 이어지지 않는 경우도 많지만, 가끔은 누군가가 아직 준비가 안 됐다거나 상황에 잘못 대처하고 있다거나 도움을 필요로 할 때 경고 신호를 보내는 역할을 하기도 한다. 한마디로 이런 확인들이 스트레스 정도와 프로젝트 진전 상황을 측정하는 온도계, 속도계 역할을 하는 것이다.

소소한 확인 사항들을 다 기억하기가 힘들다면 나처럼 메모를 하라. 나는 누군가가 개인적으로 큰일을 목전에 두고 있다면 이런 확인 사항들을 달력에 메모해두는 편이다. 당신의 기억력을 믿지 말고 메모와 알람 기능을 믿도록 하라.

'느린 문화'를 구축하는 법

> "느림은 친절의 산파이다. 더 친절해지려면 먼저 속도를 늦춰야 한다."
>
> – 칼 오노레, 《느림의 찬양》 저자

바쁨은 두려움에서 오는 경우가 많다. 당신은 이메일이나 업무 메시지를 얼마나 오랫동안 읽지 않고 버틸 수 있는가? 조직에 몸담고 있는 사람들에게 이 질문을 던지면, 직급이 높은 사람일수록 한두 시간에서 심지어 일곱 시간까지 이메일이나 메시지를 보지 않아도 괜찮다고 대답한다. 반면에 직급이 낮은 사람들일수록 이메일이나 메시지를 자주 확인하지 못하면 그 결과를 매우 걱정한다.

이런 차이가 발생하는 이유는 직급이 낮은 사람들에게는 대부분의 메시지가 명확하게 전달되지 않기 때문이다. 대부분의 사람은 예절 및 속도에 대해 공개적인 대화를 하기보다는 이런저런 가정들에 의존해 행동한다. 그런 의미에서 주변 사람들에게 빠르고 충동적인 행동을 보여주기보다는 본보기 삼아 느리고 의도적인 행동을 보여주는 것이 매우 중요하다. "퇴근해도 좋아요. 하룻밤 자며 생각해보고 내일 처리합시다.", "아주 잘하고 있어요. 너무 많은 걸 떠안으려고 하진 말아요." 같은 말들을 하면 사람들에게 안도감을 줄 수 있다.

이런 접근 방식은 아주 다양하나 특별히 여기서는 성급히 바쁘게 움직이는 게 아니라 목적의식을 갖고 의도적으로 움직이는 조직 문화를 만들기 위한 몇 가지 생각과 팁 그리고 요령들을 소개해보려 한다.

규칙과 규율을 두려워하지 말라

사람들은 흔히 아무런 제재 없이 직원들을 그냥 내버려두는 게 조직 문화를 구축하는 '좋은' 방법이라고 생각한다. 그러나 그건 조직 문화 구축에서 저지르는 전형적인 실수로, 스트레스와 불확실성만 초래할 뿐이다. 실제로는 조직에 집단적인 리듬과 규칙들이 생겼을 때 얻을 수 있는 이점들이 더 많다. 처음 관리자가 된 사람들은 '너무 소소한 것까지 챙기려 들지 말라'는 조언을 귀에 못이 박히도록 듣곤 한다. 그래서 사람들이 '그냥 알아서 하도록' 내버려두는 실수를 저지르는 것이다. 물론 이는 매우 유용한 충고지만 종종 '내 방식을 다른 사람들에게 강요하지 말라'는 뜻으로 잘못 받아들여지고는 한다. 그러나 기억하라. 직장 내 대부분의 상황에서 사람들은 체계와 명확성을 간절히 원한다. 그리고 명확하다는 건 곧 친절하다는 뜻이다.

회의 없는 날을 만들어라

더 느긋하고 더 친절한 근무 환경을 조성하기 위한 한 가지 방법은 회의를 제한하는 것이다. 주중 하루를 '회의 없는 날'로 정하라. 우리 회사에서는 꽤 오랫동안 수요일에 회의를 하지 않고 있다. 그 덕에 모든 사람이 일정표에 얽매이지 않고 자신만의 일정에 따라 일할 시간을 갖게 됐다. 이 방법에는 회의의 희소성을 좀 더 높여주는 효과도 있다. 문제가 생길 때마다 사람들이 '회의를 좀 해보자'라고 생각하기에 앞서 보다 비판적인 사고를 할 수 있게 되는 것이다.

'오전 11시 이전엔 절대 회의 금지'나 '핵심 근무 시간 외엔 회의 금지' 같은 접근 방식들도 도움이 된다. 이런 소소한 기본 규칙들을 정하면 회의가 가지는 문제점을 사람들이 인식할 수 있을 뿐 아니라 다음 회의를 요청하기에 앞서 마음속으로 다른 이들을 배려하는 등 더 큰 파급 효과를 얻을 수 있다.

목적 없는 점심 식사를 하라

매 순간 생산성을 쥐어짜내야 한다는 압박감은 조직 문화의 속도를 높이는 요인 중 하나다. 이때 아무런 의제나 목적 없이 시간을 내 동료 및 팀원들과 함께 식사를 하는 것이야말로 팀 내 분위기를 파악하고 또 사람들의 상태를 알아볼 수 있는 아주 좋은 방법이다. 당연히 직접 얼굴을 보고 점심을 먹는다면 좋겠지만 상황이 여의치 않다면 화상 채팅도 괜찮은 대안이다. 줌으로 서로 얼굴을 보며 하는 점심 식사가 줌 회의를 하는 것보다 훨씬 더 유쾌하다.

'매몰비용의 오류'에서 벗어나라

대부분의 사람에게 가장 힘든 일 중 하나는 약속을 재조정하는 것이다. 우리는 어린 시절부터 한번 뭔가를 하겠다고 말했으면 반드시 그 말을 지켜야 한다고 배운다. 특히 직장 내에서라면 그 압박은 더욱 심하다. 우리는 모두 신뢰할 수 있는 팀원이 되고 싶어 하기 때문이다. 그러나 개인이나 팀이 당시에는 중요해 보이던 어떤 프로젝트를 맡았는데,

시간이 지나면서 그 프로젝트의 중요성이 사라진 경우라면 얘기가 달라진다. 그런 상황에서는 종종 부지불식간에 그냥 그 프로젝트를 계속 진행하고 싶다는 유혹에 빠진다. '그간 열심히 해온 일이니 계속하자'는 식이다. 어쩌면 이미 투자한 시간과 노력이 아까워 포기할 수 없는 감정적인 '매몰비용의 오류' sunk cost fallacy(이미 투자한 시간과 비용이 아까워 비합리적인 선택을 내리는 인지적 편향—옮긴이)에 빠진 걸 수도 있다. 그럴 때는 이렇게 자문해보는 게 도움이 된다. '이 일이 아직도 필요한가?', '이걸 그만둘 순 없는가?' 또는 '어떻게 하면 이걸 축소하고 단순화할 수 있을까?' 더 많은 일을 하기보다 더 적은 일을 할 때, 그리고 모든 걸 하려 하기보다 올바른 것들을 하는 데 집중할 때, 생산성이 더 높아진다는 사실을 기억할 필요가 있다.

모든 답은 현장에 있다

나는 많은 유능한 고위 리더들이 MBWA, 즉 '현장 중심 관리' Management By Walking Around를 하는 모습을 봐왔다. 사무실 곳곳에서 무슨 일이 일어나는지 파악하면서 동시에 인간관계를 형성할 수 있는 아주 좋은 방법이다. 최고의 리더들은 늘 노트를 갖고 다니거나 해야 할 일들을 적어 바로 후속 조치를 취하는 사람들이다. 그러나 이는 동시에 당신의 리더십에 더 많은 친절과 인간미를 불어넣는 방법이기도 하다. 당신의 일정이 '빽빽하게 차 있지' 않음을 보여줄 뿐 아니라 사람들을 위해 시간을 낼 수 있음을 보여주기 때문이다. 이것만으로도 조직 문화를 느긋하게 만드는 데 도움이 된다.

느림을 본보기로 보여주어라

조직 문화는 영향력과 힘을 가진 사람들로부터 시작된다. 그러므로 당신은 영향력과 힘을 이용해 좋은 문화는 강화하고 나쁜 문화는 제거해야 한다. 사람들에게 점심 시간을 제대로 다 활용하는 모습을 보여주고, 분명한 이유나 예외가 없는 한 근무 시간 외에는 이메일을 보내지 말라(이메일 계정을 '오프라인 상태'로 설정해둘 경우, 저녁 시간에 이메일을 보내더라도 상대의 받은편지함에 다음 날 아침 도착하게 된다는 걸 잊지 말라).

그리고 가장 본보기를 보여줘야 할 사람은 누구일까? 바로 당신 자신이다! 그러니 그걸 자기 친절을 베풀 기회로 삼도록 하라. 아무 계획 없이 산책을 가고 휴대폰을 다른 방에 두고 좋은 책을 읽으며 더 많은 시간을 보내고 '천천히 요리하기' slow cooking(음식을 낮은 온도에서 천천히 오래 조리하는 것 — 옮긴이)와 '천천히 먹기' slow eating를 연습하라. 목적지에 도착하는 게 아닌 여행 그 자체를 즐겨라.

생각해봐야 할 질문들

- 내가 왜 이렇게 바쁜지에 대해 스스로 대는 핑계는 무엇인가?(만일 처음 드는 생각이 '아냐! 난 특별해! 지금 이렇게 바쁜 데는 그럴 만한 이유가 있는 거야!'라면, 이 질문에 대해 더 오래 생각해봐야 한다.)
- 속도를 늦추기 위해 무슨 일을 해야 할까?
- 정신없이 바쁘다는 생각에서 벗어나라. 어떻게 하면 느긋하면서도 생산성 높은 문화를 만들 수 있을까?

> 친절 챌린지 9: 아무것도 하지 않기

이보다 더 쉬워 보이는 일이 있을까? 그러나 장담하건대 당신에게 가장 힘든 챌린지 중 하나가 될 수도 있다. 상사나 연인에게 지금 이 일에 도전 중이라는 말을 하지 말아라. 아마 당신이 대충 시간이나 때우는 중이라 생각할 것이다. 카페나 공원 벤치 또는 당신이 좋아하는 장소로 가라. 휴대폰도 가져가지 말고 그 외에 정신 산만하게 할 다른 일도 하지 말고 최소 한 시간을 거기 앉아 있어라. 그렇게 앉아 있는 동안 당신 마음이 어떤 단계들을 거치는지 지켜보라. 좌절감이나 지루함, 초조함은 물론 심지어 분노나 자기 혐오를 경험할 수도 있다. 지나가는 낯선 사람들을 관찰해보라. 그들은 무얼 하고 있는가? 어디로 가고 있는가? 그들에게는 오늘 무엇이 필요한가? 당신의 마음이 느긋해짐에 따라 당신의 친절 능력이 어떻게 커지는지 살펴보라.

친절 영웅 스토리

"결국 핵심은 사람들에게서
어떻게 최선을 이끌어내는가 하는 것입니다."

줄리언 리처, 리처 사운즈의 창업자

줄리언 리처는 리처 사운즈의 창업자로, 당연히 이 책에 등장하는 다른 그 어떤 사람만큼이나 바빠야 하는 사람이다. 그러나 그는 놀랍게도 매주 시간을 내 직원들의 이야기를 귀 기울여 듣는다.

리처는 음악과 하이파이 시스템에 대한 자신의 사랑을 기반으로 영국에서 가장 성공한 소매 기업들 중 하나를 이뤄냈다. 리처 사운즈는 그들만의 모토를 토대로 독특하고 역동적인 기업 문화를 만들어낸 것으로 유명하다. 그는 매주 직원 만족도 설문조사를 시행해 규칙적으로 간단한 피드백을 받는다. 또 직원들의 사기를 수시로 파악하고 직원들에게 많은 관심을 쏟아 그들이 늘 회사로부터 돌봄을 받고 있다고 느끼게 해준다.

"우리 회사와 다른 여러 회사의 차이점 중 가장 중요한 점은 회사가 직원들에게 정말 진심이라는 점입니다. 우리 회사에선 내부 승진만 가능합니다. 나는 매주 금요일 밤에 '동료 돌봄 보고서'를 받고 있으며, 그걸 통해 동료 혹은 그들의 가족이 아프다거나 가족상을 당했다거나 정신 건강 문제가 있다거나 상담을 받고 있다거나 수술을 기다리고 있다거나 하는 문제들을 다 알고 있죠.

매주 금요일 밤에 그 보고서를 받고, 종종 동료들에게 전화를 걸어 상황이 어떤지 확인하며 문제를 계속 추적하기도 합니다. 필요할 때는 개인 의료비도 지원해 진료 예약을 하기 위해 2년씩 기다려야 하는 스트레스를 받지 않게 해줍니다. 한마디로 친절한 행동에는 많은 것들이 포함됩니다."

리처는 1982년 사업을 시작한 직후 읽었던 톰 피터스와 로버트 워터먼의 저서 《초우량 기업의 조건》이 자신의 사업 방식에 큰 영향을 주었다면서 이렇게 말했다.[4]

"저자들은 미국에서 가장 큰 성공을 거둔 여러 기업들을 분석했는데, 서로 다른 분야에서 성공한 기업들이 전부 공통적으로 두 가지 특성을 가지고 있었습니다. 바로 직원과 고객들에 대한 대우였죠. 그 사실은 내게 큰 영향을 주었습니다. 그리고 1990년대에 아치 노먼Archie Norman과의 긴밀한 협조하에 아스다Asda(영국의 슈퍼마켓 체인으로, 현재는 미국 월마트 산하에 있다.―옮긴이) 회생 작업에 참여했을 때, 나는 그간 내가 소규모 기업들에서 써먹었던 방법들이 대기업에서도 똑같은 효과를 발휘한다는 걸 알게 됐습니다. 결국 핵심은 사람들에게서 어떻게 최선을 이끌어내는가 하는 것입니다."

직원들을 잘 대우해야 한다는 리처 사운즈의 철학은 그대로 고객들에게로 확대된다. 그들은 온라인상에서 그리고 또 계산대에 비치된 '우리는 듣고 있습니다' 엽서를 통해 수시로 고객 피드백을 받고 있다. 그리고 '리처 VIP' 프로그램을 통해 가장 충성도 높은 고객들에게 최고 수준의 할인 및 특별 혜택들을 제공하고 있다. 리처는 또 가능한 한 투명한 방식으로 사업을 운영하고 있으며 장기적인 인간관계를 구축하는 데 전념하고 있다.

"나는 고객들이 자신에게 제공되는 제품의 세세한 면들을 이해하길 바랍니다. 만일 어떤 고객이 우리 매장에서 원하는 걸 찾지 못하거나 제품의 품질을 확신하지 못한다면, 나는 그 고객에겐 그걸 팔고 싶지 않습니다. 우리의 영업 철학과 인센티브 제도는 그런 원칙에 기반을 두고 있습니다. 우리는 늘 영업 직원들에게 고객에게 맞지도 않는 제품을 사라고 설득해 당장의 이익을 취하는 건 잘못되고 어리석은 짓이라고 말합니다. 제대로 된 기업이라면 고객을 단 한 번의 거래를 위해 이용하는 대상이 아닌 평생 함께 가는 대상으로 삼아야 합니다."

리처는 예순 살이 되었을 때 리처 사운즈에 어떤 변화가 있어야 할지 생각했고, 그 결과 직원 소유 신탁을 설립해 자신의 주식 60퍼센트를 직원들에게 양도했다. 또한 직원들은 근무 연수에 따라 연 1,000파운드씩 보너스를 받아 자신들의 헌신에 대한 보상을 받았다. 나는 그에게 2년 정도 지난 지금 그 과정에서 무얼 배웠느냐고 물었다.

"주식 상장을 하거나 벤처 캐피털 회사에 매각하지 않고도 기업의 지속적인 성공을 담보할 수 있었다는 점에서 기가 막히게 좋은 결정이었다고 생각합니다. 벤처 캐피털 회사에 매각했다면 분명 기업 문화가 바뀌었을 겁니다. 게다가 직원들의 사기도 급등했습니다. 고객들도 그런 변화를 아주 마음에 들어 하는 것 같고요. 그리고 맞습니다. 직원 참여도 확실히 높아졌습니다. 물론 직원들의 말을 직접 들어봐야 하겠지만 직원들의 사기가 꽤 높아졌다고 생각합니다. 저는 제 회사가 그런 변화를 감사히 받아들이는 정말 훌륭한 직원들을 보유하고 있다고 생각하고 싶습니다."

리처는 여전히 일상적인 회사 운영에 관여하고 있지만, 이제는 《윤리적인 자본가》The Ethical Capitalist[5]와 《리처 웨이》The Richer Way[6] 같은 저서들을 통해 직원들을 더 잘 돌보는 형태의 자본주의가 표준이 되도록 하는 데 관심을 쏟고 있다. 그뿐만 아니라 텍스워치Taxwatch와 제로아워 저스티스Zero Hours Justice, 굿비즈니스 차터Good Business Charter 그리고 페어니스 파운데이션Fairness Foundation 같은 운동들에도 참여하고 있다.

"저는 친절함에 대해 전체적인 시각을 가져야 한다고 생각합니다. 기업들이 지역 사회에서 벌이는 일에 대한 얘기를 듣다 보면, 그들이 세금을 전혀 내지 않는다는 사실을 알게 될 때가 있습니다. 겉으로만 좋은 이미지를 내세우면서 실제로는 어린아이들을 공장에서 일하게 하는 등, 허울뿐인 말과 '그린워싱'이 너무 많습니다. 진정한 친절은 일관성 있게 전체적으로 이루어질 때 비로소 신뢰를 얻을 수 있습니다."

"매일, 매 시간, 매 순간 우리는 세상을 만들어가고 있다.
우리 자신을 만들어가듯 말이다.
그러니 이왕이면 관대함과 친절함 그리고 품격을 가지고
그 일을 하는 것이 좋을 것이다."

— 레베카 솔닛Rebecca Solnit, 미국의 작가 겸 역사학자

Graham Allcott

원칙 8   친절은 당신 한 명으로 끝나지 않는다

'친절하다'는 것은 나라는 사람 한 명의 한계를 뛰어넘는 친절의 힘을 인식하는 일과도 같다. 다시 말해 '문화 건설자'culture builder가 되어 사람들이 친절한 행동을 해도 괜찮다는 여건을 조성해주고, 친절을 담는 '그릇'을 만들어 사람들이 '간극' 속으로 뛰어들도록 돕는다는 의미다. 우리가 조직 바깥의 일상적인 삶에서도 이 같은 문화 건설자가 될 수 있다면 친절은 사회 전반에 걸쳐 그 마법 같은 힘을 발휘할 기회를 얻을 것이다.

우리가 개인적으로 친절하게 생각하고 친절하게 행동하는 것만으로는 충분치 않다. 우리에겐 조직 안에서뿐만 아니라 보다 광범위하게 친절을 기본적 태도로 삼을 의무가 있다. 만일 원칙 1('친절은 당신으로부터 시작된다')이 이기적이거나 자기중심적으로 느껴졌다면 그런 느낌은 이번 원칙 8에서 완전히 뒤집히게 될 것이다. 지금 이기적으로 보이는 나를 위한 친절은 '친절의 끝없는 순환'이라는 개념 앞에서 그저 미미한 수준일 테니 말이다.

문화 건설자 되기

문화는 '특정한 사람들이나 사회의 사상, 관습 그리고 사회적 행동들'이라고 정의된다.[1] 조직 문화 컨설팅 기업인 고담 컬처Gotham Culture는 조직 문화를 '조직의 독특한 사회적·심리적 환경을 조성하는 기본적인 신념들과 추정들, 가치들 그리고 상호작용 방식들'이라고 정의한다.[2] 이 외에도 문화에 대한 덜 공식적인 정의들 중에서 알아두면 도움이 되는 정의들이 있다. 하나는 문화를 '이곳에서 우리가 일을 처리하는 방식'으로 생각하는 것이고, 또 다른 하나는 '당신이 방을 나설 때 일어나는 일'로 생각하는 것이다.

그렇다면 어떻게 친절을 내재화해 문화의 '기본값'이 되게 할 수 있을까? 마지막 장에서는 친절의 영향력을 최대한 널리 퍼트리기 위해 당신이 할 수 있는 일들, 그러니까 다른 사람들이 행동에 필요한 '간극'을 발견하게 돕는 법, 그들이 공감 능력과 신뢰를 키울 수 있게 돕는 법 그리고 궁극적으로 다른 사람들이 친절 명상을 할 수 있게 영감을 주는 법 등을 살펴보기로 하겠다.

단단한 문화를 만드는 일곱 개의 기둥

문화를 구성하는 요소들은 무엇일까? 정해진 정의는 없지만 내가 생각하는 문화의 주요 구성 요소 그리고 여기에 의식적으로 친절을 통합시키는 방법과 관련된 생각들 몇 가지를 소개하자면 다음과 같다.

- **언어:** 우리의 말과 표현 그리고 질문이 어떻게 우리의 사고방식과 다른 사람들을 존중하는 방식에 영향을 미치는가?
- **소통:** 다양한 소통 스타일들과 도구들이 어떻게 친절한 상호작용을 돕거나 방해할 수 있는가?
- **이야기와 스토리텔링:** 친절에 대한 이야기들을 어떻게 사람에게서 사람으로, 부서에서 부서로 전해지는 '설화들'에 추가할 수 있는가?
- **각종 의식과 리듬:** 사람들의 일과 삶에서 마주치게 되는 여러 순간들을 어떻게 기념할 것인가?
- **회의:** 어떻게 업무에 대한 논의를 하고 사람들을 대우할 것이며, 또 사람들이 자기 생각을 표현하고 문제를 해결할 수 있도록 해줄 것인가?
- **갈등에 대한 태도:** 갈등에 대해 어떻게 건강한 태도를 취할 수 있을까?
- **실수를 다루는 방식:** 어떻게 심리적 안정감 속에서 배울 것인가?

이 장에서는 주로 위 목록의 후반부에 해당하는 요소들을 집중적으로 살펴볼 것이다(언어와 소통에 대해선 앞서 이미 많은 걸 다뤘기 때문이다). 가장 먼저 상황이 좋을 때 하루하루 무엇을 해야 하는지 살펴볼 것이다. 그다음 조직이 위기에 처하거나 불편하거나 힘든 일을 처리해야 하는 부정적인 순간에 친절이 그 진가를 발휘하는 사례를 살펴볼 것이다. 어떤 문화가 강인한지 그렇지 않은지는 폭풍이 휘몰아칠 때 조직이 어떻게 유지되는지를 보면 알 수 있다. 그리고 그런 상황에 제대로 대처하려면 먹구름이 몰려오기 전에 미리 친절이란 이름의 구조물을 잘 대비시켜야 한다.

누가 당신의 문화 건축가들인가?

스벤예란 에릭손Sven-Göran Eriksson이 2001년 잉글랜드 국가대표 축구팀의 감독이 되었을 때, 그에겐 정말 할 일이 많았다. 재능 있는 선수들이 많았음에도 불구하고, 대표팀은 여러 해 동안 좋은 성과를 내지 못하고 있었다. 선수들은 각자 자기 클럽 팬들의 우상이었고, 대부분의 선수가 새로 창설된 프리미어 리그에서 뛰고 있었으며, TV 광고 덕에 심지어 가장 어린 스타들조차 수백만 달러를 벌어들이고 있었다.

고액 연봉을 받는 슈퍼스타들이 조국을 위해 뛰려면 종종 여름휴가나 휴식을 포기해야 했으며, 그러면서도 언론의 조롱과 팬들의 야유와 무시에 시달려야 했다. 그러다 보니 많은 선수가 잉글랜드를 대표한다는 의무를 그리 진지하게 생각지 않았다. 그래서 감독이 된 에릭손은 가장 먼저 팀의 문화를 바꿔야 한다고 생각했다. 그는 높은 기준을 설정하고, 선수들의 재능에 맞는 믿음을 쌓아야 했으며, 팀 문화를 지배해온 실패에 대한 두려움과 무력감을 없애야 했다.

이 모든 것을 절대 자기 혼자서 할 수 없다는 사실을 잘 알았던 그는 스포츠 심리학자 윌리 라일로Willi Railo를 영입했다. 두 사람은 함께 '문화 건축가'라는 개념에 대해 이야기를 나눴다. 문화 건축가란 높은 수준의 자신감과 영향력을 갖고 있는 사람들로, 문화에 대한 비전을 공유한다. 축구 감독은 경기 중에 그라운드에서 공을 찰 수 없기에 카리스마 넘치는 축구 감독이라 해도 그는 오직 말의 힘만으로 완전한 정신적 변화와 최고의 성과를 이끌어내야 했다.

감독으로 부임한 직후 에릭손은 대표팀의 주요 문화 건축가가 될 사람을 찾아내 그를 주장으로 임명했다. 그렇게 젊은 데이비드 베컴은 에릭손이 구축하려 한 조직 문화의 청사진이 되었다. 베컴은 타고난 재능을 가진 열정 넘치는 선수였을 뿐 아니라 두려움 없이 성실히 매진하는 노력파이기도 했다. 또한 규칙과 기준을 잘 지켰을 뿐 아니라 더 높이 끌어올리기까지 했다. 그렇게 변화된 잉글랜드 대표팀은 독일 국가대표팀을 5 대 1로 꺾는 등 인상적인 경기를 펼쳤다. 몇 년 전만 해도 절대 불가능하다고 말했을 스코어였다.

윌리 라일로는 문화 건축가에 대해 이렇게 설명했다.[3] "그들은 다른 사람들의 사고방식을 바꿀 수 있는 사람들입니다. 그들은 장벽을 허물 수 있고, 비전을 가지고 있으며, 자신감이 넘치고, 그 자신감을 같은 집단에 속한 사람들에게 확산시킬 수 있죠. 문화 건축가들은 전체의 5~10퍼센트를 넘지 않으며, 그래서 단 한 번의 훈련이나 단 한 번의 경기만 봐도 쉽게 찾아낼 수 있습니다."

문화를 바꾸는 일은 고치거나 바꿔야 할 일들의 방대한 목록을 작성하는 데서 시작되는 게 아니라 먼저 함께 갈 '동료'들을 찾아야 한다는 생각에서 시작된다. 생각이 비슷한 사람들로 이루어진 작은 '부족'을 찾으면 추진력을 얻는 게 훨씬 더 수월해진다.

친절을 1순위에 두고 채용하기

> "누가 목소리를 낼 수 있고 누가 영향을 미칠 수 있는가? 누가 인정받고 받아들여지며 배려받고 술자리에 초대되는가? 포용에는 친절이 깃들어 있고, 자신의 특권을 인정하는 데는 용기가 필요하며, 이런 모든 요소가 조직 문화를 만들어낸다."
>
> — 줄리엣 플린 Juliet Flynn, 캔터베리 크라이스트처치 대학교의 조직 개발 컨설턴트

수년 동안 셀 수도 없이 많은 사람이 내게 "태도를 보고 채용하라. 나머지 부분은 가르칠 수 있다."라는 말을 주문처럼 하곤 했다. 앞서 제2부에서도 언급했듯 '타고난 친절한 사람'이니 '타고난 불친절한 사람'이니 하는 건 존재하지 않는다. 공감 능력 또한 충분히 개발하고 또 배울 수 있는 능력이다. 그럼에도 불구하고, 어떤 특정 상황에서 친절이 필요한 '간극'을 잘 찾아내는(그리고 과감히 행동에 나설 수 있는) 능력을 타고난 사람들이 종종 있다.

이력서를 보고 단서를 찾는 것도 좋은 방법이다. 예를 들어 자기 소

개서나 입사 지원서에 정기적인 자원봉사 활동이나 자선 모금 활동 같은 경력이 포함되어 있거나 '사람 먼저' 또는 '인간 중심'의 태도가 빛을 발하고 있다면 그는 친절을 실천할 가능성이 높은 사람이다. 취업 면접 과정에서도 지원자가 풍요적 사고방식을 가지고 있는지 확인해볼 기회를 많이 가져야 한다. 실제로 지금까지 우리가 살펴본 친절을 실천하기 위한 여덟 가지 원칙은 지원자들이 친절 영웅이 될 역량을 가지고 있는지를 확인시켜줄 훌륭한 체크리스트가 될 수 있다.

과거 함께 일한 적 있는 한 자선단체의 CEO는 높은 성과를 내는 팀을 구축하는 데 필요한 놀라운 공식을 깨우치고 있었다. 그녀는 내게 이런 말을 했다. "경험 많은 현명한 사람들이 팀을 이끌도록 만들고, 팀에 활력을 불어넣을 에너지 넘치는 사람들을 추가해야 합니다. 그런 다음 최대한 많은 친절을 통해 팀원들을 모두 하나로 묶을 수 있어야 합니다."

친절을 가로막는 장벽들을 제거하라

어떤 사람들은 다른 사람들에 비해 친절해지는 데 조금 더 많은 장벽들을 맞닥뜨릴 수 있다. 그리고 그런 장벽들을 가볍게 제거해주는 게 친절의 핵심이다. 이는 그간 당신의 팀에서 드러나지 않은 친절의 잠재력을 드러나게 할 아주 좋은 방법이기도 하다. 다음 내용을 통해 어떤 장벽들이 있으며 그 장벽들을 어떻게 제거할 수 있을지 살펴보자.

여성적인 사람은 성공하지 못한다?

여러 면에서 '사업 악당' 이야기는 '알파 메일'alpha male(집단 내에서 가장 서열이 높은 수컷을 의미하는 말—옮긴이) 개념과 일맥상통하는 부분이 있다. 내가 '직장 내 친절'에 대해 가르칠 때, 성별 문제가 흥미로운 논의 주제가 되는 이유는 바로 이 때문이다. 남성들에게 친절의 감정적인 측면이나 공감적인 면들은 일종의 도전처럼 다가오기도 한다. 친절이라는 개념이 너무 '부드럽고' '여성적'이라고 느껴지는 것이다. 이는 오랜 세월 우리 문화를 지배해온 '사업 악당' 이야기가 만들어낸 뿌리 깊은 고정관념이라 할 수 있다.

여성들은 태생적으로 공감 능력이 더 뛰어난 것으로 알려져 있으며, 그래서 친절한 형태의 리더십은 많은 여성에게 제2의 천성처럼 느껴진다. 그러나 여성들은 지난 수십 년간 로이스 프랑켈Lois Frankel의 《착한 여성은 전망 좋은 사무실을 갖지 못한다》Nice Girls Don't Get the Corner Office 같은 책들을 통해 직장에서 성공하려면 보다 더 '알파 메일'처럼 행동해야 한다고 배워왔다.[4] '남성들과 어울리며 그들의 방식을 따르라. 그러면 성공할 가능성이 더 커진다'는 얘기였다. 그러나 시대는 바뀌었고 우리는 이제 이 이야기를 뒤엎어야 한다. 미래의 직장에서는 '사람을 대하는 기술'이나 '소프트 기술'이 더 강조될 것이고, 친절도 계속 더 강조될 것이다. 따라서 앞으로의 세계는 여성들이 보다 더 남성의 방식을 따르는 게 아니라 보다 더 뉴질랜드 총리 저신다 아던의 방식을 따라야 하는 세계가 될 것이다.

외향적인 사람이 더 친절하다?

나는 정기적으로 기조연설을 하고 사람들 앞에 나서서 이야기하는 걸 업으로 삼고 있는 사람이지만 실은 굉장히 내향적이다. 2021년과 2022년에 실시한 BBC 친절 테스트에 따르면 천성적으로 외향적인 사람들이 내향적인 사람들보다 상대적으로 친절할 가능성이 더 높은 걸로 나타났다.[5] 내향적인 사람들은 에너지를 내부에서 얻는 반면 외향적인 사람들은 다른 사람들로부터 에너지를 얻는다. 그들은 대체로 다른 사람들과 더 잘 어울릴 뿐 아니라 더 많은 시간을 함께 보낸다.

그러나 그렇다고 해서 내향적인 사람들이 불친절하다는 뜻은 아니다. 내향적인 사람들의 친절은 눈에 띄지 않게 신중한 방식으로 나타나는 경향이 있다. 예를 들어 나는 누군가가 한 일을 칭찬할 때 사람이 많은 공개적인 곳에서 연설을 하며 그 사람에게 박수를 쳐달라고 청하는 것보다는 이메일이나 일대일 대화가 훨씬 더 편하다. 마찬가지로, 다른 사람들 앞에서 칭찬이나 박수를 받는 일은 나에게 영광의 순간이라기보다는 불안감이 엄습하는 순간이다. 또한 내향적인 사람들은 집단 내에서 자기주장을 펼치는 게 더 힘들 수 있다. 그들에게는 '착함'과 '친절함'의 차이를 아는 게 특히 중요하다. 경쟁적으로 목소리를 높여야 하는 시끄러운 조직 문화 속에서는 내향적인 사람들이 빛을 발할 수 있는 기회가 특히 더 필요하다. 때론 이러한 사실 자체를 기억하는 것이 당신이 할 수 있는 가장 친절한 행동이 되기도 한다.

'같은' 사람일 때 친절해질 수 있다?

어떤 사람들은 많은 노력을 기울이지 않아도 친절 문화 속에 자신도 포함되어 있다고 느껴 매사에 더 적극적으로 참여한다. 그건 그들이 외향적인 사람들이기 때문일 수도 있고, 그들이 외모나 성격 또는 배경이 다른 팀원들과 크게 다르지 않기 때문일 수도 있다. 그런데 만일 당신이 다른 구성원들보다 스무 살이 더 많거나, 피부색이 다른 유일한 팀원이거나, 유일하게 신앙이 있는 사람이거나 또는 성별이나 성적 취향이 다른 유일한 사람이라면 어떨까? 다름을 자연스럽게 받아들이는 것은 상대방이 집단에 소속되어 있다고 느끼게 하는 데 꼭 필요한 일이다. 일단 그런 느낌을 가지면 사람들은 자신만의 독특한 방식으로 친절을 표현하고 그 결과 모든 사람에게 다양한 경험을 안겨주게 된다.

친절한 회의를 위한 네 가지 원칙

회의 문화보다 한 조직의 문화를 가장 잘 보여주는 것도 없다. 요즘엔 이메일로도 충분히 대체될 수 있는 회의가 많아졌지만, 훌륭한 회의는 온갖 놀라운 결과들을 가져다주는 계기가 됨은 물론 더 깊은 상호 이해의 계기가 될 수도 있다.

당신은 각 회의를 주관하거나(당신이 주관한 회의일 때) 조정하는(당신이 주관한 회의가 아닐 때) 역할을 해야 한다. 그래야 서로 존중하는 대화와 건강한 긴장감 그리고 창의적인 번뜩임이 있는 회의가 만들어질 수 있다. 생산적인 회의는 행동에 초점을 맞추며, 진실과 품위가 넘친다. 당신이 참여하는 회의를 서로 경청하는 회의로 만들기 위한 몇 가지 방법을 소개하자면 다음과 같다. 만일 회의가 이런 식으로 진행되지 못한다면, 그 회의가 왜 필요한지부터 의문을 제기해야 한다.

명확한 목적을 갖고 시작하라

회의에 참석한 사람들은 그것이 어떤 회의든 간에 명확한 기대감을 갖고 온다. 그러므로 필히 회의 안건(논의할 주요 문제들이 포함된 목록)과 회의 목표를 정해야 한다. 회의 목표는 '회의가 끝났다는 걸 어떻게 알 수 있는가?'라는 질문에 답하는 것이 되어야 한다. 회의 목표를 세우면 평범한 회의를 생산적인 회의로 변화시킬 수 있다. 아래 회의 목표의 예들을 살펴보자. 회의가 끝날 때 우리는 이렇게 될 것이다.

- 기대되는 주요 결과들과 향후 일정에 대해 합의한다.
- 회의의 새로운 이름을 정하거나 그걸 정하기 위한 기한과 과정에 합의한다.
- 프로젝트 책임자들과 대략적인 예산을 결정한다.

그다음 의제는 업무 절차, 배경 및 문제점들, 전략적 선택 그리고 각 논의의 구성 방식과 관련된 세부 사항들로 옮겨간다. 이때 이 모든 걸 질문 형태로 구체화하는 것이 바람직하다. 예를 들어 회의 명칭을 바꾸고자 한다면 이렇게 질문해본다. '기존 이름을 그대로 사용할 것인가?

바꿀 거라면 새로운 전략에 맞는 보다 시의적절한 이름은 무엇일까?' 또는 이름과 관련된 표본집단 조사에 대한 직원의 프레젠테이션을 듣고 '그들의 제안이 만족스러운지 아닌지'에 대해 브레인스토밍한다.

오프닝 라운드: 긍정적인 현실에서부터 시작하라

낸시 클라인은 자신의 책 《생각할 시간》에서 '오프닝 라운드'Opening Round 라는 개념을 소개한다. 회의를 시작할 때 모두가 편하게 발언할 수 있게끔 권유하는 개념으로, 이는 '긍정적인 현실에서 시작할 때' 긍정적인 논의의 분위기가 조성될 수 있다는 그녀의 주장을 잘 드러내준다. 나도 여기에서 영감을 받아 여러 종류의 오프닝 라운드를 사용하는데, 내가 즐겨 쓰는 말은 다음과 같다. "자신의 이름과 현재의 기분 상태 그리고 잘 진행되고 있는 일 한 가지를 말해주세요."

오프닝 라운드 기법은 단순하면서도 강력하다. 이 기법을 도입하면 회의가 시작될 때 방 안에 있는 모든 사람이 방해받지 않고 자기가 하고 싶은 말을 할 수 있다. 모두가 소위 '워밍업'이 된 상태에서 회의에 참석하게 되는 것이다. 그렇게 위험하거나 논쟁적인 의견을 공유해야 하는 상황이 아님을 인지하고 나면 즉각적으로 심리적 안정감이 조성된다(적어도 자신의 이름을 말함으로써, 심리적으로 그 순간 회의에 더 깊이 포함되었다고 느끼게 된다). 이 오프닝 라운드 기법에서는 테이블에 둘러앉은 각 개인이 동등하게 소개되며 지위나 직급에 관계없이 모두가 동일한 발언 시간을 갖게 된다. 그렇게 그룹이 계층으로 나뉘지 않고 하나로 묶이는 것이다. 이는 모든 구성원이 서로를 잘 알고 있을 때도 중요하다.

40-20-40 원칙

회의와 관련해서는 40-20-40 원칙을 꼭 기억하라. 관심의 40퍼센트는 회의 준비에 쏟고, 20퍼센트는 회의 그 자체에, 그리고 나머지 40퍼센트는 후속 조치에 쏟는다는 원칙이다. 물론 회의가 며칠간 계속 열리는 경우에는 1-98-1 원칙이 더 적절하게 보일 수도 있지만 말이다. 어쨌든 이런 원칙은 우리가 목적의식을 갖고 행동하고 더 적은 회의들에 집중해 더 질 높은 회의를 하는 게 중요하다는 점을 이해하는 데 많은 도움을 준다. 이렇게 함으로써 우리는 서둘러야 한다는 압박감을 덜 느끼고, 시간을 내 제대로 경청하며, 친절을 베풀 기회를 가질 수 있게 된다.

품위 있게 진실을 밝혀라

마틴 패럴Martin Farrell은 지난 30여 년간 전문 퍼실리테이터로 활동하면서 유엔과 적십자사 그리고 영국 정부를 비롯한 세계 각지의 여러 단체들과 함께 일해왔다. 지금은 사람들이 전략을 세우고 복잡한 상황들을 이해하며 힘든 프로젝트들을 계획하는 데 도움을 주고 있다.

마틴 패럴이 특히 잘하는 일 중 하나는 사람들이 입에 올리기 힘들어 하는 문제들을 알아내는 것이다. 예를 들어 회의 중에 예상치 못한 변수나 여러 요인들로 자신의 영향력이 줄어들거나 더 심한 경우 자신의 자리가 위태로워질 수 있다는 걸 두려워하는 누군가가 있을 수 있다. 또는 새로운 계획에 대한 아이디어로 고통스러웠던 과거의 대화들이 재연될 수도 있다.

마틴의 관점에 따르면 퍼실리테이터, 즉 조정자로서 회의를 이끄는 당신은 용감해야 한다. 방 안에 코끼리 한 마리가 있다면, 즉 아주 중요한 문제가 있다면 사람들이 그걸 외면한 채 딴 얘기만 하게 놔두지 말라. 또한 물밑 작업 같은 테이블 아래에서 은밀히 진행되는 대화가 있다면, 테이블 밑에서 그걸 끌어올려 백일하에 드러나게 해야 한다. 그게 당신이 해야 할 일이며 그때 가장 중요한 건 진실과 품위임을 잊지 말아야 한다.

"한 특정 회의에서 조정자 역할을 해달라는 요청을 받았습니다. 그 회의에는 여러 해 동안 특정 계획을 좌지우지해온 한 사람이 참석했습니다. 다른 참석자들은 그 사람이 모든 업무 영역에서 통제력을 행사하여 다른 이들의 발목을 잡고 있다고 느꼈죠. 변화가 필요했어요. 그 사람을 제외한 구성원 모두가 그 사실을 잘 알고 있었습니다. 하지만 아무도 말을 꺼내지 못했죠. 그들은 그를 존중하고 있었습니다. 지나칠 정도로 착하게 행동하고 있었죠. 그에게 문제 제기를 하는 건 누구에게나 힘든 일이었습니다." 패럴이 내게 한 말이다. 그는 이렇게 말을 이었다.

"나는 그들이 누군가 문제 제기를 해주길 간절히 바라고 있다는 사실을 알았지만, 아무도 나서려 하지 않았습니다. 결국 회의 시간이 끝을 향해 가면서 나는 내가 용기를 내야 할 때가 됐음을 알았죠. 그래서 몇 가지 예리한 질문들을 던졌고 결국 한 사람이 앞으로 나설 계기가 만들어졌습니다. 그 순간 용기를 내는 건 쉬운 일이 아니었습니다. 그러나 일단 누군가 그렇게 말문을 트자 다른 이들도 훨씬 더 말하기가 쉬워졌고, 결국 두 번째 사람이 나설 수 있게 됐습니다. 그리고 회의를 끝내면서 모든 사람이 변화를 만들어내는 게 얼마나 중요한 일인지 분명히 알게 됐죠. 그렇게 뜨거운 주제를 공개적으로 거론하면서 나는 소규모 그룹이 앞으로 필요한 일들에 대해 논의할 것을 제안했습니다. 나는 안도감을 느꼈고, 내 의뢰인은 만족스러워했습니다."

회의의 리더로서 당신이 해야 할 일은 때론 사람들을 편안하게 만들어주는 것이며 또 때론 사람들을 압박해 행동에 나서게 하는 것이다. 어떤 경우든 사람들은 실제로 거론된 문제들에 대해서만 귀 기울여 들을 수 있다.

각종 의식과 주기적인 리듬을 만들어라

페이크 다큐멘터리 형식으로 인기를 끌었던 BBC 시트콤 〈더 오피스〉 The Office에는 경리과 직원인 '키스'가 연말 직원 파티에서 DJ를 하는 장면이 나온다. 시트콤에 나오는 연말 디스코 파티처럼 가벼워 보이거나 거창해 보이지 않는다 해도, 팀에서 하는 이 같은 의식들은 조직 생활에서 '리듬'을 살리는 데 도움이 된다. 이런 의식들이 꼭 화려한 시상식이나 회사 밖 어딘가에서 하는 요란한 행사일 필요는 없다. 줌 미팅을 마무리하며 팀원들과 간단히 이야기를 공유하는 것도 충분히 '의식'이 될 수 있다. 올바른 문화를 장려하기 위해 활용할 수 있는 각종 의식들의 사례 몇 가지를 살펴보도록 하자.

성취를 축하하는 의식들

- '이번 주의 직원'을 공유한다. 팀 미팅에서 발표하거나 매주 금요일 날 전체 이메일로 알릴 수 있다.
- 누구든 목표를 달성했을 때 물리적(혹은 디지털) 벨을 올린다. 우리 회사인 싱크 프로덕티브에서는 새로운 고객이 가입했을 때 CRM 시스템이 '딩! 딩! 딩!' 하는 소리를 내보내 판매 성과를 올린 직원을 축하해준다.
- '이번 주의 성과'를 공유한다. 매주 금요일 등 정기적으로 각 부서장이 회의 시간에 발표하거나 이메일이나 메신저를 통해 모든 직원에게 성과를 공유한다. '이번 주의 직원'과 함께 공유할 수 있다.

팀 관계 구축을 위한 의식들

- 회의를 시작할 때마다 참석자 모두에게 지금 삶에서 일어나고 있는 일을 공유하도록 권한다. 지난 주말에 한 일, 요즘 관심을 갖게 된 일 혹은 현재 해결책을 찾기 위해 고군분투 중인 문제 등 뭐든 좋다.
- 모든 종교의 휴일을 파악한다.
- 창의성을 공유할 공간을 만든다. 예를 들어 가장 뛰어난 케이크 레시피나 최고의 휴가 사진을 공유할 수 있다.

친절을 장려하기 위한 의식들

- 친절 챌린지를 도입해 모든 사람이 서로 또는 고객들에게 수시로 친절한 행동을 하게 한다.
- 두 사람씩 짝을 지은 뒤 자기 짝의 친절한 행동을 관찰하게 한다.
- 팀슨 그룹의 사례처럼(330페이지 참조) 동료들의 친절한 행동을 인정해주는 '무작위 친절상'을 시상한다.

변화를 축하하는 의식들

- 신제품 출시를 위한 런칭 파티를 열어 출시를 책임진 사람들에게 적절한 고마움을 표한다.
- 프로젝트가 끝날 때 뒤풀이 파티를 연다.
- 사람들이 감정적인 애착을 보이는 이전 동료들이나 이전 사업 부서들을 기억하는 '추모' 파티 또는 '회상' 파티를 연다. 나는 한때 두 자선 단체에서 일했는데, 그 두 단체가 합병되어 더 큰 자선 단체가 되었을 때 그 변화를 공식적으로 기념하는 이러한 의식이 사람들에게 변화를 받아들이고 나아갈 수 있게 해주는 유용한 방법이었다.

이 같은 의식들은 한 문화 안에서 올바른 리듬을 만들어가는 친절한 방법들의 일부일 뿐 이외에도 다양한 방법들이 존재한다. 의식의 시기는 분기별 또는 격주 주기를 생각해볼 수 있으며, 1년 중 조직에 특별한 의미가 되는 시점을 정해 기념하는 것도 좋다. 영국의 서비스 업계에선 크리스마스 휴일 동안 일한 직원들의 노력을 치하하는 풍성한 1월 파티를 여는 것으로 유명하다. 그 결과 아주 조용히 넘어갔을 평범한 그 시기가 많은 사람이 학수고대하는 중요한 시기가 되었다.

이야기를 만들고 공유하고 퍼트려라

1970년대에 스탠퍼드 대학교의 명예 교수였던 제임스 마치James March는 리더십을 시인이 되는 것과 배관공이 되는 것 사이에서 균형을 맞추는 일이라고 설명한 바 있다. 리더들은 조직 시스템과 구체적인 데이터, 운영상의 문제들을 확실히 파악하는 '배관공'의 일들을 잘해내야 한다. 동시에 '시인'의 일도 해내야 해서 자신의 언어와 창의성을 활용해 자신만의 이야기를 만들어내고, 그것으로 사람들의 마음을 사로잡을 수도 있어야 한다. 1970년대 이후로 리더가 자신의 이야기를 전달할 수 있는 매체의 수는 기하급수적으로 증가했고, 이와 함께 리더에게서 기대하는 투명성과 신속한 반응, 빠른 방향 제시에 관한 요구 역시 크게 늘어났다.

제1부에서 우리는 단순히 친절한 행동들을 관찰하는 것만으로도 어떻게 뇌 화학 반응에 아주 현실적인 변화들이 촉발되고 또 동기부여와 소속감 그리고 심리적 안정감이 커지는지에 대해 살펴봤다(37페이지 참조). 그리고 친절이 계속해서 번져 나간다는 사실도 배웠다. 즉, 우리가 친절에 대한 얘기를 더 많이 들으면 들을수록 친절이 문화 속에서 파문

처럼 번져 나갈 수 있는 것이다.

톰 엘리엇은 영국에서 가장 빠른 속도로 성장하는 레스토랑 체인 중 하나인 피자 필그림스Pizza Pilgrims의 공동 창업자다. 그는 자신이 어떻게 직원들에게 서로 친절을 베풀라고 권하고 또 친절에 대한 자신들의 이야기를 서로 공유하라고 권하는지에 대한 얘기를 들려주었다. 피자 필그림스에서는 이를 '슈퍼 친절 폭탄'Super Kind Bombs이라 부른다. 직원들은 서로 그리고 고객들과 파트너들에게 소소하면서도 강력한 친절 행동을 하도록 권유받는다. 그 친절한 행동은 새로운 피자를 만들어 팀원들과 공유하는 것일 수도 있고, 주방에서 공급업체 직원들에게 피자 만드는 법을 가르쳐주는 것일 수도 있으며, 빈 피자 상자들을 이용해 그림 그리기 대회를 조직하는 것일 수도 있다. 그렇게 소소한 친절한 행동들이 모든 조직 구성원들에게 공유되면, 결국 직원들의 사기가 높아지고 가능한 일들에 대한 새로운 기준이 제시되는 것이다.

문화 속에 친절을 퍼트리는 여덟 가지 방법

"작은 일이야말로 사실은 가장 큰 일이다. 그런 사소한 작은 일들이 모여 결국 친절의 문화를 만들어내기 때문이다."

– 로빈 바네르지Robin Banerjee, 서식스 대학교 친절 연구 센터 교수

상황이 좋을 때는 친절한 행동을 조직 문화 속에 스며들게 하는 방법이 너무도 많다. 작은 일들이 하나둘 모이다 보면 그것 자체가 친절의 가치

를 보여주는 강력한 기표가 되어 친절이 절실히 필요한 힘든 시기에 큰 도움이 될 수 있다. 많은 방법 중에서도 빠른 속도로 친절을 확산시키는 간단한 방법들을 소개하자면 다음과 같다.

- **결과뿐 아니라 노력에도 감사한다:** 이 방법은 사람들이 결과를 통제할 수 없는 상황에서 특히 중요하다. 예를 들어 입찰을 따내기 위해 조직의 모든 사람이 노력을 했다면, 그들에게 많은 헌신을 했고 그로부터 배울 점들이 있다는 걸 상기시켜주는 사람이 되어야 한다. 또한 누군가가 회의에서 의미 있는 발언을 하거나 다른 사람을 존중하는 태도로 반대 의견을 냈을 때, 친절한 말 한마디는 사람들을 안심시킬 뿐 아니라 건강한 조직 문화 조성에도 큰 도움이 된다.

- **따뜻하게 환영한다:** 나는 처음 B2B_Business-to-Business_(기업 대 기업 거래를 기반으로 하는 비즈니스 모델—옮긴이) 미디어 에이전시인 IAM 프로덕션_IAMProductions_의 사무실을 방문했을 때를 절대 잊지 못한다. 그들은 말 그대로 불빛으로 내 이름을 밝혀놓고 있었다. 접수처의 라이트 박스에 '환영합니다, 그레이엄 올콧'이라고 써놓았던 것이다. 보기엔 작고 사소한 일이지만 환영은 배려와 관심을 보여주어 사람의 마음을 편안하게 해준다. 방 안에 꽃을 놓아두거나, 상대방이 요청하기 전에 와이파이 비밀번호를 알려주거나, 잠시 시간을 내 안내를 해주는 것. 이런 일들은 단순하지만 훨씬 더 큰 뭔가를 전하는 제스처이다.

- **비밀 친구를 만들어준다:** 팀 내 모든 사람에게 한 달 동안 '비밀 친

구'를 정해준다. 비밀 친구가 하는 일은 그저 늘 파트너를 살펴보며 그를 행복하게 만들어주는 것이다. 책상에 몰래 선물을 놓아둘 수도 있고 익명 이메일 주소로 응원의 메시지를 보낼 수도 있다. 소규모 팀에서도 이렇게 하다 보면 친절을 베풀고 친절을 받고 친절을 목격할 수 있는 기회가 많이 생겨나게 된다. 물론 누가 나의 비밀 친구인지 추측해보는 것도 재미있는 게임이 될 것이다. 아울러 당신이 했다는 걸 알 수 없게 은밀히 친절을 베푸는 기술을 연습할 수도 있다.

- **친절한 인사관리 시스템을 갖춘다:** 그렇다. 인사관리는 종종 우리의 본능적인 친절을 방해하기도 하지만 인사관리 정책들을 보면 기업 문화에 대해 많은 걸 알 수 있다. 친절을 베푸는 한 가지 쉬운 방법은 사람들에게 생일 휴가를 제공해주는 것이다. 이 외에도 재택 근무, 주 4일 근무, 유연근무제 등 여러 방법들을 시도해볼 수 있다. 분기에 한 번씩 '두벳 데이'duvet day(이불 속에서 편히 하루를 쉴 수 있는 날이라는 뜻. 특정한 사유 없이도 쉴 수 있는 휴가 제도 — 옮긴이)를 시행하는 건 어떤가? 이런 정책들은 비교적 간단히 시행할 수 있으며, 기업에 큰 비용을 부담시키지도 않는다. 우리 회사에서도 모두 시행 중이어서 그건 내가 누구보다 잘 안다.

- **'지원팀'을 친절하게 대한다:** 네 번째 원칙인 '항상 사람이 먼저, 일은 그다음'에서 언급했듯 뛰어난 성과를 내는 모든 직원 뒤에는 그들의 '지원팀'이 있다. 배우자와 친구, 동거인, 자녀, 반려동물 등 그 직원의 사기를 북돋아준 이들에게 고마움을 전할 방법을 찾아내라. 큰 파티를 열 수도 있고 간단한 카드를 보낼 수도 있다.

- **직원들에게 자원봉사를 장려한다:** 일부 조직들에서는 직원들에게 1년에 2~3일간 휴가를 주어 자선 단체나 지역사회를 위해 자원봉사를 할 수 있게 해주며, 그 기간에도 급여를 전액 지급한다. 이는 윈-윈-윈 게임이다. 즉, 직원들은 자신이 생각하는 중요한 대의를 지원할 수 있다는 점에서 보람을 느낄 수 있고, 조직은 직원이 배운 것을 자신의 업무에 적용함으로써 혜택을 얻을 뿐 아니라 지역사회에서 기업의 브랜드 인지도를 높여 때론 그 명성을 토대로 새로운 사업을 시작할 수도 있다.

- **자선 모금 또는 지역사회 공동 프로젝트를 진행한다:** 올바른 대의를 위한 돈을 모금하거나 팀이 하루 동안 지역사회나 학교를 돕는 것은 사람들을 하나로 묶어주는 아주 좋은 방법이다. 동료들한테서 마음에 와닿는 모금 활동을 추천받아라. 그리고 모든 사람이 일상적인 위계질서의 틀 안에서 벗어나 평등한 인간 입장에서 힘을 합쳐 친절을 베푸는 하루를 만들어보라.

- **정기적으로 칭찬을 한다:** '주간 성과'를 공유하고 서로에게 감사를 표하는 시간을 갖도록 하라. 전 직원이 모인 회의에서 이야기해도 좋고, 이메일을 보내거나 슬랙 같은 메신저 앱을 활용해도 좋다. 우리 팀 안에서 이를 시행해본 결과, 직원들 각자가 맡고 있는 일과 직면한 도전 과제들에 대해 더 많은 걸 알게 됐고, 직장 밖에서 일어나고 있는 서로의 일들에 대해서도 더 많은 관심을 가질 수 있었다.

갈등의 순간에 친절을 발휘하는 법

> "리더십은 티백과 같다. 뜨거운 물에 들어가기 전까지는 그게 얼마나 강한지 알 수가 없다."
>
> — 줄리아 클레버든Julia Cleverdon, 왕립 빅토리아 훈장 수여자,
> 영국 자선 단체 리더

상황이 괜찮을 때의 친절 문화는 따뜻하고 포근한 느낌을 줄 뿐이지만, 상황이 힘들 때의 친절 문화는 모든 게 무너지는 상황과 그렇지 않은 상황 간의 차이를 만들어낼 수 있다. 사람들이 심리적으로 안정감을 느끼는 환경을 만들고 시간과 에너지를 들여 친절과 신뢰를 구축하는 일은 힘든 얘기를 나누거나 더없이 힘든 결정을 내려야 할 때 그 진가를 발휘한다. 힘든 순간에는 물론 사람들이 느끼는 신뢰와 심리적 안정감이 줄어들기도 하지만(어떻게 그러지 않을 수 있겠는가?) 친절한 문화가 구축된 상태에서는 그런 상황을 타개하고 일상을 회복하는 게 훨씬 더 쉬워진다. 그러니 이제 갈등과 실수에 대처하는 법, 잘못된 행동을 다루는 법 그리고 인원을 감축하거나 누군가를 해고해야 할 때 어떤 일이 일어나는지에 대해 얘기해보자.

친절한 갈등이란 무엇인가?

아무리 마음이 맞는 사람들이 모여 있다고 해도 조직 내 갈등은 피할 수 없는 일이다. 특히 자신이 하는 일에 관심이 많고 동기가 강하며 성실한 사람들이 모여 있는 경우에는 그렇지 않을 때보다 갈등이 생길 가

능성이 훨씬 더 높다. 서로 의견이 다를 때 친절하게 풀어가는 방법이 있는가 하면, 그걸 해로운 상황이 아닌 오히려 더 건강한 상황으로 바꾸는 방법들도 있다.

해로운 문화에서는 갈등이 방치되며 가장 강한(가장 직책이 높은) 사람이 승자가 된다. 이 경우는 모두에게 불친절한 상황이다(심지어 '승자' 조차도 아무것도 배우지 못하고 성장하지 못한다). 반면에 '좋은' 문화에서는 모든 갈등을 무조건 피하려고만 하며 그래서 생산성이 낮다. 그러나 가끔은 갈등이나 의견 차이를 통해 편견을 넘어 더 나아지기 위한 도전을 하기도 한다. 이때 올바로 대처하면 건강한 갈등을 가진 문화가 되는 것이다(그런 경우 우리는 갈등을 친절로 승화시킬 수 있게 감정적으로 잘 준비되어 있어야 한다). 친절의 정의 중 하나는 '피해를 제한시키는 것'이라는 사실을 잊지 말라. 우리는 늘 우리 자신을 잘 제어하고 그 사실을 염두에 두고 있어야 한다.

건강한 긴장 상태를 유지하려면 우리가 모든 걸 알지 못한다는 사실을 인정할 만큼 마음을 열어야 하며, 설사 우리가 공유하지 않는 관점들일지라도 그것을 통해 더 나아질 수 있다는 사실을 인정해야 한다. 바로 앞에 나온 간단한 그림은 이 개념을 잘 보여준다. 그림의 한쪽 끝에는 '인위적인 화합'이 있는데, 그 상태에서 우리는 '좋음' 옵션을 선택하고 갈등이 있다는 사실 자체를 무시한다. 이는 일시적으로는 잘 통하는 것 같지만, 시간이 지나면 원망이나 나쁜 감정들이 곪아 터져 독소가 된다. 그림의 반대쪽 끝은 갈등 상태여서 모두가 서로에게 불친절하며 불필요할 정도로 신랄하고 비열하다. 그 중간에 있는 건강한 긴장 상태에서는 보다 건강한 대화가 오가고 보다 생산적인 결실들을 보게 된다.

건강한 반대를 품위 있게 다루는 법

> "하나의 팀은 한 명의 천재와 같다. 사람들이 대화에서 서로 다른 경험과 관점 그리고 아이디어를 입에 올릴 때, 비로소 그 팀은 천재가 된다. 따라서 팀 내 다양성은 정말 중요하다."
>
> — 제임스 리드, 리드 그룹 회장 겸 CEO

리더인 내가 할 일은 가장 요란한 합의를 이끌어내는 게 아니라 가장 좋은 결과를 이끌어내는 것이다. 그러므로 우리는 '집단적 사고'를 피해야 하며, 누구든 더 나은 아이디어를 갖고 있다면 편한 마음으로 다른 사람들과 다른 의견을 낼 수 있어야 한다. 앞서 원칙 2에서 자기 확인에 가까운 질문들("이해되죠?", "우리는 괜찮죠?" 등)을 피해야 한다고 말한 바 있다. 그보다는 "어떤 대안들이 있나요?" 또는 "이 결정에 대해 여전히 마음에 걸리는 점들은 무언가요?"같이 제약을 두지 않는 질문들을 통해 반대 의견이나 건강한 반대 또는 도전을 요청하는 편이 훨씬 낫다. 그렇게 해야 집단 사고가 가장 나은 결정을 내리는 과정을 방해하지 않을 수 있다.

비폭력 대화

마셜 로젠버그Marshall Rosenberg가 자신의 영향력 있는 저서 《비폭력대화》를 통해 주창한 개념인 '비폭력 대화'Nonviolent Communication는 공감 경청의 핵심 토대 중 하나다. 로젠버그는 '타인에 대한 판단과 비판, 진단, 해석은 모두 우리 내면의 욕구가 필요로 하는 것들의 잘못된(빗나간) 표현 방식'[6]이라고 이야기했다.

비폭력 대화를 하게 되면 불친절한 갈등 속에서 서로 자신의 필요를 내세우지 않고 보다 협력적으로 그리고 친절하게 자신과 상대 모두의 필요들을 추구하게 된다. 《비폭력대화》에서 로젠버그는 두 가지 중요한 질문을 던진다. 첫 번째 질문은 '당신 안에는 무엇이 살아 있는가?', 다시 말해 '당신은 지금 어떤 감정을 느끼고 있는가?'이다. 두 번째 질문은 '삶을 더 멋지게 만들려면 무엇이 필요한가?' 또는 '충족되지 않은 당신의 필요는 무엇이며, 그걸 충족시킬 수 있는가?'이다. 이는 간단한 문제 같지만 특히 갈등 중에 감정이 격해질 때 믿을 수 없을 만큼 예민하고 까다로운 문제가 될 수도 있다. 따라서 친절한 갈등을 해결하기 위한 첫 번째 전략은 '준비가 될 때까지 피하는 것'이다.

감정들은 어땠으며 요청 사항은 무엇인가?

갈등이 있었던 대화를 최대한 원만히 마무리하려면 서로 두 가지 질문을 던져 대화를 요약해보는 게 좋다. 첫 번째 질문은 '나와 당신의 감정은 어땠는가?'이고, 두 번째 질문은 '앞으로 나아가면서 무엇을 요청하고 싶은가?'이다. 이 두 가지 간단한 질문을 통해 대화에 다시 조화와 존중심을 불어넣으면 상호이해 속에서 대화를 원만히 마무리 지을 수 있게 된다. 만일 모든 과정이 잘 마무리되고 있다는 확신이 들 경우, 상대에게 다시 필요한 것들을 요청해달라고 말하라. 그것이야말로 편안함과 상호이해를 높이는 아주 좋은 방법이다.

때론 피하는 것이 현명한 행동이다

일반적으로 우리는 피드백을 받기보다 갈등을 피하려는 욕구를 더 강하게 느낀다. 이는 본능이 관여하는 부분으로, 갈등이 우리의 도마뱀 뇌를 위협하기 때문이다. 그러므로 잠재적인 갈등을 다룰 때는 아주 신중한 태도를 취해야만 한다. 가끔 갈등과 관련해 누군가는 '나와 의견이 다르거나 나를 비판하는 사람들에 맞서는 게 전문가다운 모습이며, 차라리 갈등에 흔들리지 않을 만큼 둔감해지는 게 더 낫다'는 식의 얘기를 하곤 한다. 그러나 때론 갈등을 피하는 것이 상황에 따라 가장 현명한 행동이 되기도 한다. 설령 겁쟁이처럼 보일 수 있어도 말이다.

조직 개발 및 리더십 코치인 크리스티나 키슬리는 종종 어떤 갈등 상황에서 아무도 원하는 결과를 얻지 못했을 때, 거기서 생긴 후유증을 수

습해달라는 요청을 받곤 한다. 다음은 그녀의 말이다. "사람들은 제대로 준비도 되지 않은 상태에서 갈등 상황에 빠지곤 합니다. 만일 자신이 갈등 상황에 빠졌다는 걸 알아차렸다면 다음과 같은 기본적인 질문들을 해봐야 합니다. '상대를 공격하지 않고도 이 상황을 헤쳐나갈 수 있을까?' 그리고 만일 그 답이 '노'라면, 그때는 그냥 물러서야 합니다. 대화를 시작하기 전에 마음을 가라앉히고 먼저 자신의 감정을 처리해야 합니다. 그렇지 않으면 안 되는 줄 알면서도 그냥 밀고 나가버리게 되죠. '타임 아웃!'을 외치는 게 힘들 수도 있지만 진정 강하고 친절한 대화를 원한다면 그때가 바로 '타임 아웃!'을 외쳐야 하는 순간입니다."

HALT!

여기서 HALT(Hungry, Angry, Lonely or Tired)라는 약어가 도움이 될 수 있다. 배고프거나 화나거나 외롭거나 피곤할 때는, 절대 갈등 상태에 빠지지 말라. 심지어 이메일로도(아니 어쩌면 특히 이메일로) 말이다. 누군가에게 화가 나 분노에 찬 이메일을 보내고 싶을 때 그걸 참아내려면 엄청난 자제력이 필요하다. 그러나 그 순간 갈등을 피하고 진정될 때까지 기다리는 게 갈등을 다루는 가장 친절한 방법이다. 그렇게 해야 내 말이 다른 사람들에게 미치는 타격을 제한할 수 있다.

실수에 대처하는 올바른 방법

실수와 태만 사이에는 차이가 있다. 태만은 적절한 주의를 기울이지 않는 경우다. 태만해서 사람이나 자산이 위험해지거나 성과가 낮아진다면 이는 분명 심각한 문제로 조치가 필요하다. 반면에, 실수는 누군가가 최선을 다해 추측했거나 뭔가를 시도했는데, 그게 착각이었거나 잘못된 추측일 때 발생한다. 실수는 주의가 부족해서가 아니라 올바른 데이터나 판단이 부족하기 때문에 발생한다. 그래서 우리 모두는 실수를 한다. 실수는 일의 일부다.

조직이 실수에 대처하는 방법은 세 가지다. 실수에 책임을 묻는 것, 무시하는 것 또는 실수에서 배우는 것이다. 실수에 책임을 묻는 방식은 친절하지 않다. 누군가가 잘해보려고 열심히 노력한 일에 대해 죄책감이나 수치심을 안긴다면, 그건 사기를 떨어뜨리고 두려움의 문화만 조성할 뿐이다. 사람들이 실수를 두려워하게 되면, 추측을 멈추고 그래서 최고의 추측을 하기보다는 완벽한 결정을 내릴 수 있을 만한 데이터가 모일 때까지 기다린다. 그렇게 일의 진행이 느려진다. 그러면 혁신이 억눌리게 된다. 그건 사람들이 새로운 시도를 두려워하고, 자기 팀을 서로 지지하는 집단이라기보다는 각기 개인적인 임무를 가진 집단으로 보기 때문이다.

실수가 이상적인 행동은 아니다. 그러나 실수는 무언가가 더 잘 될 수도 있었음을 증명하는 행동이다. 그리고 그건 더 나아질 수 있는 기회다. 실수를 무시하면 더 큰 메시지를 전달하는 것이나 다름없다. 그냥 평균 정도가 좋다는 메시지, 사람들이 성장할 기회들을 박탈해도 괜찮다는 메시지 그리고 우리가 말처럼 사명에 그리 헌신적이지 않다는 메시지 말이다. 그러나 실수에서 뭔가를 배울 때 우리는 성장한다. 실수를 '실수한 사람'과 분리하고 개인적인 성장뿐 아니라 팀 성장의 기회로 활용하는 것이 실수를 대하는 친절한 태도다. 무엇이 잘못됐는지를 파헤치다 보면 최고의 데이터들이 수집되며 그 결과 다음에는 제대로 할 수 있게 되고 지속적인 개선도 가능해진다.

최고의 리더들은 실수를 해도 괜찮은 안전한 공간을 만든다. 그것이 심리적 안정감의 핵심이다. 친절하면서도 철저한 태도를 견지하면 사뭇 불편해지기 쉬운 실수에 대한 조사를 따뜻하면서도 관대한 자세로 해낼 수 있게 된다. 심지어 실수에 대해 축하를 건네는 조직도 있다. 실수는 반대로 우리가 그동안 얼마나 자주 실수 없이 잘 해냈는지를 드러내주고, 한편으론 우리도 평범한 인간이라는 사실을 일깨워준다. 그리고 그렇게 함으로써, 우리는 더 많은 창의성과 도전 정신을 가지고 모든 걸 완벽하게 할 필요는 없지만 최선을 다해 노력해야 한다는 마음가짐을 가질 수 있다.

친절하게 잘못된 행동을 지적하라

누군가의 행동이 불친절하거나 조직의 분열을 야기하거나 업무에 타격을 줄 때 우리는 그걸 마땅히 지적해주어야 한다. '좋은' 접근 방식은 그걸 무시하고 저절로 사라지길 바라는 것이지만, 잘못된 행동을 묵인하면 결과적으로는 다른 모든 팀원에게 피해를 주게 된다. 누군가의 잘못된 행동으로 다른 사람이 고통받거나, 최소한 정해진 기준들이 전혀 중요하지 않다는 메시지를 받게 되는 것이다. 그런 지적들을 친절하게 할 수 있는 간단한 원칙 몇 가지를 소개하자면 다음과 같다.

- 칭찬은 공개적으로 하고 잘못된 행동에 대한 문제 제기는 비공개적으로 하라.
- 사람이 아닌 행동을 비판하라("이건 우리가 필요로 하는 수준에 미치지 못했어요." vs. "당신은 실수를 했어요.").
- 미래에 대한 기대와 경계를 분명히 하라.
- 인간적으로 접근하라. 전직 자선단체 CEO인 피오나 도는 징계 절차 중에 자신이 "당신 때문에 내가 성격 나쁜 교장 선생님처럼 행동해야 했는데, 나는 사실 그런 사람이 되는 게 너무 싫어요!"라고 말했던 경험을 들려주었다.
- 대부분의 경우 사람들은 후회하고 당혹스러워한다는 걸 기억하라. 신뢰를 회복하기 위해 유머를 사용하라.
- 품위는 늘 중요하다.

사람을 떠나보낼 때도 예의가 필요하다

내가 사회생활을 해오면서 가장 힘들었던 순간은 우리가 진행하는 회의가 끝나고 나면 구조조정이나 성과 부진으로 누군가가 해고당하리라는 걸 아는 때였다. 특히 기억에 남는 한 경우는 해당 직원이 조직에 없어선 안 될 스타였지만, 프로젝트가 끝난 데다가 직원들을 계속 고용할 예산이 없어 내보내는 것 외엔 선택의 여지가 없었던 경우였다. 그 회의는 긴장감이 맴돌고 감정이 북받치는 회의였고(회의실에 있던 우리 세 사람 모두 울었다), 그 결정은 오랜 세월 조직에 자신의 모든 걸 바쳐온 누군가에게 내릴 수 있는 최악의 결정처럼 느껴졌다.

이런 순간에 써먹을 수 있는 별도의 대본 같은 건 없지만 몇 가지 기본적인 원칙들은 있다. 나는 늘 '이 사람에게 품위 있는 퇴직이란 어떤 걸까?'라는 질문에 최대한 많은 생각을 집중하려 한다. 그들이 대접받고자 하는 방식으로 그들을 대접해야 한다는 걸 떠올리면서 말이다.

진실은 중요하다. 만일 누군가가 자신의 해고를 예상하며 회의에 참석한다면, 처음 몇 문장에서 그걸 직접적으로 언급하도록 하라. 아직 그 질문이 머릿속을 맴돌고 있다면, 당신이 상황을 아무리 좋게 말하려 해도 상대는 그 말이 귀에 들어오지 않을 것이다.

품위 역시 중요하다. 이런 순간에 우리의 도마뱀 뇌는 가능한 한 빨리 불편한 상황에서 벗어나려고만 한다. 그러나 중요한 것은 당신이 아닌 절망적인 소식을 받아든 해고 당사자의 반응이다. 그러니 당사자가 원한다면 시간 여유를 주거나 논의를 다음 날로 미루도록 하라. 나는 대개 당사자에게 그날 남은 시간 동안 휴식을 취할지, 한 시간 정도 산책을 할지 아니면 평상시처럼 일을 계속할지를 선택할 수 있게 해준다.

불신의 문제가 없다면, 해고 당사자에게 동료와 작별 인사를 하기에 앞서 결정할 수 있는 시간을 주는 방식도 괜찮다. 내 경험에 따르면 해고 당사자들은 내가 회의를 끝내며 다음과 같이 물었던 것에 매우 고마워했다. "이 소식을 동료들에게 어떻게 전하고 싶나요? 그리고 고객이나 다른 이해관계자들에게 소식을 전할 때 우리가 함께 동의할 수 있는 설명이 있을까요?" 이런 질문도 좋다. "이 일을 처리하는 과정에서 우리가 어떤 부분을 지원할 수 있을까요?" 해고 당사자는 이력서 작성이나 면접 대비 연습을 원할 수도 있고 긍정적인 추천서를 원할 수도 있으며 자신이 원하는 어떤 자격증을 따는 데 필요한 자금을 원할 수도 있다. 나는 상황이 허락하는 한 마음을 활짝 열고 금전적인 면에서 관대한 자세로 임하려 한다.

이 힘든 순간들이야말로 우리가 진정 어떤 사람인지를 알게 되는 때다. 당신이 만일 결핍적 사고방식을 갖고 있거나 잘못된 '사업 악당' 믿음을 갖고 있거나 '알파 메일'처럼 보이길 바란다면 사람들을 불친절하게 해고하고, 비겁하게 문자로 통지하고, 해고 당사자를 전혀 배려하지 않는 유혹에 빠질 수도 있다. 그러나 그건 놀랄 만큼 근시안적인 행동이다. 그런 행동은 '다음은 내 차례일지 모른다'는 생각으로 팀 전체를 불안으로 몰아넣기 때문이다. 게다가 당신은 상황이 좋을 때만 사람들을 친절하게 대한다는 메시지를 보낸 셈이 된다.

누군가를 해고하는 순간은 그동안 회사에 헌신한 그 사람에게 존중을 표할지 아니면 세상을 향해 정반대의 메시지를 던질지 결정해야 하는 순간이다. 신뢰와 심리적 안정감은 얻기는 무척 힘들지만 잃기는 매우 쉽다는 걸 기억하라.

친절의 생명력을 믿고 행동하라

'친절은 당신 한 명으로 끝나지 않는다'라는 마지막 여덟 번째 원칙은 친절의 조용한 힘이 그 자체로 생명력을 갖고 있다는 사실을 상기시켜 준다. 우리가 행한 한 번의 친절한 행동은 결코 그 한 번으로 끝나지 않는다. 우리가 올바른 문화를 조성하는 데서 생겨나는 파급 효과는 기하급수적이다. 우리는 오직 우리의 행동으로만 친절의 모범을 보이고 싶어 한다. 하지만 그보다 더 중요한 건 다른 사람들을 위해 친절을 베풀 수 있는 공간과 분위기 그리고 이유들을 만들어주는 것이다.

생각해봐야 할 질문들

- 당신 주변의 문화적 건축가들(당신의 팀 내에서 친절의 문화를 심고 강화하며 발전시킬 수 있는 사람들)에는 누가 있는가?
- 여기서 언급한 친절한 문화를 만드는 아이디어들 중 어떤 것에 가장 공감하는가? 그 아이디어들을 당신 팀을 위해 실현하려면 어떤 단계들을 거쳐야 할까?
- 팀원들이 자주 친절에 대해 얘기하고 생각하도록 만들기 위한 가장 좋은 방법은 무엇일까?

친절 챌린지 10: 친절한 문화 조성하기

드디어 마지막 챌린지에 도달했다. 부디 지금까지 해왔던 나의 제안들이 당신을 안전지대의 가장 마지막 경계까지 데려갔기를 바란다. 또 친절 연습을 통해 당신이 영감을 얻고 흥분을 맛봤기를 바란다.

마지막 친절 챌린지에서는 '친절의 확산'에 집중할 것이다. 이는 간단명료하다는 점에서 첫 번째 챌린지와 비슷하다. 오직 당신에게만 초점을 맞춰, 다른 사람들의 친절을 주제로 대화를 시작하거나 다른 사람들의 친절에 관심을 쏟을 방법을 찾아라. 그 방법이란 팀슨 그룹이나 피자 필그림스가 한 것처럼 친절 이야기를 공유하는 것일 수도 있고, 친절 이야기를 회의의 주제로 다루는 것일 수도 있으며, 다른 사람들에게 그들이 생각하는 친절 영웅이 누군지 알려달라고 요청하는 것일 수도 있다. 당신의 리더십 스타일에 맞다고 느껴지는 방법이라면 그 어떤 것도 좋다. 어떤 일이 일어나는지 지켜보라. 이것이야말로 직장 내 친절의 본질이다.

친절 영웅 스토리

"훌륭한 사람들이 있다면 훌륭한 기업이 될 수 있습니다."
제임스 팀슨 & 존 팀슨, 팀슨 그룹 CEO

영국 비즈니스계의 친절 영웅들 중 하나는 아들 제임스 팀슨(CEO)과 그의 아버지 존 팀슨(회장 겸 전 CEO)이 운영하고 있는 팀슨 그룹이다. 팀슨 그룹은 현재 5,000명이 넘는 직원과 2,200개의 매장을 보유한 유수의 영국 소매 서비스 제공업체다. 주로 신발 수선업과 열쇠 가공업으로 알려져 있지만, 스내피 스냅스Snappy Snaps라는 사진 인화 브랜드도 가지고 있으며 판화, 간판, 시곗줄, 트로피 같은 서비스들도 제공한다.

존 팀슨은 친절은 사업에 좋다는 모토를 굳게 지지한다. 그는 이런 말을 했다. "나는 기업을 운영하는 올바른 방법은 친절을 통해서만 가능하다는 걸 알게 됐습니다. 사람들을 잘 대우해주면 사업에도 좋습니다." 팀슨 그룹은 교도소 안에서 기술 훈련 워크숍을 운영 중이며, 전과자들이 출소할 경우 그들을 채용하기 위해 의식적인 노력을 기울인다. 팀슨 그룹의 직원들 중 약 10퍼센트는 과거 교도소에 있던 사람들로, 이는 사회적으로 도움이 될 뿐 아니라 이직률을 낮추고 직원 충성도를 높이는 등 사업에도 도움이 된다.

존 팀슨은 직원들을 깊이 신뢰한다. "우리는 시장 조사를 하지 않으며 마케팅 부서도 없고 홍보 대행사를 이용하지도 않습니다. 회사가 쓰는 비용의 상당 부분은 사람들에게 쓰이죠. 저는 늘 훌륭한 사람들이 있다면 훌륭한 기업이 된다고 말해왔습니다."

팀슨 그룹의 직원들은 생일날 하루 휴가를 받으며 주간 보너스도 받는다. 회사가 소유한 휴양지들을 무료로 이용할 수도 있다. 팀슨 그룹은 지난 몇 년간 직원들을 위해 '꿈은 실현된다'Dreams Come True 프로그램을 시행해왔다. 그 프로그램에 따라 그들은 회사 자금을 이용해 실제 직원들의 꿈을 실현하려 애쓰고 있다. 현재까지 팀슨 그룹은 그 프로그램을 통해 직원들의 치과 치료, 난임 치료, 장애인 가정 접근성 개선, 오랜 세월 헤어져 있던 친척들을 방문하기 위한 해외여행 그리고 라스베이거스에서의 결혼 등을 지원해왔다.

팀슨 그룹은 주목할 만한 기업이다. '사람 중심 기업'이라는 말을 할 때 제일 먼저 떠올릴 브랜드는 아니겠지만, 팀슨의 성과를 높여주는 가장 큰 요인은 사람들이다. 존 팀슨의 철학과 접근 방식은 비전통적으로 보일 수도 있지만 사실 아주 단순하다. 손익계산서에서 가장 큰 비용인 '사람들'로부터 최대한의 가치를 끌어내기 위해 직원들을 돌보고, 존중하며, 신뢰하고, 그들의 얘기에 귀 기울이는 것이다. 이런 관점에서 보면 사업의 중심에 친절을 두는 건 아주 간단한 일이다.

이런 철학은 그의 아들 제임스 팀슨에게로 자연스럽게 이어졌다. 제임스 팀슨은 내게 이런 말을 했다. "저는 당신이 만날 수 있는 가장 상업적인 사람일 겁니다. 재무성과는 가장 중요한 요소죠. 그러나 저는 우리 회사에서 일하는 한 직원 부부의 휴가에 3,500파운드를 쓰는 일에 사인했습니다. 그들이 정말 힘든 시간을 보냈던 걸 알았기 때문입니다. 왜 그런 일을 하느냐고요? 첫째, 그들에게 고마움을 전하기 위해서입니다. 둘째, 두 사람이 돌아오면 정말 열심히 일할 것이고 회사를 떠나지 않을 것임을 알기 때문입니다. 게다가 그들은 우리 기업의 문화를 대표하는 대사가 되어줄 겁니다. 그래서 이건 서로에게 좋은 일입니다."

팀슨은 친절이라는 모토를 공유하고 지속적으로 전파하기 위해 직원들에게 '무작위 친절상'을 주고 있다. 매달 직원들이 제출한 최고의 사연 다섯 개를 선정해 50파운드 상당의 현금 상품권을 수여한다. 그러다 보니 '친절 경쟁'이 붙어 팀슨의 왓츠앱과 이메일은 5,000명의 직원들이 보내는 각종 친절 사연들로 항상 넘쳐난다. 팀슨 그룹은 사람들과 이야기들 위에 세워진 기업으로, 친절한 근무 문화는 좋은 결실을 맺는다는 걸 보여주는 산 증거이기도 하다.

KIND

"세상 모든 것들이 잘못됐지만,
지금이야말로 친절을 베풀 때이다.
그러니 지금 당장 시작해보는 게 어떻겠는가?"

— 존 버드, 《빅 이슈》 창업자

Graham Allcott

나오는 글

한 잔의 커피처럼, 친절은 조용히 세상을 바꿀 수 있다

"내게는 잘 보존하고 지키는 세 가지 보물이 있다. 첫 번째 보물은 친절이다. 두 번째 보물은 단순함이다. 세 번째 보물은 겸손이다. 친절로 용감해질 수 있고, 단순함으로 관대해질 수 있으며, 겸손으로 리더가 되어 사람들을 이끌 수 있다. 그러니 친절을 버리고 용감해지려 하거나, 단순함을 버리고 관대해지려 하거나, 겸손을 버리고 사람들을 이끌려 한다면, 그는 망할 수밖에 없다."

― 노자

이 책을 막 마무리하고 있던 2023년 9월, 나의 할머니가 아흔일곱의 나이로 세상을 떠나셨다. 할머니는 우리 집안의 여왕이셨다. 여왕 엘리자베스 2세와 같은 해에 태어나 거의 정확히 1년을 더 사셨다. 할머니 엘마 베라 올컷Elma Vera Allcott은 평생 친절과 사랑의 화신이셨다. 할머니가 돌아가신 후, 우리 가족은 모두 할머니의 집으로 가 각자 그녀를 기억할 물건들을 집으로 가지고 왔다. 나는 과일 그릇을 가져왔는데, 할머니가 2년 전쯤 이런 농담을 하셨던 기억이 났기 때문이다. "그레이엄, 나는 곧 죽을 거고 그래서 이건 네가 가져야 할 것 같아." 할머니는 친절하면서도 유머러스한 분이셨다.

할머니의 침대 옆 테이블에는 약 20권의 책이 쌓여 있었고, 그녀의 크리켓 전기들과 여행서들 사이에 내 책이 다섯 권 있었다. 나는 할머니가 살아 계실 때 내 책들을 모두 침대 옆에 두고 계셨다는 걸 전혀 몰랐다. 그녀는 진정으로 나의 가장 열렬한 팬이었던 것이다.

몇 주 후, 아버지는 할머니 집 남는 방에 있던 옷장을 정리했다. 옷장 안에는 긴 거울이 달려 있었는데, 그 거울은 동시에 수납장 역할도 했다. 그 찬장을 열었을 때, 아버지는 거기에 놓인 물건들을 보고 깜짝 놀랐다. 세 손주들로부터 받은 모든 편지와 엽서, 크리스마스 카드, 감사 카드, 우리가 학교에서 할머니를 생각하며 그린 그림들이 거울 길이만큼이나 차곡차곡 쌓여 있었다. 아버지는 그것들을 모두 분류해 할머니의 유골을 뿌리는 날 아들들에게(그러니까 나와 형제들에게) 건넸다. 그 봉지 안에는 마치 우리의 삶이 박물관 전시물들처럼 가득 들어 있는 것만 같았다.

그 비닐봉지 안에 있던 물건들은 내가 초등학생 때 그린 그림들, 자원봉사를 하며 살았던 우간다 마을에서 쓴 편지들, 수백 장의 작은 스냅사진들 등 내가 할머니께 보냈다는 사실조차 잊고 있던 것들이었다. 더 최근의 물건들은 아들 로스코와 함께 찍은 디지털 사진들로, 내 휴대폰 앱을 이용해 그림 엽서로 변환된 것들이었다. 이처럼 친절과 연결은 계속 진화한다.

그런 의미에서 이 책은 할머니께 바치는 게 적절한 것 같다. 남부 해안 지역에서 할머니와 함께 여름 휴가를 보낸 일들에서부터 매년 크리스마스 때마다 우리 배를 채워주시던 일들과 늘 우리들의 얘기에 귀 기울여주시던 일들에 이르기까지, 할머니의 죽음은 친절이 얼마나 단순하며 조용할 수 있고 또한 동시에 얼마나 강력할 수 있는지를 생생히 기억나게 해주니 말이다.

지금까지의 여정을 함께해준 것에 감사드린다. 이 책의 제1부에서 우리는 친절의 과학에 대해 그리고 공감 능력과 친절이 어떻게 신뢰와 심리적 안정감을 가져다주며 그 결과로 어떻게 마법 같은 일들이 일어나는지에 대해 살펴보았다. 제2부에서는 '사업 악당'이라는 잘못된 믿음을 불식시켰고 친절이 나약함을 드러낸다는 생각이 얼마나 잘못된 것인지도 알아보았다. 친절이 어째서 명사가 아니라 동사인지 또 친절의 본질이 어째서 풍요적 사고방식인지에 대해서도 살펴봤다. 제3부에서는 친절을 실천하는 여덟 가지 원칙에 대해 살펴보았다. 부디 그 원칙들을 통해 여러분이 자신의 역할에 대해 다르게 생각하고 또 행동하게 되길 바란다.

친절은 연습이다. 그래서 이 책을 마무리하며 여러분에게 계속 친절을 연습할 것을 권하고 싶다. 그러나 동시에 친절은 당신으로부터 시작된다는 사실과 계속 연습한다고 해서 그게 완벽해질 거라는 의미는 아니라는 사실도 기억해주길 바란다. 나는 지난 몇 년간 현실 생활에서 늘 친절을 중심에 두고 살았음에도, 여전히 실수를 하고 내가 원하는 모습에 미치지 못할 때가 많다. 그러므로 의지를 갖고 계속 친절을 연습하며 우리는 늘 다음과 같은 질문을 던져야 한다. "나는 예전의 나 자신보다 더 친절한가?"

우리는 이제껏 친절을 통해 어떤 일을 할 수 있는지에 대해 살펴봤다. 만일 우리가 오랫동안 현대 사회를 지배해온 결핍적 사고방식에서 비롯된 믿음들을 허물 수 있다면, 자본주의의 진화가 이루어지고 우리 사회에 조용한 혁명이 일어날 것이라고 나는 굳게 믿는다. 친절에는 우리 삶과 일터를 더 나은 방향으로 변화시키는 긍정의 물결을 만들어낼 수 있는 힘이 있다.

어쩌면 내가 영원한 낙관주의자이기 때문일 수도 있고 아니면 지난 몇 년간 친절에 몰두해왔기 때문일 수도 있다. 하지만 미래에는 지금보다 사람들이 더 친절해지리라고 나는 확신한다. 또한 기업과 고객 간의 관계가 윤리적인 의사결정에 깊이 영향을 받는 미래를 상상한다. 소비자들은 소비 활동을 통해 친절한 근무 관행을 기업에 요구할 것이며, 친절을 받아들이지 않는 기업들은 결국 뒤처지게 될 것이다.

자동화와 인공지능이 많은 일들을 더 쉽게 만들어주겠지만, 인간은 여전히 창의력을 발휘하고 사회에 기여해야 한다. 그리고 힘든 결정들과 복잡한 윤리적 딜레마들을 노련하면서도 친절하게 헤쳐나가는 능력이야말로 우리 경제에서 가장 높은 가치를 지닌 능력들 중 하나가 될 것이다.

그렇게 나아가는 길에서 친절을 선택하고 리더십과 팔로워십에 친절을 적용하는 것, 공익 기업B Corp 운동, 깨어 있는 자본주의Conscious Capitalism 운동, 선한 기업 헌장The Good Business Charter 운동, 주 4일 근무 캠페인과 다른 많은 운동들(직장에서 보다 체계적인 친절을 요구하고 미래에도 친절을 지속시킬 뛰어난 아이디어들을 얻기 위해 싸우는)에 동참하는 것은 우리의 몫이다.

그러나 큰일들에 시선을 두면서도 작은 일들 역시 중요하다는 사실을 결코 잊어선 안 된다. 이 책의 아이디어는 친절이 왜 그렇게 감정을 자극하는 주제인지를 생각하며 로마 시내를 돌아다니다가 처음 떠올랐다. 무한히 순환하는 친절의 본질을 생각하면 글을 처음 시작한 바로 그곳에서 끝을 맺는 게 적절해 보인다.

내가 가장 즐겨 이야기하는 친절의 예시 중 하나는 이탈리아에서 온 것이다. 더 정확히는 나폴리에서 아주 오래된 전통을 가진 카페 소스페소Caffè Sospeso에서 온 것이다. 카페 소스페소는 '값을 미리 지불한 커피'라는 뜻으로, 아이디어는 간단하다. 커피를 주문할 때 추가로 한 잔을 더 주문하는 건데, 그게 바로 카페 소스페소다. 카페 주인은 당신의 돈을 받은 뒤 카페 소스페소 병에 당신의 주문 티켓을 넣어둔다. 커피가 마시고 싶지만 돈이 없는 사람이라면 누구든 들어와 간단히 커피를 주문할 수 있다. 당신의 주문 티켓을 꺼내 이미 값을 지불한 커피를 주문하기만 하면 되는 것이다. 수십 년간 이탈리아인들은 이렇게 서로를 위해 카페 소스페소를 사오고 있다. 다른 사람들에게 나누어줘도 충분한 자원이 있다는 풍요적 사고방식이 적용된 작은 예다.

내가 볼 때 이 작은 친절한 행동의 매력은 익명성에 있다. 친구를 돕기 위함도 아니고 나중에 보답을 기대하며 베푸는 친절도 아니다. 마치 이탈리아의 에스프레소처럼 다른 의도가 섞이지 않은 순수한 친절인 것이다. 그냥 한 인간이 다른 인간을 돕기로 결정한 행동 말이다. 카페 소스페소는 우리 모두의 마음속에 살아 있는 단순하면서도 강력한 아이디어, 즉 우리는 친절을 베풀지 않을 때보다 친절을 베풀 때 더 부유해진다는 아이디어를 보호하고 강화한다. 우리가 경쟁보다는 협력 속에서 더 강해진다는 사실을 생각해보면 인간의 미래는 우리가 서로 그리고 주변 사람들에게 더 친절해지는 데 달려 있다. 그리고 이는 친절이 효과를 발휘하는 아주 좋은 예다. 커피숍 주인은 그저 오래된 병 하나를 찾아 '카페 소스페소'라는 말을 적었을 뿐이다. '친절을 담을 그릇'을 만들어낸 것이다. 친절은 단순히 혼자 친절한 행동을 하는 데 그치지 않고 다른 사람들까지 친절해지기 쉬운 조건과 세상을 만든다. 이렇게 카페 소스페소 병을 찾는 단 하나의 행동이 수천 가지의 다른 행동들에 영향을 줄 수 있다.

너무도 많은 사람이 당신에게 친절은 나약한 것이라고, 더욱이 직장 안에선 친절이 설 자리가 없다고 말할 것이다. 누군가는 심지어 우리의 삶 안에도 친절이 설 자리가 없다고 말할 것이다. 그들에게 정신을 차리고 커피 향을 맡아보라고 말하라.

나는 책에는 마법처럼 사람들을 연결해주는 능력이 있다고 생각한다. 나는 당신과 연결되고 싶고 또 당신의 이야기를 듣고 싶다. graham@grahamallcott.com로 이메일을 보내면 나와 연결될 수 있다. 그리고 살아가면서 이런 아이디어들(그리고 그 이상)을 정기적으로 받고 싶은 독자들에게는 매주 일요일에 이메일을 보내드린다. www.grahamallcott.com에서 양식을 작성해 구독 신청을 하면 된다. 마지막으로, 이 책과 관련된 자료들을 보고 싶다면 내 사이트(www.grahamallcott.com/kindful)를 방문해보라.

조금 더 공감하고, 조금 덜 욕심내고,
서로를 더 존중할 수 있다면.
내가 하고 싶은 말은 이미 다 전해졌어.
그 밤, 너도 들었잖아.
네 안에서 나온 그 목소리.
잠 못 들던 침대 위에서 스치듯 생각했지.
'우리, 이걸 좀 더 나은 방식으로
할 수 있는 거 아냐?'

— 영국의 시인이자 뮤지션 케이 템페스트Kae Tempest의 〈사람들의 얼굴〉People's Faces 가사 중

Graham Allcott

| 감사의 글 |

책 표지에는 내 이름만 적혀 있지만 책은 늘 공동 노력의 결과물이다. 게다가 너무도 많은 사람의 친절한 행동과 지원과 영감이 여러 해 동안 나에게 큰 영향을 주었다. 친절과 삶에서 중요한 것들에 대해 세상 그 어느 누구보다 더 많은 걸 가르쳐준 내 아들 로스코와 모든 걸 함께하며 너무도 훌륭한 공동 양육자가 되어준 차즈에게 고마움을 전한다. 부모님, 헤더, 조 그리고 잊을 수 없는 할머니, 여러분 모두가 제게 아주 튼튼한 토대가 되어주셨습니다. 정말 감사합니다.

이 책이 나오기까지 꽤 많은 시간이 걸렸는데, 그 점에서 아이언 홀스워스, 앨리 콜린스, 제인 도노반과 블룸즈버리 출판사의 모든 분들, 이 책에 대한 아이디어의 탄생에 도움을 준 리디아 야디, 내 뛰어난 에

이전트 클레어 그리스트-테일러, 크리스 키슬리(당신이 내 친절한 '공범'인 건 정말 더없이 큰 행운이었어요.)에게도 감사드린다. 특히 내가 자신감을 잃은 순간들에 믿을 수 없을 만큼 큰 힘이 되어준 내 조수 에밀리 스톨트에게도 고마움을 전한다. 에밀리, 당신이 없었다면 난 결코 이 일을 해내지 못했을 겁니다.

아이디어를 발전시키거나 각 장에 대한 피드백을 주었으며 일이 잘 안 풀릴 때 도움을 준 분들도 많다. 레이 사가야, 아얀나 콜먼, 엘로아 바버, 캐서린 핏필드 박사, 앨리슨 존스, 그레이스 마셜, 마틴 패럴, 데이비드 맥퀸, 소피 데본셔, 마크 러뤼스트, 조디 쿡에게 감사드린다.

이 책 끝에 아름다운 노랫말들을 쓸 수 있게 허락해준 케이 템페스트, 그리고 아이디어들에 생명력을 불어넣어준 멋진 삽화를 그려준 마팔다 카사노바에게 감사드린다.

싱크 프로덕티브의 모든 분들에게 감사드리며, 특히 늘 치어리더가 되어준 엘레나 캐리건과 제스 스콧에게 고마움을 전한다. 업무와 별개로 너무도 많은 사람이 지지와 우정을 보내며 내가 늘 맑은 정신을 유지할 수 있게 최선을 다해주었다. 케이트 맥과이어, 엘로아와 닉, 대니와 루시, 에스더와 닉, 엘리스, 나단, 앤서니, 셉, 제레미, 캐롤라인, 아그네스, 데릭, 아스타, 롭 맥, 크리스, 앨리슨, 마사와 파스 그리고 메그에겐 특별한 감사를 전한다.

많은 사람이 일부러 시간을 내 원고를 검토해주었다. 그들의 피드백과 아이디어들이 없었다면 이 책은 나올 수 없었을 것이다. 레이철 택스워스, 니콜라 탤벗, 쇼나 체임버스, 매튜 레이너, 줄리엣 플린, 폴린 랜들스, 이안 애더리, 해나 웨스트, 루미야나 할링스타드, 에스터 클라르슨, 고든 리틀, 찰리 힐, 에멀린 해넬리, 헬렌 홀즈워스, 엠마 로, 스티브 애클람, 테리사 힉스, 로라 우드콕, 롭 케이드, 조안나 패리에게 감사드린다.

이 책에는 많은 사람의 목소리가 담겨 있는데, 그건 친절을 베푸는 방법이 단 한 가지가 아니기 때문이다. 일부러 시간을 내 나와 친절에 대한 얘기를 나눠주신 분들에게도 감사드린다. 줄리 브라운, 폴 산타가타, 닉 젠킨스, 스탠리 맥크리스털 장군, 데이비드 브래드포드, 캐럴 로빈, 조너선 오스틴, 그리어 리오스, 롭 케이드, L. 데이비드 마르케, 맷 카우드로이, 세스 고딘, 세라 스테인 그린버그, 재닛 레이턴, 칼 뉴포트, 콜린 베넷, 낸드 키쇼어 초더하리, 마이클 노튼, 로렌 커리, 세라 브라우닝, 수지 힐스, 줄리 너니, 제임스 팀슨, 리사 스모사르스키, 칼 오노레, 줄리엣 플린, 톰 엘리엇, 로빈 바네르지 교수, 제임스 리드, 존 버드, 올레 카쏘, 데니즈 너스, 레이철 포드, 에밀리 창, 줄리언 리처, 날라 서머스, 찰스 데이비스, 톰 닉슨, 아부두 와이스와 살람, 샐리-앤 에어리. 모든 분께 감사를 전한다.

그리고 친절 롤 모델 역할을 해준 수많은 분들, 여러 해 동안 나의 (불완전한) 친절 연습에 도움을 준 맥스 맥러플린과 줄리아 풀, 피오나 도,

리지 콜, 크리스토퍼 스펜스, 코렛 헤네건, 샤를린 올컷, 포케 쿠이스트라, 헤일리 와츠 그리고 리 코티어에게도 깊은 감사를 전한다.

참고 문헌

노자, 《도덕경》, 현대지성, 2019.
스티븐 M. R. 코비, 《신뢰의 속도》, 김영사, 2009.
타라 브랙, 《받아들임: 자책과 후회 없이 나를 사랑하는 법》, 불광출판사, 2025.
팀 페리스, 《나는 4시간만 일한다》, 다른상상, 2017.

Booth, David & Hachiya, Masayuki, The Arts Go to School: *Classroom-based Activities that Focus on Music, Painting, Drama, Movement, Media, and More*.(p.14). Pembroke Publishers Limited, 2004.

Brown, Julie. *2020 Kindness & Leadership 50 Leading Lights*. https://www.kindnessrules.co.uk/our-candidate/2020/

Grant, A.(2021. 02. 12). @adamgrant on Instagram:https://www.instagram.com/p/CLMc8hnpP6z/?igshid=ZWI2YzEzYmMxYg percent3D

Bartlett, Stephen(2023. 5): Stephen Bartlett on LinkedIn: https://www.linkedin.com/posts/stevenbartlett-123_the-small-interactions-you-have-with-people-activity-7054755592124399616-g7HG/?utm_source=share&utm_medium=member_desktop

Frank Fonds, Anne, *Anne Frank: The Collected Works*. Bloomsbury Publishing, 2019.

Vaynerchuk, G.(2020. 02. 09). @garyvee on X/Twitte: https://twitter.com/ 1226552751800238081

Louden, J., *Woman's Comfort Book: A Self-Nurturing Guide for Restoring Balance in Your Life*. HarperCollins(p.2), 2005.

Slezak, Walter, *Pittsburgh Post-Gazette, Hollywood* by Sheilah Graham, Quote p.22, col. 4, Pittsburgh, Pennsylvania(Newspapers.com), 1956.

Brown, B. *Dare to Lead: Brave Work. Tough Conversations.* Whole Hearts. Random House, 2018.

Alda, A., *Never Have Your Dog Stuffed: And Other Things I've Learned.* Random House, 2005.

Obama, Michelle(2012. 09. 05). Michelle Obama's full DNC 2012 speech: https://www.youtube.com/watch?v=47bdOFekU44. ranscript: https://www.ft.com/content/42ee17d8-f6ff-11e1-827f-00144feabdc0

Feloni, R.(2014. 07. 29). 'Jerry Seinfeld Gives 2 Smart Pieces of Career Advice' Business Insider. https://www. businessinsider.com/jerry-seinfeld-ama-career-advice-2014-7?r=US&IR=T.

The Economist(2019. 02. 09). 'What John Ruskin Can Teach Modern Britain': https://www.economist.com/britain/2019/02/09/what-john-ruskin-can-teach-modern-britain.

Maher, P. & Dorr, M.K., *Miles on Miles: Interviews and Encounters with Miles Davis.* Chicago Review Press(p.70), 2009.

Al Jazeera English(2019). Alain de Botton and Ayishat Akanbi|Studio B: Unscripted. https://www.youtube.com/watch?v=NZU7mumpY4U, 2019.

Solnit, R.(2017). 'We Could Be Heroes: An Election-Year Letter', *Guardian*, 14 July. https://www.theguardian.com/commentisfree/2012/oct/15/letter-dismal-allies-us-left.

Grayson, D.(2020. 04. 06). 'Doing Business Ethically in a Time of Coronavirus'. https://www.ibe.org.uk/resource/doing-business-ethically-in-a-time-of-coronavirus.htm

Tempest, K.(2019). 'People's Faces' (Kae Tempest가 녹음함). *The Book of Traps and Lesson.* Courtesy of Domino Publishing Company Ltd.

주

제1부 · 조용하지만 강력한 힘, 친절의 과학

1. Hamilton, D.R., *The Five Side Effects of Kindness: This Book Will Make You Feel Better, Be Happier & Live Longer*. Hay House, Inc, 2021.
2. Kosfeld, M. et al. (2005). 'Oxytocin Increases Trust in Humans', Nature, 435(7042), pp. 673–6.
3. Petersson, M. (2002). "Chapter 22 Cardiovascular Effects of Oxytocin' in Progress in Brain Research, pp. 281–8.
4. Alaerts, K., Taillieu, A., Daniels, N. et al., Oxytocin enhances neural approach towards social and non-social stimuli of high personal relevance). Sci Rep 11, 23589 (2021).
5. Weng, H.Y. et al. (2013). 'Compassion Training Alters Altruism and Neural Responses to Suffering', *Psychological Science*, 24(7), pp. 1171–80.
6. Alexander, S. & Baraz, J. (2010). 'The Helper's High': https://greatergood.berkeley.edu/article/item/the_helpers_high.
7. Inagaki, T.K. et al. (2016). 'The Neurobiology of Giving Versus Receiving Support', *Psychosomatic Medicine*, 78(4), pp. 443–53.
8. Ashby, F.G., Isen, A.M. & Turken, A.U. (1999). '긍정적 영향에 대한 신경심리학적 이론과 그것이 인지능력에 미치는 영향A Neuropsychological Theory of Positive Affect and its Influence on Cognition, *Psychol Rev*, 106: 529–50.
9. Trew, J.L. & Alden, L.E. (2015). '친절은 사회적으로 불안한 개인들의 회피 목표들을 줄여준다'Kindness Reduces Avoidance Goals in Socially Anxious Individuals', Motivation and Emotion, 39(6), pp. 892–907.
10. Qualtrics (2018). '현재 상황: 2018년 영국 직원 참여도 추세'State of Play: UK

Employee Engagement Trends 2018. https://success.qualtrics.com/rs/ 542-FMF-412/images/EX_PULSE_EBOOK_UK_FINAL.pdf

11 McCraty, R. et al. (1998). '새로운 감정적 자기관리 프로그램이 스트레스와 감정, 심박수 변동성, DHEA 그리고 코르티솔에 미치는 영향'The Impact of a New Emotional Self-management Program on Stress, Emotions, Heart Rate Variability, DHEA and Cortisol, *Integrative Physiological and Behavioral Science*, 33(2), pp. 151–70.

12 Hamilton, D.R. (2021). 《친절의 다섯 가지 부작용: 이 책을 보면 기분도 더 나아지고 더 행복해질 것이고 더 오래 살게 될 것이다》The Five Side Effects of Kindness: This Book Will Make You Feel Better, Be Happier & Live Longer. Hay House, Inc.

13 Luks, A. (1988). '헬퍼스 하이: 자원봉사는 신체적으로나 감정적으로 사람들을 기분 좋게 만든다. 그리고 '러너스 캄'의 경우와 마찬가지로 아마 건강에도 좋을 것이다'Helper's High: Volunteering Makes People Feel Good, Physically and Emotionally. And Like "Runner's Calm", It's Probably Good for Your Health, *Psychology Today*, 22(10), pp. 34–42.

14 Mental Health Foundation (2020). 《친절과 정신건강》Kindness and Mental Health: https://www.mentalW-health.org.uk/explore-mental-health/kindness.

15 Pressman, S.D., Kraft, T. & Cross, M.P. (2014). '선을 베풀고 선을 받는 것은 좋다: 선행 나누기 스타일의 친절 개입이 베푸는 사람과 받는 사람의 건강에 미치는 영향' It's Good to Do Good and Receive Good: The Impact of a "Pay It Forward" Style Kindness Intervention on Giver and Receiver Well-being, *The Journal of Positive Psychology*, 10(4), pp. 293–302.

16 Chancellor, J. et al. (2018). '직장에서 매일 이루어지는 친사회적인 행동: 주고받고 목격하는 일의 강화된 이점들'Everyday Prosociality in the Workplace: The Reinforcing Benefits of Giving, Getting, and Glimpsing, *Emotion*, 18(4), pp. 507–17.

17 Silvers, J.A. & Haidt, J. (2008). '도덕성이 높아지면 돌보는 행동을 하게 된다'Moral Elevation can Induce Nursing, *Emotion*, 8(2), pp. 291–5.

18 McClelland, D.C. & Kirshnit, C. (1988). '영화를 통한 동기부여가 침의 면역 글로블린 A에 미치는 영향' The Effect of Motivational Arousal Through Films on Salivary Immunoglobulin A, *Psychology & Health*, 2(1), pp. 31–52.

19 Seppäaläa, E., Hutcherson, C.A., Nguyen, D.T.H., Doty, J.R. & Gross, J.J. (2014). '사랑-친절 명상: 의료인들의 공감 능력 및 회복력과 환자 치료의 수단' Loving-kindness Meditation: A Tool to Improve Healthcare Provider Compassion, Resilience, and Patient Care, *Journal of Compassionate Health Care*, 1(1).

20 '낯선 사람들이 "선행 나누기" 운동의 일환으로 신장 기증에 나서다'Strangers Swap Kidneys in "Pay It Forward" Chain, NBC News, 11 March 2009. https://www.nbc-news.com/health /health-news/strangers-swap-kidneys-pay-it-forward-chain-flna1c9454555

21 Fowler, J.H. & Christakis, N.A. (2010). '인간 사회 네트워크에서의 협력적인 행동 영향들'Cooperative Behavior Cascades in Human Social Networks, 미국 국립과학원 회보, 107(12), 5334-38.

22 '친절에 대한 비즈니스 사례'Business Case for Kindness (2016). 미국 상공회의소 재단. 참고 https://www.uschamberfoundation.org/business-kindness/business-case-kindness/survey-results

23 Van Berkhout, E.T. & Malouff, J.M. (2016). '공감 훈련의 효과: 무작위 통제 실험들에 대한 메타 분석'The Efficacy of Empathy Training: A Meta-analysis of Randomized Controlled Trials', Journal of Counseling Psychology, 63(1), pp. 32–41.

24 Delizonna, L. (4 April 2023). '높은 성과를 내는 팀들은 심리적 안정감이 필요하다: 여기 심리적 안정감을 조성하는 방법이 있다'High-Performing Teams Need Psychological Safety: Here's How to Create It, Harvard Business Review: https://hbr.org/2017/08/high-performing -teams-need-psychological-safety-heres-how-to-create-it

25 Seppäaläa, E. (10 February 2017). '왜 공감이 강함보다 더 나은 관리 전략일까?'Why Compassion Is a Better Managerial Tactic than Toughness, Harvard Business Review: https://hbr.org/2015/05/why-compassion-is-a-better-managerial-tactic-than-toughness

26 Vianello, Michelangelo, Galliani, Elisa Maria & Haidt, Jonathan (2010). '직장에서의 승진: 리더의 도덕적 뛰어남의 영향'Elevation at Work: The Effects of Leaders' Moral Excellence, The Journal of Positive Psychology, 5:5, 390–411.

27 Carucci, R. (19 January 2016). '10년간의 연구 결과 밝혀진 뛰어난 경영인들이 알고 행하는 것들'A 10-Year Study Reveals What Great Executives Know and Do, Harvard Business Review: https://hbr.org/2016/01/a-10-year-study-reveals-what-great-execu-tives-know-and-do

28 Edmondson, A.C. & Lei, Z. (2014). '심리적 안정감: 대인 관계 구조의 역사, 부흥 그리고 미래'Psychological Safety: The History, Renaissance, and Future of an Interpersonal Construct, Annual Review of Organizational Psychology and Organizational Behavior,

1(1), 23–43.

29 Edmondson, Amy C. '심리적 안정감'Psychological Safety: https://amycedmondson.com /psychological-safety

30 Tahir, S. (2021). '심리적 안정감. CQ net – 모든 사람을 위한 관리 기술들'Psychological Safety. CQ Net – Management Skills for Everyone!: https://www.ckju .net/en/dossier /psychological-safety-what-it-why-it-matters-and-how-improve-it

31 Google re:《일-가이드: 효과적인 팀이란 무엇인가?》Work – ガイド:「効果的なチームとは何か」を知る. https://rework.withgoogle.com/jp/guides/understanding-team-effectiveness#identify –dynamics-of-effective-teams

32 Sgroi, D. (2015). '행복과 생산성: 행복하고 생산적인 직원 이해하기 – 사회시장재단'Happiness and Productivity: Understanding the Happy-Productive Worker – Social Market Foundation, *Social Market Foundation*, 27 October. https://www.smf.co.uk/publications/ happiness-and-productivity-understanding-the-happy-productive-worker/

33 Anjum, A., Xu, M., Siddiqi, A.F. & Rasool, S.F. (2018). '유독한 직장 환경에서의 업무 생산성을 분석한 실증적 연구'An Empirical Study Analyzing Job Productivity in Toxic Workplace Environments, *International Journal of Environmental Research and Public Health*, 15(5), 1035.

34 SHRM (2023) '2022 직장 학습 및 개발 동향'2022 Workplace Learning & Development Trends, *SHRM, 21 December*. https://www.shrm.org/topics-tools/research/2022- workplace-learning-development-trends.

35 Porath, C. and Pearson, C. (2019). '무례함의 비용'The Price of Incivility, *Harvard Busi-ness Review*. https://hbr.org /2013/01/the-price-of-incivilit

36 Dowden, C. (2015). '예의가 중요하다! 존경할 만한 연방 공공 서비스를 조성하기 위한 증거 기반 검토'Civility Matters! An Evidence-based Review on How to Cultivate a Respect-ful Federal Public Service, *Association of Professional Executives of the Public Service of Canada* (APEX). https://apex.gc.ca/wp-content/uploads/2021/04/civility-report -eng.pdf

37 Chancellor, J. et al. (2018). '직장에서 매일 이루어지는 친사회적인 행동: 주고받고 목격하는 일의 강화된 이점들'Everyday Prosociality in the Workplace: The Reinforcing Benefits of Giving, Getting, and Glimpsing, *Emotion*, 18(4), pp. 507–17.

38 Wang, Y., Zhao, C., Zhang, S., Li, Q., Tian, J., Yang, M., Guo, H., Jia, Y., Zhou, S., Wang, M. & Cao, D. (2022). '중국 의대생들의 적극적인 성격과 비판적인 사고: 심리적 안정감과 학업 자기효능감의 조절 효과들'Proactive Personality and Critical Thinking in Chinese Medical Students: The Moderating Effects of Psychological Safety and Academic Self-efficacy, *Frontiers in Psychology*, 13.

39 Kaushik, A. (2007).《웹 분석: 하루에 한 시간씩》Web Analytics: An Hour a Day, Sybex.

40 Sturt, D. & Nordstrom, T. (18 September 2014). '당신의 인생을 바꿀 수도 있는 한 사람을 만나는 방법'How to Meet the One Person Who Could Change Your Life, *Forbes*. https://www.forbes.com/sites/davidsturt/2014/09/18/how-to-meet-the-one-person-who- could-change-your-life/?sh=11eed1641157

41 Gallup, Inc. (1 December 2023). '직장에서의 직원 참여도를 높이는 방법'How to Improve Employee Engagement in the Workplace') - Gallup. Gallup.com. https://www.gallup.com/workplace/285674/improve-employee-engagement-workplace.aspx

42 Higginbottom, K. (11 September 2014). '직장 스트레스는 직원들의 생산성을 떨어뜨린다'Workplace Stress Leads to Less Productive Employees, *Forbes*. https://www.forbes.com/sites/karenhigginbottom/2014/09/11/workplace-stress-leads-to-less- productive-employees/?sh=5e47397e31d1

43 Harter, B. & Mann, A. (8 December 2023). '전 세계적인 직원 참여도 위기'The Worldwide Employee Engagement Crisis, Gallup.com. https://www.gallup.com/workplace/ 236495/ worldwide-employee-engagement-crisis.aspx?g_source=EMPLOYEE_ENGAGEMENT&g_ medium=topic&g_campaign=tiles

44 Rhoades, L., & Eisenberger, R. (2002). '인지된 조직 지원: 문헌 리뷰'Perceived organizational support: A review of the literature, *Journal of Applied Psychology*, 87(4), 698–714. https://doi.org/10.1037/0021-9010.87.4.698

45 https://www.sussex.ac.uk/research/centres/kindness/research/thekindnesstest

46 Rowland, L. & Scott Curry, O. 2019).'다양한 친절 활동들이 행복감을 높여준다'A Range of Kindness Activities Boost Happiness, *The Journal of Social Psychology*, 159:3,pp. 340–3.

47 Seppää E. (8 May 2017). '긍정적인 직장 문화가 보다 생산적이라는 걸 보여주는 증거'Proof that Positive Work Cultures are More Productive, *Harvard Business Review*:

https:// hbr.org/2015/12/proof-that-positive-work-cultures-are-more-productive

48 Robison, B.J. (21 February 2023). '리츠칼튼이 신비로움을 관리하는 방식' How the Ritz-Carlton Manages the Mystique, *Gallup.com*. https://news.gallup.com/business-journal /112906/how-ritzcarlton-man\-ages-mystique.aspx

49 McGonagle, E. (2 June 2021). '버거킹, 코로나19 제한 조치들이 강화되는 가운데 독립 경쟁업체들 홍보' Burger King Promotes Independent Competitors as Covid-19 Restrictions Tighten, *Campaign*. https://www.campaignlive.co.uk/article/burger-king-promotes-independent- competitors-covid-19-restrictions-tighten/1702862

50 Burger King UK (15 December 2020). '그들은 그 어느 때보다 더 당신을 필요로 한다!' They need you more than ever, *Twitter*. https://twitter.com/BurgerKingUK/status/3385834508 78668801

51 Tarlton, A. (11 July 2022). '코로나19 팬데믹 기간 중 지역 사회에 보답을 한 50개 브랜드' 50 Brands Giving Back to the Community During the COVID-19 Pandemic, *USA Today*. https://eu.usatoday.com/story/tech/reviewedcom/2020/07/16/50-brands-giving-back- community-during-covid-19-pandemic/5449545002/

52 Porath, C. and Pearson, C. (2019). '무례함의 비용', *Harvard Business Review*. https://hbr.org/2013/01/the-price-of-incivility.

제2부 • 무엇이 우리의 친절을 가로막는가

1 ABC News (16 March 2019). '퇴사자들 3부: 전 테라노스 직원들, 독성 있는 직장 문화 주장' The Dropout Part 3: Former Theranos Employees Claim Toxic Work Culture [Video]. YouTube. https://www.youtube.com/watch?v=bpBELR366c4

2 BBC News (4 January 2022). '엘리자베스 홈즈: 사기 혐의로 유죄 판결 받은 테라노스 창업자' Elizabeth Holmes: Theranos Founder Convicted of Fraud: https://www.bbc.co.uk/ news/world-us-canada-59734254

3 Waikar, S. (2018). '테라노스의 몰락에서 우리는 무엇을 배울 수 있는가?' What Can We Learn from the Downfall of Theranos?, *Stanford Graduate School of Business*:

https://www.gsb.stanford.edu/insights/what-can-we-learn-downfall-theranos.

4 Bannatyne, D. (2007). 《누구든 할 수 있다》Anyone Can Do It. London: Orion.

5 Durot, M. (15 June 2022). '워런 버핏, 지금껏 자선단체에 480억 달러 기부 기록 달성하다'Warren Buffett Has Now Given Record $48 Billion to Charity'), *Forbes*. https://www.forbes.com/sites/mattdurot/2022/06/14/warren-bufW-fett-just-gave-another-4-billion-to-charity/

6 Zenger, J. and Folkman, J. (2014). 《난 보스야! 당신이 날 좋아하든 말든 왜 신경 써야 하지?》I'm the Boss! Why Should I Care If You Like Me? https://hbr.org/2013/05/im-the-boss-why-should-i-care.

7 Smith, A. (2008). 《국가의 부의 본질과 원인에 대한 연구: 선별판》An Inquiry into the Nat-ure and Causes of the Wealth of Nations: A Selected Edition, Oxford Paperbacks.

8 Smith, A. (2006). 《도덕 감정론》The Theory of Moral Sentiments, Mineola, N.Y.: Dover Publications

9 BBC News (19 August 2014). '전 마이크로소프트 CEO 스티브 발머, 회사를 떠나다'Former Microsoft Boss Steve Ballmer Leaves Firm: https://www.bbc.co.uk/news/business-28861010

10 Literary Hub (16 January 2020). '《손자병법》은 사실 전쟁을 피하는 방법에 대한 설명서이다'The Art of War is Actually a Manual on How to Avoid It https://lithub.com/the-art-of-war-is-actually-a-manual-on-how-to-avoid-it/

11 Campbell, A. (11 April 2020). '저신다 아던 뉴질랜드 총리의 코로나19 대처 계획이 효과를 보는 건, 다른 사람들과 달리 그녀는 진정한 리더처럼 행동하기 때문이다.'Jacinda Ardern's Coronavirus Plan is Working Because, Unlike Others, She's Behaving Like a True Leader, *Independent*.

12 Blackwell, G. (1 June 2020). Jacinda Ardern: '정치 지도자들은 공감 능력을 보이면서 동시에 강력할 수도 있다'Political Leaders Can Be Both Empathetic and Strong, *Guardian*.

제3부 • 친절을 실천하기 위한 여덟 가지 원칙

원칙 1: 친절은 당신으로부터 시작된다

1   De Botton, A. (2005). 《지위에 대한 불안》Status Anxiety. Penguin UK.
2   Donnelly, G.E., Zheng, T., Haisley, E. & Norton, M.I. (2018). '백만장자들이 갖고 있는 부의 크기와 출처를 보면 (적당히) 그들의 행복을 예측할 수 있다'The Amount and Source of Millionaires' Wealth (Moderately) Predicts Their Happiness, *Personality and Social Psychology Bulletin*, 44(5), 68499. https://doi.org/10.1177/0146167217744766
3   Wignall, N. (10 January 2022). '부정적인 자기 대화의 10가지 유형(그리고 그걸 고치는 방법)'10 Types of Negative Self-Talk (and How to Correct Them) https://nickwignall.com/negative-self-talk/#types

원칙 2: 기대를 명확히 하라

1   Harnish, V. (2002). 《록펠러가의 습관들 마스터하기: 성장하는 당신 기업의 가치를 높이기 위해 꼭 해야 할 일들》Mastering the Rockerfeller Habits: What You Must Do to Increase the Value of Your Growing Firm. Gazelles Incorporated.
2   Hsieh, T. (2012). 《행복 전달하기: 이익과 열정 그리고 목적으로 향하는 길》Delivering Happiness: A Path to Profits, Passion, and Purpose. New York: BusinessPlus.
3   Marquet, L.D. (2020). 《리더십은 언어다: 말하는 것과 말하지 않는 것의 숨겨진 힘》Leadership is Language: The Hidden Power of What You Say and What You Don't. Portfolio.
4   Godin, S. (2020). 《연습: 창의적인 일을 하는 법》The Practice: Shipping Creative Work. London: Penguin Business.
5   Greenberg, S. S., & DSchool, S. (2021). 《호기심 많은 사람들의 창의적인 행동들: 비전통적인 방식으로 생각하고 창조하며 이끄는 법》Creative acts for curious people: How to Think, Create, and Lead in Unconventional Ways. Penguin UK.

원칙 3: 주의 깊게 귀 기울여라

1   Kline, N. (1999). 《생각할 시간: 인간의 마음에 영감을 주는 듣기》Time to Think: Listening to Ignite the Human Mind. Hachette UK.
2   Rogers, C.R. and Farson, R.E. (2021). 《적극적인 듣기》Active Listening. Mockingbird Press.

3   Moyers, Bill. A World of Ideas (1989); Drucker, Peter. 《현대 경영학의 아버지》 Father of Modern Management BillMoyers.com. https://billmoyers.com/content/peter-drucker

원칙 4: 항상 사람이 먼저, 일은 그다음이다

1   https://www.independent.co.uk/space/elon-musk-hates-tesla-solarcity-court-b1883151.html

2   Chang, E. (2021). 《여분의 방: 보다 의도적인 삶을 살고 진정한 목적을 가지고 이끌기 위해 당신의 사회적 유산을 정의하라》The Spare Room: Define Your Social Legacy to Live a More Intentional Life and Lead with Authentic Purpose. Post Hill Press.

원칙 5: 겸손하라

1   LaBouff, J.P., Rowatt, W.C., Johnson, M.K., Tsang, J. & Willerton, G.M. (2012). '겸손한 사람들이 덜 겸손한 사람보다 더 도움이 된다: 세 가지 연구 결과에서 본 증거'Humble Persons are More Helpful Than Less Humble Persons: Evidence From Three Studies', *The Journal of Positive Psychology*, 7(1), 16–29.

2   Hamley, C. & McClendon, D. (August 1975). '루이지애나 주립대학교의 미식축구 포메이션 5-4-2 와 4-3-2에서 라이백커의 역할'Linebacking in the LSU 5-4-2 and 4-3-2, *Scholastic Coach*, Column 2, Volume 45, *School Division of Scholastic Magazines*, New York (p. 23).

3   Nunez, K. (9 June 2020). '5 Benefits of Metta Meditation and How to Do It', Healthline. https://www.healthline.com/health/metta-meditation#benefits

원칙 6: '그들'이 원하는 대로 그들을 대접하라

1   Ingall, A. (2022, March 9). '친절 테스트에 참여한 사람들 중 3분의 2는 코로나 팬데믹 때문에 사람들이 더 친절해졌다고 생각한다'Two thirds of people who took part in The Kindness Test think the pandemic has made people kinder. The University of Sussex. https://www.sussex.ac.uk/broadcast/read/57570

2   Epilepsy terminology|Epilepsy Society (11 June 2021). https://epilepsy-society.org.uk/about-epilepsy/epileptic-seizures/epilepsy-terminology

3   Greylock (2015). '사업을 빨리 성장시키는 전략 18: 브라이언 체스키, 에어비앤

비의 시작과 도전들에 대해 말하다'Blitzscaling 18: Brian Chesky on Launching Airbnb and the Challenges of Scale. https://www.youtube.com/watch?v=W608u6sBFpo.

원칙 7: 느긋해져라

1   친절 테스트에 참여한 사람들 중 3분의 2는 코로나 팬데믹 때문에 사람들이 더 친절해졌다고 생각한다(2022. March 9). BBC Media Centre. https://www.bbc.co.uk/mediacenW-tre/2022/the-kindness-test-results

2   Honoré C. (2004). 느림의 찬양: 《전 세계적인 운동이 속도의 숭배에 도전하는 방법》In Praise of Slowness: How a Worldwide Movement is Challenging the Cult of Speed. Hachette UK.

3   Honoré C. (July, 2005). 《느림을 찬양하며: TED 강연들》In Praise of Slowness. TED Talks. https://www.ted.com/talks/carl_honore_in_praise_of_slowness?language=en

4   Peters, T. J., & Waterman, R. H. (2004). 《탁월함을 찾아서: 미국 최고의 기업들로부터 배우는 교훈들》In Search of Excellence: Lessons from America's Best-run Companies. Profile Books(GB)

5   Richer, J. (2019). 《윤리적 자본주의자: 사회를 위해 비즈니스를 더 잘하는 방법》The Ethical Capitalist: How to Make Business Work Better for Society. National Geographic Books

6   Richer, J. (2020). 《더 풍요로운 길: 사람들로부터 최선을 이끌어내는 법》The Richer Way: How to Get the Best Out of People. National Geographic Books.

원칙 8: 친절은 당신 한 명으로 끝나지 않는다

1   https://raeng.org.uk/policy-and-resources/diversity-and-inclusion-research-and-resources inclusive-cultures

2   https://gothamculture.com/what-is-organizational-culture-definition/

3   BBC Two - Science & Nature - Horizon, '영국 환자'The England Patient, transcript (23 May 2002). https://www.bbc.co.uk/science/horizon/2001/england-patienttrans.shtml

4   Frankel, L. P. (2014). 《착한 여성은 전망 좋은 사무실을 갖지 못한다: 여성들이 자신의 경력을 망치는 무의식적인 실수들》Nice girls don't get the corner office: Unconscious Mistakes Women Make That Sabotage Their Careers. Business Plus.

5　BBC Radio 4 – 《친절의 해부학》The Anatomy of Kindness (2022, March 30). BBC. https://www.bbc.co.uk/programmes/m00154cp/episodes/player

6　Rosenberg, M.B. (2015). 《비폭력 대화: 삶의 언어》Nonviolent Communication: A Language of Life. Puddle Dancer Press.

KIND